掲載ページの見方

データ欄

☎…電話番号

住住所…施設の住所

営営業時間…施設の営業時間、開園、開館時間は季節によって変動することもあります。年末年始、GW、夏季休暇などの時期は変動しやすいのでご注意ください

休定休日…基本的に定休日(休館・休園)を記載しております。臨時休業、点検日など、季節によって変動することもあります。夏季休業、年末年始のお休みなどは原則省略しております

料料金…入場料や入園料、入園料プラス乗り放題やパスポートのチケットなどが設定されている場合、各種体験の料金などを記載しています。ただし、スペースの都合で省略されているものもあります。また、施設によって子どもや幼児の年齢設定が異なることがあります。幼児無料の表記の場合は、保護者1人につき幼児1人のみ無料の場合もあります

P駐車場…有料の場合は料金などを表示しています

交交通…施設へのアクセス。車で移動の場合は最寄りの高速インターチェンジからのアクセス。電車、バスは地域の主要起点を拠点とした場合のアクセスも記載しております　※所要時間・距離についてはあくまで目安です

公式HPQRコード

施設の公式ホームページにアクセスできます。施設によっては、イベント情報や臨時休業などを確認できます

※アプリによって読み込みにくい場合があります。

(注)すべてのデータは2018年4～6月に調査したものです。本誌発売後、施設や季節により変更される場合がありますので、ご了承ください

Family DayCamp

家族でキャンプに行ってみたい！　だけど、どんな楽しみ方があるの？
何からそろえれば？　どういうキャンプ場があるの？

そんな不安や疑問を解消しながら、
素敵なファミリーキャンプの在り方を、おでかけBOOK編集部が提案！

今回は、日帰りでも楽しめるデイキャンプに挑戦しました。

撮影協力：大鬼谷オートキャンプ場
モデルファミリー：土井和久さん、裕美さん、倖詩くん、美音ちゃん

STEP 1

テントを立ててみよう!

キャンプといえば、まず必要なのはテント! コテージを借りるのもいいけれど、せっかくのファミリーキャンプ。親子で協力してテントを立てよう!

START

1 テントを張る位置を決める

まずテントを張る位置を決めたら、中心にガイドを固定しよう。先に中心を決めておくことで、きれいにテントを張ることができるよ。テントの位置は、炊事場とトイレへの距離が近いとお母さんも安心!

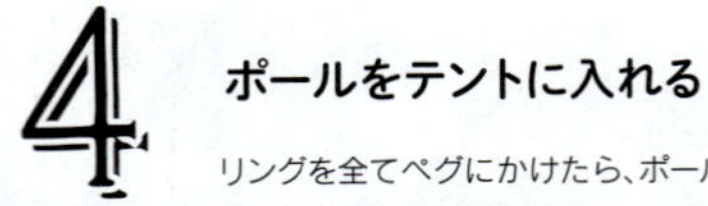

2 テントを地面に固定する道具(ペグ)を打っていこう

テントやタープを張るときに重要なのがペグ。中心からの距離を測ったら、ガイドライン(張り綱)は、対面と直線になるように延ばし、ペグで地面に固定しよう。ペグを打つときの角度は60°～90°が基本。また、ペグの頭は完全には打ちこまないようにし、地面から3～4cmほど出しておこう。

3 テントの各隅を固定する

ペグを全て打ったらテントを広げて各隅に付いているリングを、地面に固定してペグにかけていく。風が吹いたときに外れないようにしっかり固定しよう。

4 ポールをテントに入れる

リングを全てペグにかけたら、ポールをテントの中に入れていこう。

5 ポールを立てる

ポールを伸ばし、中に入って幕体の内側にセット。中心位置にしっかりポールを立てればあと少し!

6 最後はしっかり引っ張る!

先ほどペグに固定したリングについているアジャスターを上手く調節してアウターテントをきれいに張れば完成!

親子で協力すればあっという間に出来上がり! 今回使用したのは「ワンポールテント」。1本のポールで設営できるので、難しい手間がなく設営できて収納にも便利。もっと設営の簡単なドーム型テントやワンタッチテントはP8-9を参考にしてみて。

STEP 2 外での食事を楽しむ

役割を与えて、子どもの手を借りよう

いつもと違う外での食事。キャンプで子どもにお手伝いをしてもらい、未経験の作業を習得することで自主性や社会性を身につけられる良い成長の機会になる。自分の担当する役割をやり遂げることで家族が助かっているということを感じられれば、達成感や自信を持つことができる。また、他の人のために役に立つことの喜びを感じるきっかけにもなり、その後の社会生活でも大いに生かせる経験になるはず。たとえ上手くこなせなくとも他の誰かが代わったりせず、最後まで任せることで、子どもには責任感や自立心が芽生えるだろう。

STEP 3 自然の中で遊ぶ

なぜ、自然のなかで遊ぶと良いのか？　キャンプではどんな遊びができる？

子どもたちが自然のなかで遊ぶ機会が、年々少なくなってきている。アウトドアを楽しんで育ってきた子どもは五感を養い、「問題を解決する力」と「生きる力」が自然と身につく。外で遊ばないまま成長すると、他人との関わり合いが非常に苦手でコミュニケーションを図ることを困難と感じ、子ども自身が生きにくくなってしまう可能性もある。

自然はストレスを分解してくれる物質で溢れている。刺激がたくさんある自然のなかでは、親と子どもが一緒になって遊ぶことが非常に大切だ。水遊びや昆虫採集、アスレチックで思い切り体を動かすなど、アウトドアでできる遊びはたくさんある。

今回紹介した大鬼谷オートキャンプ場には、すぐ近くの大鬼山から流れ出る清流があり、浅瀬が多いため小さな子どもでも安心して水遊びができる。少し足を延ばしてキャンプ場から約1.5kmの河童公園まで行くと堰(せき)があり、泳ぐことも可能だ。キャンプ場内にはアスレチックやマウンテンバイクのコースがあり、管理棟でマウンテンバイク(60分300円)をレンタルすれば自由に使うことができる。せっかくのキャンプ、子どもたちがいろいろな経験をできるようキャンプ場もしっかり選びたい。

大鬼谷オートキャンプ場DATA

自然豊富な場内に、115区画のオートキャンプサイトと設備の整ったログハウスや貸別荘、キャンプ初心者・子どもたちに人気のツリーハウスなどがあり、自分スタイルのキャンプが楽しめる。

おでかけMAP P180-C4

DATA

☎ 0824-86-2323

住広島県庄原市高野町南257
営8:30～17:30 ※デイキャンプは10:00～
交松江道三次東ICから車で約30分

公式HP

オートキャンプ場

デイキャンプ(日帰り利用)	料　金
1人(3歳以上)	330円
車1台	520円

宿泊(一泊あたり)

	平　日	休前日／シーズン中
1区画[72区画]	3800円	4300円
1区画(AC電源付き)[17区画]	4800円	5300円
1区画(水道・流し付き)[9区画]	4400円	4900円
1区画(水道・流し・AC電源付き)[17区画]	5400円	5900円

1

インスタ映えする花柄のワンポールテント

独特の存在感がある1本のポールで建てるテント（レンタルのみ、要問合せ）。輸入品のため日本では貴重なグッズ

2

夏涼しく、冬は温かいコットンテント

天然素材のコットンをベースに作られたコットンテント7万2000円～。ナイロンやポリエステルと比べ、丈夫で長持ち

3

暖かい肌触りが感じられる綿キャンバスのチェア

座面の高さと角度にこだわりデザイン性と機能性を兼備したチェア3万5800円。腰への負担も少なく、座り心地が良い

4

身長180センチ体重100キロまでOKの自立式ハンモック

専用台でどこでも簡単に設置できるハンモック1万1880円。コンパクトに収納して持ち運びできる

5

バッグから取り出して広げるだけ!
超簡単ポップアップテント

女性1人でも組み立て簡単なポップアップテント5184円。直径約145cm、高さ約98cmで日除けに最適だ

6

持ち運びに便利な
折りたたみキャリーカート

大きめの幅広いタイヤが付いたキャリーカート1万9440円。使わないときには、コンパクトに折畳んで収納できる

7

ワンランクアップの
テーブルコーディネートに

大胆モチーフのお洒落なテーブルクロス3024円。140cm×180cmの大きなクロスがあれば清潔に食事を楽しめる

8

持ち運びに便利な
バック型 レジャーシート

表地はふんわり厚みのある素材で、地面のゴツゴツ感も和らげてくれるレジャーシート2808円。座り心地も良い

9

アウトドアにぴったり素材の
アニマルコップ

スタッキングできて、割れにくい素材の軽量コップ2個セット637円。持ち手付きで使いやすい

10

荷物が増えたら2つに分けられる
新発想の保冷バッグ

トートバッグの中にピッタリサイズの保冷バッグが入っているので、2wayで使用できる。3780円とリーズナブル

11

持ち運べる折りたたみテーブル
&食器セット

ケースがそのままテーブルになる、テーブル&食器セット3132円。皿・コップ・スプーン・フォークがそろう

12

遊び心たっぷりなデザインが
楽しすぎる蚊遣り箱

マットな質感のスチール製の蚊遣り箱2052円。「ナス」「スイカ」などの夏野菜をモチーフにしている

Campdoors(1〜3の取り扱い店)

☎ 050-3578-7008

※オンラインのみ、実店舗なし
営13:00〜18:00(電話受付)
住広島県広島市中区本通り7-29-7F(事務所)

公式HP

Te×tete 楠木店(4〜12の取り扱い店)

☎ 082-554-1370

住広島県広島市西区楠木町3-1-14
営10:00〜20:00
休不定
P20台
交アストラムライン白島駅から徒歩7分

公式HP

家族でキャンプするならココ!

中四国のキャンプ場

自然の中で楽しめるキャンプは、
普段とは違った楽しみがいっぱい!
設備が整った、快適でファミリーに人気のキャンプ場を紹介

広島　4月上旬~11月下旬 

●きゅうかむらたいしゃくきょう くぬぎのもりおーときゃんぷじょう

休暇村帝釈峡 くぬぎの森オートキャンプ場

☎08477-2-3110　おでかけMAP P178-C1

園内にある約3kmの遊歩道はハイキングをしながら、四季折々の自然を楽しむことができる。

住広島県庄原市東城町三坂962-1　Ⓒチェックイン13:00、チェックアウト11:00　休冬季　P100台　交中国自動車道東城ICから約10分　料電源・水道・炉付きオートサイト1区画4600円(繁忙期は5600円)Bサイト電源付き4200円~Cサイト区画のみ3800円~ ※要予約　施キャンプファイヤー場、炊事棟、トイレ

広島　4月上旬~11月11日(予定) 

●けんりつもみのきしんりんこうえんおーときゃんぷじょう

県立もみのき森林公園オートキャンプ場

☎0829-77-2011(県立もみのき森林公園)　おでかけMAP P177-F2

標高約900mの高原にある自然豊かな環境が魅力。自然の樹木で各サイトが区切られている。

住広島県廿日市市吉和1593-75　Ⓒチェックイン14:00~、チェックアウト13:00、デイキャンプ9:00~17:00　休第3火曜日(7・8月は無休)　Pあり　交中国自動車道吉和ICから約15分　料オートキャンプサイト4830円~(AC電源付きは5340円~)ほか ※要予約　施共同炊事場、温水シャワー、コインランドリーなど

広島　4~11月 

●ほしのこやましんりんこうえんきゃんぷじょう

星居山森林公園キャンプ場

☎0847-85-3927(公園内管理棟)　おでかけMAP P178-C1

澄んだ空気は星の観察に最適!　アスレチックも魅力。自然を思いっきり楽しもう。

住広島県神石郡神石高原町阿下109　Ⓒチェックイン12:00、チェックアウト11:00　休火曜、不定　P30台　交中国自動車道東城ICから約60分　料入園料12歳以上300円・3歳以上12歳未満200円、テントサイト(1張1泊)1540円、バンガロー5140円~　施コテージ、炊事場、キャンプファイアー場など

広島　4~11月 

●ひろしまけんみんのもりきゃんぷじょう

ひろしま県民の森キャンプ場

☎0824-84-2011　おでかけMAP P180-C4

森の中にあるキャンプ場。木陰でのキャンプのほか、川遊びや山登り(ハイキング)が手軽に楽しめ、ドッグランもあるので愛犬家にも人気。

住広島県庄原市西城町油木156-14　Ⓒ9:00~21:00　休なし　P500台　交中国自動車道庄原IC、または東城ICから約40分　料テントサイト2100円、常設テント3600円 ※前日までの要予約　施売店、バーベキュー場、風呂、レストラン、体育館など

山口　通年 

●あきよしだいかぞくりょこうむら

秋吉台家族旅行村

☎0837-62-1110　おでかけMAP P176-C3

キャンプやバーベキュー、スポーツなどが楽しめる充実した施設。秋吉台の大自然を味わおう。

住山口県美祢市秋芳町秋吉1237-553　Ⓒ8:30~17:30　休なし　P270台　交中国自動車道美祢東JCT経由小郡萩道路秋吉台ICから約10分　料オートデーキャンプ2500円~(要予約)、宿泊オートキャンプ3000円~(要予約)　施バーベキュー広場、食堂、体育館など

  ロッジ・バンガローあり　 お風呂あり　 オートキャンプ場

通年 

●かたぞえがはまかいひんこうえんおーときゃんぷじょう

片添ヶ浜海浜公園オートキャンプ場

☎0820-78-0985　おでかけMAP P177-G4

海を眺めながらのキャンプは身も心も癒やされる。

住山口県大島郡周防大島町大字平野1160-1 時9:00〜17:00 休なし P750台 交山陽自動車道玖珂ICから約60分 料フリーサイト1泊1区画3600円、4人用コテージ1泊1棟1万3370円、個別電源サイト1泊1区画5140円 ※前日までの要予約 施コイン洗濯機、コイン乾燥機

通年 

●すおうおおしまちょうせいしょうねんりょこうむら

周防大島町青少年旅行村

☎0820-75-0260　おでかけMAP P177-G4

美しい砂浜が広がり、魚釣りや磯遊びが楽しめる。

住山口県大島郡周防大島町和田323 時ケビンチェックイン16:00、チェックアウト13:00、キャンプ受付8:30〜17:00 休なし P200台(1日510円) 交山陽自動車道玖珂ICから約50分 料4人用ケビン1泊1棟1万5420円、6人用ケビン1泊1棟2万570円、キャンプ310円 ※ケビンは要予約 施トイレ、炊飯棟など

4月下旬〜11月上旬 

●つぐろこうげんきゃんぷじょう

津黒高原キャンプ場

☎0867-67-2655　おでかけMAP P181-F3

リバートレッキングや巨木巡りも楽しめるキャンプ場。たくさん自然と触れ合おう。

住岡山県真庭市蒜山下和1080-1 時チェックイン14:00〜、チェックアウト〜11:00 休不定 Pなし 交米子自動車道湯原ICから約20分 料オートキャンプ宿泊3500円〜・日帰り2000円〜、フリーキャンプ小学生以上宿泊500円・日帰り250円、ゴミ処理代1サイトにつき200円 施温泉プール、テニスコートなど

4月下旬〜10月末 

●おんばらこうげんおーときゃんぷじょう

恩原高原オートキャンプ場

☎0868-44-2840　おでかけMAP P181-G3

標高700mに位置する中国山地の山々に囲まれた自然豊かなオートキャンプ場。

住岡山県苫田郡鏡野町上齋原2037-3 時8:00〜17:00 休開設期間中なし P54台 交中国自動車道院庄ICから約50分 料宿泊キャンプ1サイト4200円、デイキャンプ1サイト1500円 ※前日までの要予約 施シャワールーム、サニタリーハウス、コインランドリー

通年 

●ちろりんむらきゃんぷぐらんど

チロリン村キャンプグランド

☎0867-34-0027　おでかけMAP P179-E1

標高420mの高原に位置し、満天の星が楽しめる。キャビンはペットの宿泊可。場内配達可能のジンギスカンが人気。

住岡山県加賀郡吉備中央町神瀬1612-1 時10:00〜18:00、チェックイン14:00、チェックアウト12:00 休なし(12〜3月は要問い合わせ) P100台 交山陽自動車道岡山ICから約40分 料オートキャンプサイト5040円〜、Sテントサイト6930円〜 ※要予約 施ドッグラン、テニスコート、プールなど

5月1日〜11月中旬 

●ふるさとのもりおーときゃんぷじょう

ふるさとの森オートキャンプ場

☎0854-76-3119 (森のホテル もりのす)　おでかけMAP P180-C4

山間の静かなキャンプ場。広々とした区画、遊べる小田川沿いには森林セラピーロードも整備されている。ペット同伴も可能。

住島根県飯石郡飯南町小田842-2 時10:00〜17:00 休火・水曜 P40台 交中国自動車道三次ICから約50分 料オートキャンプ1泊3880円、休憩2160円(10:00〜17:00) ※前日までの要予約 施バーベキューサイト、コインシャワー、トイレ、炊事棟

5月〜10月中旬(予定) 

●かがみがなるきゃんぷじょう

鏡ヶ成キャンプ場

☎0859-75-2300　おでかけMAP P181-E3

標高920mに位置し、大浴場(休暇村本館)もある。

住鳥取県日野郡江府町御机字鏡ヶ成709-1 時8:30〜20:00(夏季以外管理人不在) 休なし P30台 交米子自動車道蒜山ICから約25分 料オートサイト(AC付き)1泊3600円、オートサイト(AC無)1泊3090円、フリーサイト1張1泊1030円、管理費1泊510円(4歳以上) ※要予約 施売店、シャワー、コインランドリー、乾燥機、多目的トイレ

4月〜11月 

●だいせんおーときゃんぷじょう

大山オートキャンプ場

☎0859-62-7009 (管理棟)　おでかけMAP P181-E3

一番の魅力は大山の眺めや美しい星空。月ごとにイベントが変わる50の冒険も要チェック。

住鳥取県西伯郡伯耆町福兼287-5 時チェックイン14:00〜18:00、チェックアウト8:00〜10:00 休なし P各サイトに乗り入れ 交米子自動車道溝口ICから約15分 料オートサイト(AC電源付き)4320円オンシーズン料金はHPで確認 施炊事場、シャワーなど

3月中旬〜11月30日 

●さぬきごしきだいおーときゃんぷじょう

讃岐五色台オートキャンプ場

☎0877-47-0231　おでかけMAP P179-F3

瀬戸大橋が一望できる休暇村内にあるキャンプ場。体験プログラムもある。

住香川県坂出市大屋冨町3042 時9:00〜18:00(管理棟開館時) 休なし P80台 交瀬戸中央自動車道坂出ICから約40分 料ユニバーサルサイト(AC、流し台付き)4110円、テントサイト3090円、フリーサイト1030円、管理費510円 ※要予約 施炊事棟、トイレ、ランドリー、売店、大浴場(休暇村本館)

通年 

●おおずかぞくりょこうむらおーときゃんぷじょう

大洲家族旅行村オートキャンプ場

☎0893-23-2384　おでかけMAP P182-B2

設備充実のコテージ、手ぶらでオートキャンプが楽しめる家族連れに人気のスポット。

住愛媛県大洲市菅田町大竹乙938-1 時8:30〜17:00 休なし Pサイト内に駐車 交松山道大洲道路冨士ICから約10分 料オートキャンプ1区画2160円、コテージ(6人用)1万800円(4人まで)、コテージ(8人用)1万2960円(5人まで) ※要予約 施炊事棟、トイレ、温水シャワー

4月〜11月 

●くまこうげんふるさとりょこうむらきゃんぷじょう

久万高原ふるさと旅行村キャンプ場

☎0892-41-0711　おでかけMAP P182-D2

釣り堀やプラネタリウムなど充実の施設が魅力。ピザ体験やうどん打ち体験も楽しめる。(要予約)

住愛媛県久万高原町下畑野川乙488 時チェックイン12:00〜、チェックアウト〜11:00 休月曜(祝日の場合は翌日) P20台 交松山自動車道松山ICから約45分 料テント持込1張540円(水道代1名1日110円)、ケビン4名用1万1070円〜 施レストラン、古民家カフェ、天体観測館など

おでかけ親子コーデ × インスタ

せっかくの家族でのおでかけ。親子で一緒に可愛いコーディネートを楽しんでみない？
おそろいのリンクコーデにするも良し、さりげなく色を合わせたおしゃれな親子コーデにするも良し。
親子コーデが可愛いインスタグラマーを10人ご紹介！ おでかけのコーディネートの参考にしてみよう

巻頭のキャンプ特集で
モデルをしてくれた土井
ファミリーのインスタも
是非チェックしてみて♡

@hiromikus0123

@kd.sharp

@yuikitiiii

@1728t

@arw3kids

@fuji927.s

@m.y_____

@___monyamonya___

@hidekanagao_typy

@honagon0930

神戸アンパンマンこどもミュージアム＆モール

アンパンマンやなかまたちがお出迎え！
先にすすむとお店やさんごっこやステージができる楽しい施設がたくさん。
1日で遊びつくせるかな？

①

③

誕生日を
お祝いしよう！

②

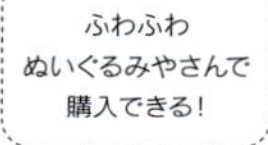

④

子どもたちもげんき100倍！ アンパンマンの世界を満喫しよう

神戸ハーバーランドにある「神戸アンパンマンこどもミュージアム＆モール」は、アンパンマンの世界を体験できる、子どもたちに大人気の施設。2018年3月には別館「バイキンひみつ基地」も誕生し楽しみがさらに広がっている。

アンパンマンのステージが開かれる「やなせたかし劇場」や、アンパンマンのお面作りができる「工作教室」、ボールパークなど楽しいイベントや体験ゾーンがいっぱい。また、アンパンマンと仲間たちのキャラクターパンを購入できる「ジャムおじさんのパン工場」では、キャラクターパンにチョコペンで顔を描くイベントやパン作り体験（開催日はHPで案内、別途参加費要）も開催されている。

①1歳以上小学生未満の子どもは入館チケットを買うと記念品がもらえる　②誕生月の子どもには誕生日カードとメダルをプレゼント　③撮影ポイントも盛りだくさん！　④神戸限定の「マリンぬいぐるみSばいきんまん」1782円

☎ 078-341-8855　おでかけMAP P183-神戸

住兵庫県神戸市中央区東川崎町1-6-2　営ミュージアム10:00〜18:00（最終入館〜17:00）ショッピングモール10:00〜19:00　休メンテナンス休業あり　料入場料1800円（1歳以上）※小学生以下は入館記念品付　※ショッピングモールは入場無料　Pなし　交阪神高速3号神戸線京橋出口から車で約5分

公式HP

ミュージアムカフェ

神戸港の眺望が楽しめる「ミュージアムカフェ」は穴場スポット。「アンパンマン」の絵本が約280冊もそろっているので、親子でゆっくりとした時間を過ごそう。

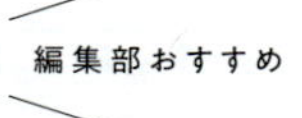

おでかけ

季節ごとの楽しみが盛りだくさん！
季節のカレンダーを参考に、

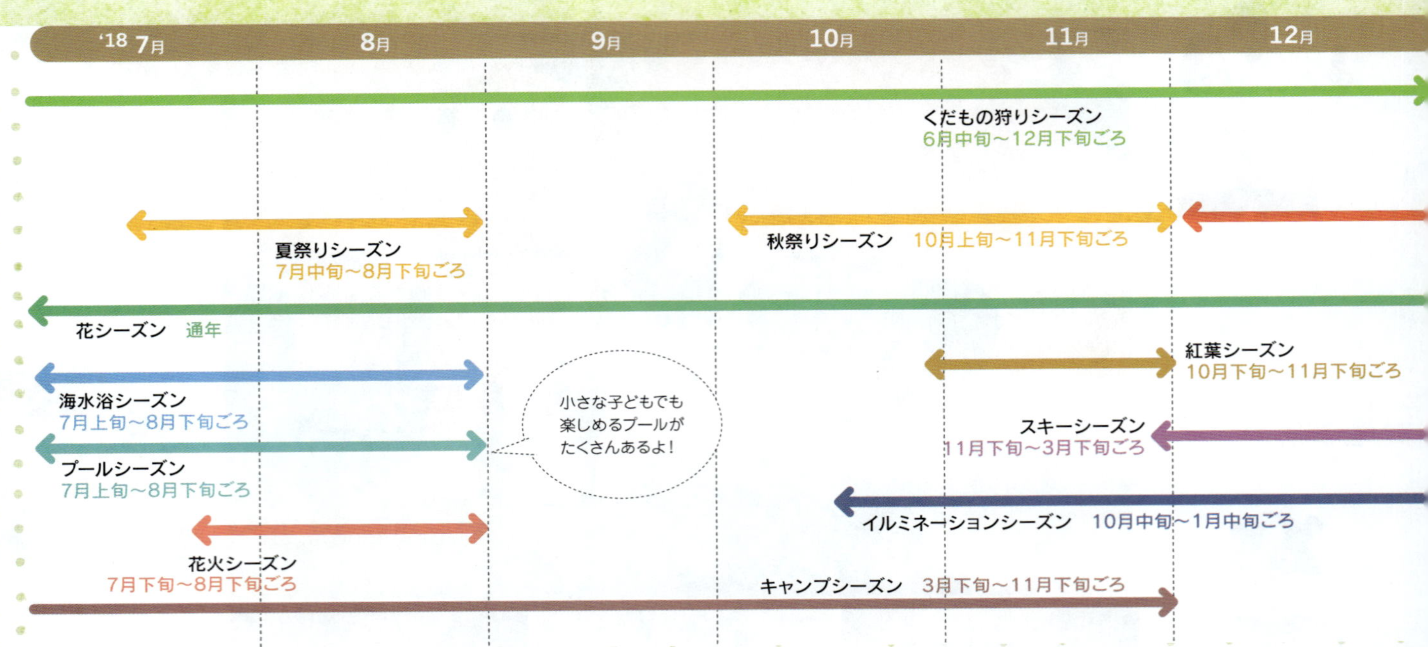

'18

7 July

Sun	Mon	Tue	Wed	Thu	Fri	Sat
1	2	3	4	5	6	7
8	9	10	11	12	13	14
15	16	17	18	19	20	21
22	23	24	25	26	27	28
29	30	31				

8 August

Sun	Mon	Tue	Wed	Thu	Fri	Sat
			1	2	3	4
5	6	7	8	9	10	11
12	13	14	15	16	17	18
19	20	21	22	23	24	25
26	27	28	29	30	31	

9 September

Sun	Mon	Tue	Wed	Thu	Fri	Sat
						1
2	3	4	5	6	7	8
9	10	11	12	13	14	15
16	17	18	19	20	21	22
23 / 30	24	25	26	27	28	29

10 October

Sun	Mon	Tue	Wed	Thu	Fri	Sat
	1	2	3	4	5	6
7	8	9	10	11	12	13
14	15	16	17	18	19	20
21	22	23	24	25	26	27
28	29	30	31			

11 November

Sun	Mon	Tue	Wed	Thu	Fri	Sat
				1	2	3
4	5	6	7	8	9	10
11	12	13	14	15	16	17
18	19	20	21	22	23	24
25	26	27	28	29	30	

12 December

Sun	Mon	Tue	Wed	Thu	Fri	Sat
						1
2	3	4	5	6	7	8
9	10	11	12	13	14	15
16	17	18	19	20	21	22
23 / 30	24 / 31	25	26	27	28	29

カレンダー

その時期だけの思い出を逃さないよう
家族のみんなで計画を立てよう！

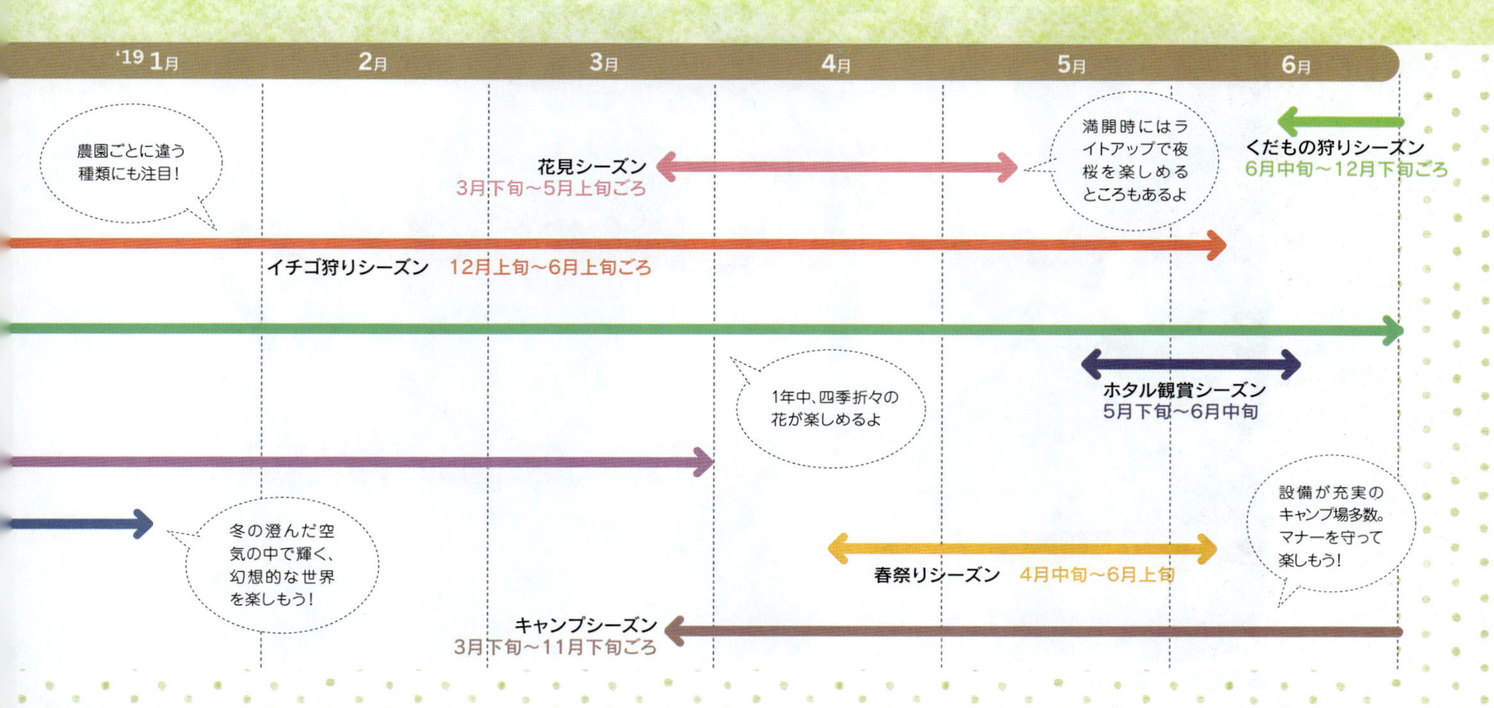

'19

1 January

Sun	Mon	Tue	Wed	Thu	Fri	Sat
		1	2	3	4	5
6	7	8	9	10	11	12
13	14	15	16	17	18	19
20	21	22	23	24	25	26
27	28	29	30	31		

2 February

Sun	Mon	Tue	Wed	Thu	Fri	Sat
					1	2
3	4	5	6	7	8	9
10	11	12	13	14	15	16
17	18	19	20	21	22	23
24	25	26	27	28		

3 March

Sun	Mon	Tue	Wed	Thu	Fri	Sat
					1	2
3	4	5	6	7	8	9
10	11	12	13	14	15	16
17	18	19	20	21	22	23
24 31	25	26	27	28	29	30

4 April

Sun	Mon	Tue	Wed	Thu	Fri	Sat
	1	2	3	4	5	6
7	8	9	10	11	12	13
14	15	16	17	18	19	20
21	22	23	24	25	26	27
28	29	30				

5 May

Sun	Mon	Tue	Wed	Thu	Fri	Sat
			1	2	3	4
5	6	7	8	9	10	11
12	13	14	15	16	17	18
19	20	21	22	23	24	25
26	27	28	29	30	31	

6 June

Sun	Mon	Tue	Wed	Thu	Fri	Sat
						1
2	3	4	5	6	7	8
9	10	11	12	13	14	15
16	17	18	19	20	21	22
23 30	24	25	26	27	28	29

季節のおでかけ 01

くだもの狩り

収穫の秋の果物狩りを中心に、
春や夏でも楽しめる情報が満載。
自分たちでとった果物のおいしさは格別だよ！

徳佐りんご園

7～11月

●かじつのもりこうえん

果実の森公園

☎0847-34-0005

おでかけMAP P178-B2

白龍湖に近く、いろいろな果実が実るフルーツランド。

住広島県三原市大和町大草75-28　営9:00～17:00（受付は10:00～16:00）　休なし（加工館は不定・要問い合わせ）　P80台　交山陽自動車道河内ICから約15分　料食べ放題ナシ大人1000円、小学生600円、ブドウ大人1400円、小学生900円など　施売店、加工館（パン、ジェラート）

8～11月
8月中旬～10月下旬

●ひらたかんこうのうえん

平田観光農園

☎0824-69-2346

おでかけMAP P178-B2

年中果物狩りが楽しめる日本最大級の観光農園。

住広島県三次市上田町1740-3　営10:00～17:00　休なし　P500台　交中国自動車道三次ICから約20分　料食べ放題リンゴ中学生以上800円・小学生600円・幼児400円、ちょうど狩り（8月上旬～10月下旬）中学生以上1700円～（16枚つづり）、小学生1250円～（11枚つづり）、幼児無料※料金は時期による　施直売所、売店、レストランなど

●せらこうすいのうえん びるね・らーでん

世羅幸水農園 ビルネ・ラーデン

☎0847-25-0174

おでかけMAP P178-C2

くだもの狩りのほか、季節の野菜や果物の加工品も多くそろうのでお土産にも最適。

住広島県世羅郡世羅町本郷365-24　営8:00～17:00（フルーツ狩り9:00～16:00）　休なし　P300台　交中国やまなみ街道世羅ICから約10分　料ナシ大人1000円、4歳～小学生500円（1時間食べ放題）、ブドウ大人1200円、4歳～小学生700円（1時間食べ放題）　※団体のみ2日前までの要予約　施売店、直売所

●いしかわかじゅえん

石川果樹園

☎08387-2-0683

おでかけMAP P176-D2

ジューシーな果肉のピオーネや種なしで皮ごと食べられる瀬戸ジャイアンツなど、約20種のブドウを栽培。その時期に旬の4・5種のブドウ狩りを楽しむことができるので家族連れに人気だ。

住山口県萩市上田万116　営9:00～17:00　休開園期間中はなし　P15台　交中国自動車道戸河内ICから約120分　料入園料無料、1kg1350～2700円、試食あり　施販売所

8月中旬～11月末

●とくさりんごえん

徳佐りんご園

☎083-956-0553

おでかけMAP P176-D3

1万5000本を数える西日本最大の観光りんご園。低農薬のエコファーマーに認定されている農園だ。ふじやシナノスイートなど35品種のリンゴを栽培している。

住山口県山口市阿東徳佐下1187　営9:00～17:00　休なし　P1000台　交中国自動車道小郡ICから約60分　料入園料大人430円、子ども320円、バーベキュー（1人）2200円～　施園内休憩所（3000人まで）

●すがねふるーつらんど

須金フルーツランド

☎0834-86-2000

おでかけMAP P177-E3

15農園が集まる広大な敷地で、二十世紀や豊水などのナシ、巨峰やピオーネなどのブドウを栽培。

住山口県周南市金峰西中原2751-1　営直売所「ふれあいプラザ須金」10:00～16:00(8～10月9:00～17:00)　休直売所は水曜(8～10月はなし)　P100台　交山陽自動車道徳山東ICから約35分　料ナシ1人1080円(試食1個+もぎ取り4個)、ブドウもぎ取り目方販売(巨峰1kg1404円、ピオーネ1kg1512円)　施売店など

リンゴ　ブドウ　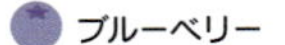

モモ　ブルーベリー

7月初旬～8月中旬　8月下旬～10月下旬　10月下旬～12月中旬

●ふるーつぱーくびぜん

フルーツパークびぜん

☎0869-65-2225　おでかけMAP P179-G2

モモとブドウをメーンに栽培。独自の土壌づくり、有機・減農薬にこだわった農法で、樹で完熟させた本来の味を楽しめる。

住岡山県備前市佐山5249　9:00～17:00　休火曜(フルーツ狩り期間中はなし)　P100台　交山陽自動車道和気ICから約30分　料収穫体験 オーロラブラック1房1080円、ピオーネ2房1080円、みかんバケツ1杯1080円など(前日までの要予約)　施売店

●おかやまとももみえん

岡山桃茂實苑

☎086-955-1928
(予約専用 086-958-5444)　おでかけMAP P179-F1

果物狩りと試食を満喫できる観光農園。

住岡山県赤磐市上市218-1　8:30～18:00(7/1～9/30は～18:30)　休火曜(6/15～9/30、12月はなし)　P50台　交山陽自動車道山陽ICから約10分　料モモ狩り2個+試食2個1800円、マスカットかピオーネの土産1房狩り+20粒試食1900円など(前日までの要予約)　施直売店、休憩所

●いしはらかじゅえん

石原果樹園

☎086-944-0117　おでかけMAP P179-F2

シャインマスカットや桃太郎ブドウなどシーズンを通して15種ものブドウが楽しめる。ペットと行ってもOK。ガイドもしてくれる丁寧な接客も魅力的だ。

住岡山県岡山市東区西隆寺893-6　10:00～17:00　休なし　P30台　交山陽自動車道山陽ICから約20分　料入園料(試食付)700円、2～12歳500円、ブドウ100g200円～、ナシ100g75円～(果物狩りは要予約)　施直売所

●あかぎこうげんかんこうりんごえん

赤来高原観光りんご園

☎0854-76-3344　おでかけMAP P180-B4

太陽の光を行き渡らせるためにリンゴの木が低く、子どもでも取りやすい。ブルーベリーは要予約。

住島根県飯石郡飯南町下赤名 2814　9:00～17:00(受付～16:00)　休土曜(7～11月はなし)　P60台　交中国自動車道三次ICから約40分　料入園料(リンゴ・ブルーベリーそれぞれに必要)、中学生以上540円、3歳以上320円、持ち出し料リンゴ1kg500円、ブルーベリー100g100円　施直売所など

8月中旬～9月下旬

●たいしゃかんこうぶどうえん

大社観光ぶどう園

☎0853-53-2121　おでかけMAP P180-B3

安全、安心をモットーに栽培したスチューベンとロザリオロッソのブドウ狩りが60分食べ放題で楽しめる。持ち帰り、郵送は別途料金。

住島根県出雲市大社町中荒木224-2　9:00～16:00　休なし　P100台　交山陰自動車道出雲ICから約15分　料収穫体験 ピオーネ、シャインマスカット1口(1～2kg)3000円、60分食べ放題大人700円、小学生600円、3歳以上300円　施直売所

●かんこうのうえんすかいふぁーむ

観光農園スカイファーム

☎0856-22-7777　おでかけMAP P177-E1

高台の恵まれた自然の中に広がる、開放的な空間の果樹園。露地栽培の果物は糖度が高いので、とてもジューシーでみずみずしい。

住島根県益田市遠田町1261-3　8:30～17:00　休水曜(祝日の場合は営業)　P50台　交浜田自動車道浜田ICから約40分　料ブドウ中学生以上1200円、4歳以上600円、ナシ中学生以上600円、4歳以上400円　施直売所

●あきたぶるーべりーのうえん

あきたブルーベリー農園

☎0859-53-8811　おでかけMAP P181-E3

大山を望むのどかな場所にあるブルーベリー農園。ペット同伴、お弁当持参もOK!

住鳥取県西伯郡大山町赤松572-316　9:00～17:30(最終入園は17:00)　P50台　休なし　交米子自動車道米子ICから約15分　料入園料4歳以上300円、持ち帰り400円(S)、500円(M)、1500円(L)　施野菜直売所、休憩室、手作りジャム体験室

●はまねのうえん

浜根農園

☎0858-36-4173　おでかけMAP P181-F2

栽培している間は、農薬不使用で自家製有機質肥料(ぼかし)を使ったおいしいブドウが収穫できるとあって人気。自家製干しぶどうの試食もある。

住鳥取県東伯郡北栄町松神1086-4　10:00～17:00(平日は要予約)　休不定　P20台　交米子自動車道蒜山ICから約60分　料大人(中学生以上)1080円、小学生864円、3歳以上432円　施直売スペース、休憩スペース、トイレ

●しょうどしまゆうひがおかみかんえん

小豆島夕陽ヶ丘みかん園

☎0879-65-2350　おでかけMAP P179-G2

日本夕陽百選に選ばれた絶好の眺めが自慢。約2kg入る持ち帰り用の土産袋に、ミカンをいっぱい詰め込もう。予約なしで立ち寄れるので混み合うことも。

住香川県小豆郡土庄町尾形崎乙100-40　9:00～17:00　休なし　P15台　交土庄港から車で約15分、または大部港から車で約15分、または福田港から車で約35分　料大人1000円(高校生以上)、子ども850円(小･中学生)、幼児無料　※幼児は土産用入園袋なし　施直売所

●おがたかんこうのうえん

尾形観光農園

☎0893-47-0045　おでかけMAP P182-C2

園内は食べ放題なのでのんびりと過ごすことができる。ナシは幸水・豊水・あきづきなど全8種が季節ごとで味わえるのでいつ訪れても楽しい。

住愛媛県喜多郡内子町五百木2005　9:00～17:00　休なし　P15台　交松山自動車道内子・五十崎ICから約10分　料ナシ大人600円、子ども400円、幼児200円、ブドウ大人800円、子ども600円、幼児300円　施休憩所

10月末～12月末

●おみやげ ながの だいいち・だいにみかんのうえん

おみやげ ナガノ 第1・第2みかん農園

☎0897-82-0179　おでかけMAP P178-C3

雨の日でも傘をさしたままみかん狩りが可能とあって、家族連れに人気の農園。さらに、車いすでもみかん狩りができるので老若男女問わず楽しめる。

住愛媛県今治市大三島町宮浦3263-1　9:00～17:00　休なし　P30台　交西瀬戸自動車道大三島ICから約10分　料食べ放題(土産2kg付き)864円、園内食べ放題540円※当日の予約可　施直売所、売店、休憩所

8月下旬～10月下旬
(各品種なくなり次第終了 ※要問い合わせ)

●わたなべなしえん

渡部梨園

☎0892-41-0176
(夜間 0892-41-0732)　おでかけMAP P182-C2

有機肥料のみで栽培する約10種のナシを堪能することができる。中でも豊水・新高は家族連れにも人気の品種。テークアウトも可能。

住愛媛県上浮穴郡久万高原町下畑野川甲331　10:00～16:00　休火曜　P40台　交松山自動車道松山ICから約60分　料中学生以上600円、小学生400円、幼児(3歳以上)200円、持ち帰り500円～(1kg)、10月の新高梨は600円～(20名以上要予約)　施休憩室

季節のおでかけ 02

イチゴ狩り

小さな子どもでも楽しめるイチゴ狩りはファミリーに人気。
農園ごとに栽培しているイチゴの種類を要チェック！

1月上旬～5月中旬(予定)

めぐみのおかかまがり

恵みの丘蒲刈

☎0823-70-7111　おでかけMAP P177-H3

瀬戸内海を望む丘の上でのイチゴ狩りが楽しめる施設。ミカン狩りもある。

住広島県呉市蒲刈町大浦字前沖浦　営水・土・日曜10:00～、11:00～、13:00～(水曜は13:00～はなし)　休火曜　P50台　交広島呉道路(クレアライン)呉ICから約50分　料中学生以上1700円、小学生1300円、3歳以上の未就学児800円 ※要予約(前月1日から受付)　施レストラン、ハーブ工房

12月上旬～5月中旬

はくりゅうこかんこうのうえん

白龍湖観光農園

☎0847-34-0234　おでかけMAP P178-B2

緑に囲まれた農園でのんびり過ごすイチゴ狩りは40分食べ放題。パークゴルフは大人1000円、4歳以上小学生以下500円。

住広島県三原市大和町大草398　営9:00～17:00　休イチゴ狩りは育成状況により休業あり　P50台　交山陽自動車道河内ICからフライトロード経由大和南ICから約2分　料中学生以上1800円、小学生1400円、3歳以上800円　施直売所、休憩所、パークゴルフ場、梨園

1～5月末

こうのえんげい

河野園芸

☎0848-78-0108　おでかけMAP P178-C2

紅ほっぺを中心に数種を栽培。土産には手作りイチゴジャム570円がおすすめ。また、7月下旬から8月下旬には、ブルーベリー狩りもできる。

住広島県尾道市御調町丸門田679-1　営9:00～17:00　休不定　P20台　交山陽自動車道三原久井ICから約8分　料1～3月は中学生以上1850円、小学生1650円、3歳以上1050円、2歳以下200円　施花ハウス、直売所

1～6月

たちばないちごのうえん

立花いちご農園

☎090-7376-6622　おでかけMAP P178-D2

土づくりにこだわった高品質なイチゴ。高設栽培で立ったまま収穫できる。量り売りで持ち帰りも可。

住広島県福山市芦田町福田75　営10:00～15:00　休不定　P20台　交山陽自動車道福山東ICまたは福山西ICから約25分　料40分間食べ放題(4月～GWの価格　※大人・小学生は1～3月200円増、GW以降500円引)、大人1500円、小学生1200円、3歳(未就学児)700円、2歳300円　施販売所、トイレ

12月上旬～5月下旬

はあとのうえん

はあと農園

☎0120-2-81046　おでかけMAP P176-C4

最新のハウス栽培技術で育った安全でおいしいイチゴ。カフェのパンケーキ600円～もおすすめ。

住山口県山口市嘉川3468-10　営10:00～17:00　休金曜　P15台　交中国自動車道山口ICから約20分、またはJR嘉川駅から徒歩10分　料イチゴ30分間食べ放題13歳以上1600円、子ども1000円、3歳未満800円、75歳以上・障がい者800円　施直売所、カフェ(通年)

11月中旬～5月末

きせつたいけんのうじょう はなのうみ

季節体験農場 花の海

☎0836-79-0130　おでかけMAP P176-B4

サッカー場3面分、西日本最大級の規模を誇る農園。

住山口県山陽小野田市埴生3392　営10:00～17:00、土・日曜、祝日9:30～　休生育状況による　P200台　交山陽自動車道埴生ICから約5分、または中国自動車道小月ICから約10分　料食べ放題小学生以上900～1500円(土・日曜、祝日は1100～1700円)、幼児(4歳以上)・75歳以上600～900円、3歳以下無料　施農産物直売所、休憩室、レストラン、パン工房など

12～5月

●あん
ANN

☎080-1905-5011
おでかけMAP P177-F4

ビタミンCの多い「おいCベリー」ほか、約9品種を減農薬栽培している。90分食べ放題はうれしい。

住山口県柳井市余田3445 営10:00～16:00 休月・金曜 P15台 交山陽自動車道玖珂ICから約30分 料中学生以上1720円、小学生1290円、2歳以上860円、2歳以下は要相談 ※前日までの要予約、詳細はホームページ参照 施直売所、トイレ

1月～5月

●やまだようほうじょう みつばちのうえん
山田養蜂場 みつばち農園

☎0868-54-5515
おでかけMAP P181-F4

5種のイチゴが食べ放題。ウサギやヤギとの触れ合いも。

住岡山県苫田郡鏡野町塚谷785-1 営10:00～16:00 休木曜(祝日の場合は営業) P50台 交中国自動車道院庄ICから15分 料30分食べ放題(1～2月)大人2060円、小学生1650円、幼児1130円、(3月～5月10日)大人1940円、小学生1570円、幼児1010円 施ハウス2棟、売店、トイレなど

12月下旬～5月下旬(予定)

●のうまるえんげい きびじのうえん
農マル園芸 吉備路農園

☎0866-94-6755
おでかけMAP P179-E2

県下最大級の広さでいちご狩りの他にも、さまざまな施設が完備されている。

住岡山県総社市西郡411-1 営9:00～18:00(受付は～16:00)※ただし赤い実が無くなり次第終了 休なし P300台 交山陽自動車道倉敷IC、または岡山自動車道総社ICから約7分 料入園無料※予約優先、イチゴ狩りなどの体験施設は有料(価格変更あり) 施農産物や花の直売所、レストランなど

1月下旬～5月下旬

●たぶちいちごえん
田渕いちご園

☎090-9066-9572
おでかけMAP P179-F2

とよのか、さちのか、紅ほっぺなどを高設栽培している。目の前に成ったイチゴがなんと時間無制限で食べ放題。家族に嬉しいサービスだ。

住岡山県瀬戸内市長船町福岡 営10:00～17:00 休不定 P10台 交山陽自動車道備前IC、または山陽ICから約25分 料完熟イチゴ食べ放題(制限時間なし)中学生以上1600円、小学生1300円、幼稚園以下900円(当日の予約可) 施イチゴハウス

12月下旬～6月上旬

●にしやまふぁーむ
西山ファーム

☎086-958-2553
090-7548-0747(予約番号)
おでかけMAP P179-F1

あきひめや紅ほっぺなどが40分食べ放題で楽しめる。要予約だが、状況により当日予約でもOK。

住岡山県赤磐市仁堀東1077
営8:00～17:00(受付は9:00～16:00) 休なし
P30台 交中国自動車道美作ICから約30分、または山陽自動車道山陽ICから約30分
料要問い合わせ、要予約 施売店、カフェ

1月初旬～5月末

●きんたのうえんべりーね
きんた農園ベリーネ

☎0855-42-2515
おでかけMAP P177-F1

高設栽培により、車いすやベビーカーでも快適に楽しめる。さちのか、紅ほっぺ、章姫の3品種を栽培。カフェでは、特製イチゴパフェやイチゴジュースが楽しめる。すぐ満員になるので早めの予約を。

住島根県浜田市金城町七条イ735 営10:00～16:00 休火曜 P35台 交浜田自動車道旭ICから約15分 料50分食べ放題大人1900円、小学生1500円、幼児(3歳以上)700円(要予約) 施直売所、売店、カフェ

香川

1～5月末(予定)

●かんこうのうえんもりのいちご
観光農園森のいちご

☎087-890-3035
おでかけMAP P179-G3

香川県産の上品な味わいのさぬき姫を堪能しよう。

住香川県木田郡三木町上高岡1611
営10:00～16:00(受付は～14:30) 休木曜
P150台
交高松自動車道さぬき三木IC、または高松東ICから約20分
料詳細はHPにて※前日までの要予約
施売店、喫茶

香川

12月中旬～5月下旬

●しょうどしまふるさとむらふれあいいちごのうえん
小豆島ふるさと村ふれあいいちご農園

☎0879-75-2266
おでかけMAP P179-G2

3棟のハウス、苗の数は約1万1000本の女峰。最高のロケーションの中で、とても新鮮でみずみずしいイチゴを味わおう。

住香川県小豆郡小豆島町室生2084-1 営8:30～16:00 休なし P45台(近隣の道の駅のⓅ利用) 交島内各港から車で約5～50分 料30分食べ放題(12～3月)大人1290円、子ども(4歳～小学生)860円、(4～5月末)大人1080円、子ども640円 ※すべて予定価格 施道の駅など

2～5月

●なかやまちょういちごがりかんこうのうえんびゅーふぁーむ
中山町いちご狩り観光農園ビューファーム

☎089-968-0636
(クラフトの里総合受付)
おでかけMAP P182-C2

収穫がしやすい高設栽培なので、子どもから高齢者まで楽しめる。クラフトの里では、手作りシャーベットの販売やそば打ち体験(要予約)もあり。

住愛媛県伊予市中山町中山子271 営10:00～16:00 休月曜(祝日の場合は営業) P50台 交松山自動車道伊予ICから約15分 料中学生以上1500円、小学生以上1200円、2歳以上800円、(4・5月)小学生以上1000円、2歳以上600円(前日までの完全予約制) 施シャーベットハウス、野菜販売、売店

12月下旬～6月上旬

●にっこりいちごえん
にっこりいちご園

☎089-986-1040
おでかけMAP P182-C2

高設栽培、バリアフリーなのが嬉しい農園。かんなひめを中心に6品種のイチゴ狩りが楽しめる。

住愛媛県伊予市双海町上灘甲87 営10:00～16:00 休イチゴが少ない日(要問い合わせ) P7台 交松山自動車道伊予ICから約20分 料中学生以上1300円、小学生以上1000円、2歳以上800円、1歳以下無料※料金は季節による 施高設栽培

1月～5月下旬

●ききずいちごはうす(いのうえいちごえん)
kiki's苺ハウス(井上苺園)

☎090-8283-5765
おでかけMAP P178-C3

あらゆる角度から太陽の光をあてて育てる空中栽培を採用しているため、とても甘いイチゴが楽しめる。車いす、ペットOK(要リード)。

住愛媛県今治市上浦町甘崎379 営10:00～17:00 休月・水・金曜(祝日の場合は営業) P10台 交西瀬戸自動車道大三島ICからすぐ 料30分食べ放題小学生以上1500円、2歳以上700円 ※料金は季節による。2日前までの要予約 施トイレ

季節のおでかけ

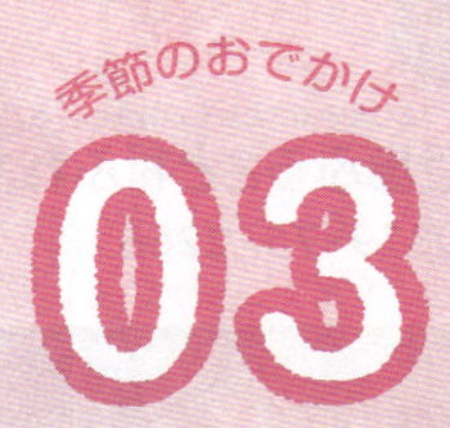

花見

各エリアでおすすめの花見スポットを紹介。
気候によって開花時期や満開の時期が変わるので、
確認してからでかけよう

千光寺公園

広島　3月下旬〜4月中旬

●えばやまこうえん

江波山公園

☎082-504-2577
（広島市中区役所維持管理課）

おでかけMAP P177-G3

広島市指定天然記念物ヒロシマエバヤマザクラを見物できる。5〜13枚もの花びらをつけ、咲き方も縦長に開く八重桜とは異なり水平に開花。花弁も通常のヤマザクラの倍の長さ。

㊟広島県広島市中区江波二本松2-11ほか　🕒24時間　㊡なし　Ⓟなし　㊫広電バス「江波行き」「江波営業所行き」で江波栄町バス停から徒歩5分　㊕無料　㊝レストラン、江波山気象館

山口　3月下旬〜4月上旬

●はぎじょうあとしづきこうえん

萩城跡指月公園

☎0838-25-1826

おでかけMAP P176-C3

山口県の天然記念物であり、日本国内では萩市のみで確認されているミドリヨシノをはじめ、約600本のソメイヨシノが咲き誇る。

㊟山口県萩市堀内　🕒8:00〜18:30(4〜10月)、8:30〜16:30(11〜2月)、8:30〜18:00(3月)　㊡なし　Ⓟ53台　㊫小郡萩道路絵堂ICから約20分　㊕大人210円、小・中学生100円　㊝天守閣跡、花江茶亭など

岡山　4月上旬

●あさひがわさくらみち

旭川さくら道

☎086-803-1332
（岡山市観光振興課）

おでかけMAP P179-F2

蓬莱橋から相生橋の約1kmに咲き乱れる。開花に合わせて「岡山さくらカーニバル」が開催。多くの屋台も並び、にぎわいを見せ夜間はライトアップも。岡山後楽園や岡山城などの観光にも便利。

㊟岡山県岡山市中区(旭川東岸)　🕒24時間　㊡なし　Ⓟなし　㊫山陽自動車道岡山ICから約30分、またはJR岡山駅から岡山電気軌道「城下」電停から徒歩20分　㊕無料　㊝なし

広島　3月下旬〜4月中旬

●せんこうじこうえん

千光寺公園

☎0848-36-5495
（尾道観光協会）

おでかけMAP P178-C3

「日本さくら名所100選」にも選ばれた、尾道のシンボル・千光寺公園。約1500本の桜が咲き誇る風景は圧感。春には多くの人が訪れにぎわう。

㊟広島県尾道市西土堂町19　🕒24時間　㊡なし　Ⓟ70台(1日600円)　㊫山陽自動車道福山西ICから約15分　㊕ロープウェイ片道320円、往復500円　㊝売店、展望台、レストラン、尾道市立美術館、かおり館、文学のこみち

山口　3月下旬〜4月上旬

●ごじょうせんぼんざくら

五条千本桜

☎0820-79-1003
（周防大島町商工観光課）

おでかけMAP P177-G4

片添ケ浜海浜公園から沖家室大橋までの全長約5kmに、アーケードのように花開く桜並木。県道沿いに咲く桜が周囲を桃色に彩り、瀬戸内海のきれいな青とのコントラストも楽しめる。

㊟山口県周防大島町片添ヶ浜〜沖家室大橋　🕒24時間　㊡なし　Ⓟなし(県道沿いに待避所あり)　㊫山陽自動車道玖珂ICから約60分　㊕無料　㊝なし

岡山　4月上旬〜中旬

●だいござくら

醍醐桜

☎0867-52-1111
（真庭市役所落合振興局）

おでかけMAP P181-E4

標高約500mの高台に堂々とそびえ立つ推定樹齢約1000年の一本桜で、後醍醐天皇が愛でたとされている。開花期間中に行われるライトアップは見応え十分で多くの人が訪れる。

㊟岡山県真庭市別所　🕒21:00までライトアップ(開花期間中)　㊡なし　Ⓟ200台(シーズン中有料)　㊫中国自動車道落合ICから約40分、または北房ICから約30分　㊕無料　㊝開花期間中地元の人による出店、トイレ

岡山 4月上旬〜中旬

●つやまじょう(かくざんこうえん)

津山城(鶴山公園)

☎0868-22-4572

おでかけMAP P181-G4

「日本さくら名所100選」に選定された公園。4月1〜15日の期間は、ぼんぼりは22時まで点灯しているので夜桜も楽しめる。

住岡山県津山市山下135 営8:40〜19:00(10〜3月は〜17:00、さくらまつり期間中は7:30〜22:00) 休なし P30台、さくらまつり期間のみ臨時駐車場あり(約2000台) 交中国自動車道津山IC、または院庄ICから約15分 料大人300円、中学生以下無料 施売店(さくらまつり期間のみ)

岡山 4月中旬〜下旬

●おそのさくら

尾所の桜

☎0868-32-7042(平日のみ対応)
(津山市阿波出張所)

おでかけMAP P181-G3

加茂川の支流尾所川に沿って登ると、河畔に推定樹齢570年の巨大な桜がそびえ立っている。高さ14m、枝は四方に約20mも広がり、木の下からの眺めがすばらしい。見頃には祭りも開催。

住岡山県津山市阿波1927付近 営24時間(開花期間のみライトアップ18:00〜21:00) 休なし P約5台 交中国自動車道津山ICから約45分 料無料 施トイレ(桜まつり期間中のみ)

島根 3月下旬〜4月上旬

●たまゆがわのひめざくら

玉湯川の姫桜

☎0852-62-3300
(松江観光協会玉造温泉支部)

おでかけMAP P180-C3

玉湯川の両岸にいっせいに咲く約400本のソメイヨシノ。開花日から2週間は、スポットライトやぼんぼりでライトアップされており、夜桜もおすすめ。

住島根県松江市玉湯町湯町〜玉造 営18:30〜22:30(開花日から2週間はライトアップされる) 休なし P50台 交山陰自動車道松江玉造ICから約10分 料無料 施日帰り温泉、売店、トイレ

島根 4月上旬

●みすみおおひらざくら

三隅大平桜

☎0855-24-1085
(浜田市観光協会)

おでかけMAP P177-E1

推定樹齢660年の大平桜。存在感のある太い幹の周囲は6.3mもあり、高さは17mもある。見事に咲き誇った満開の花は見るものを圧倒する。昭和10年に国の天然記念物に指定された。

住島根県浜田市三隅町矢原 営24時間 休なし P50台 交山陰道浜田三隅道路石見三隅ICから約20分、またはJR三保三隅駅から約20分 料無料 施トイレ

鳥取 3月下旬〜4月中旬

●しかのじょうせきこうえん

鹿野城跡公園

☎0857-84-2012
(鳥取市鹿野町総合支所産業建設課)

おでかけMAP P181-G2

400年前に築かれた城下町で、当時の面影を残す内堀・外堀がある。公園内にはハクチョウらが泳ぐ。城跡の堀の端に500本のソメイヨシノが水面に映る様子が美しい。18時から22時までライトアップされ、昼とは違った幻想的な景色に。

住鳥取県鳥取市鹿野町鹿野 営24時間 休なし P80台 交鳥取自動車道鳥取西ICから約25分 料無料 施臨時で屋台あり

香川 4月初旬

●ことひらぐう

金刀比羅宮

☎0877-75-2121
(金比羅宮社務所)

おでかけMAP P179-E3

参道沿いはソメイヨシノやヤマザクラが植えられた桜の名所。特に大門から書院までは「桜馬場」という名が付けられ、見事な風景をつくり出す。4月10日は桜花祭を開催。神職や巫女さんが桜の花を付けて境内を参進する姿は優美。

住香川県仲多度郡琴平町892-1 営24時間 休なし Pなし 交松山自動車道善通寺ICから約15分 料無料 施レストラン

香川 3月下旬〜4月中旬

●しうでやま

紫雲出山

☎0875-56-5880
(三豊市観光交流局)

おでかけMAP P179-E3

約1000本の桜が山を染め、青い瀬戸内海とのコラボレーションが見もの。晴れた日には山頂展望台から中国地方や瀬戸大橋まで見渡せる。

住香川県三豊市詫間町大浜乙451-1 営24時間(開花期間のみライトアップ 日没〜21:00) 休なし P60台 交高松自動車道三豊鳥坂ICまたはさぬき豊中ICから約45分 料無料 施売店、展望台、トイレ

香川 4月上旬〜中旬

●ことひきこうえん

琴弾公園

☎0875-23-3933
(観音寺市経済部商工観光課)

おでかけMAP P179-E4

「日本さくら名所100選」に選定された香川県下有数の桜の名所。約200本の桜が見事に咲き誇る。ライトアップされた桜は幻想的でひときわ美しい。5月までは植木市を開催される。

住香川県観音寺市有明町 営24時間(桜まつり期間中の日没後〜22:00までライトアップ) 休なし P70台 交高松自動車道さぬき豊中IC、または大野原ICから約15分 料無料 施トイレなど

愛媛 3月下旬ごろ

●けんりつどうごこうえん

県立道後公園

☎089-941-1480
(湯築城資料館)

おでかけMAP P182-C1

ソメイヨシノなど約320本の桜の名所。松山市内にあり交通の便がよく、道後温泉へは徒歩2分。展望台からは、松山城が間近に見え、遠くには瀬戸内海の島々も望むことができる。

住愛媛県松山市道後公園 営24時間 休なし P34台(30分100円) 交松山自動車道松山ICから約25分 料無料 施花見時期のみ臨時売店、自動販売機、トイレ

愛媛 4月初旬

●ひらきやまこうえん

開山公園

☎0897-72-1500
(今治市伯方支所)

おでかけMAP P178-C3

1000本以上の桜が咲き乱れ、展望台からは伯方・大島大橋、大三島橋、多々羅大橋が一望できる。公園内には滑り台やジャングルジムなどの遊具があり、桜を楽しみながら遊ぶことができるのでファミリーに人気のスポットだ。

住愛媛県今治市伯方町伊方 営24時間 休なし P150台 交西瀬戸自動車道伯方島ICから約10分 料無料 施展望台、遊具、トイレ

愛媛 3月下旬〜4月上旬

●とみすやまこうえん

冨士山公園

☎0893-57-6655
(大洲観光総合案内所)

おでかけMAP P182-B2

富士山に姿が似た標高320mの山。登山道沿いに約3000本のソメイヨシノが咲き誇る。山頂展望台からは大洲盆地と肱川を一望できる。4月下旬〜5月に咲く約6万3000本のツツジも美しい。

住愛媛県大洲市柚木 営24時間 休なし P200台 交松山自動車道大洲ICから約15分 料無料 施ツツジ園、展望台、遊具、キャンプ場、トイレ

季節のおでかけ 04

花

四季折々の美しい花を見に行こう。
特に春先から初夏にかけては、
各地でさまざまな花が咲き誇るので、見逃せない！

世羅高原農場

通年

●ひろしまゆうがくのもり ひろしまけんりょっかせんたー

ひろしま遊学の森 広島県緑化センター

☎082-899-2811 おでかけMAP P177-G2

四季折々の自然を堪能できる公園。春は約50種の桜、秋は県下一のオオモミジなどの紅葉が必見。

住広島県広島市東区福田町10166-2
時9:00～16:00 休月曜(祝日の場合は翌日)
P300台 交山陽自動車道広島東ICから約15分 料無料
施学習展示館、緑の相談所、樹木見本園、レストハウス(軽食)、わんこひろば、各種広場

7月上旬～7月中旬

●きみたのひまわりばたけ

君田のひまわり畑

☎0824-53-2111 (三次市君田支所) おでかけMAP P178-B1

西日本有数の広さを誇るヒマワリ畑。転作田を利用した約5haの敷地に約100万本のヒマワリが咲き乱れる。7月中旬の土・日曜には「川とひまわりまつり」を開催しており、ヒマワリの摘み取り、ヤマメのつかみ取りなどが楽しめる。

住広島県三次市君田町藤兼地区 時24時間 休なし P20台
交松江自動車道口和ICから約10分 料無料 施なし

3月下旬～10月下旬

●ふくやましえんげいせんたー

福山市園芸センター

☎084-928-1242 (福山市地産地消推進課) おでかけMAP P178-D2

春は桜や藤、秋はバラなどが咲く広大な敷地の庭園。10月下旬には「園芸祭」が開かれる。

住広島県福山市金江町藁江609 時9:00～16:30
休月曜(祝日の場合は翌日)
P約80台 交山陽自動車道福山西ICから約10分
料無料 施みはらし台、ふれあい広場、桜広場、和庭園、バラ園、即売所

4月中旬～5月下旬

●ふらわーびれっじ かむのさと

Flower Village 花夢の里

☎0847-39-1734 おでかけMAP P178-B2

2017年にリニューアルした花観光農園。圧巻の「芝桜とネモフィラの丘」を眺めて幸せな気分に。

住広島県世羅郡世羅町上津田3-3 時9:00～17:00
休イベント期間中はなし P700台
交尾道自動車道世羅ICから約30分
料中学生以上800円、4歳～小学生400円
施飲食施設、売店、トイレ、車椅子貸出

チューリップ4月中旬～5月上旬、ヒマワリ8月上旬～下旬、ダリア9月中旬～10月下旬

●せらこうげんのうじょう

世羅高原農場

☎0847-24-0014 おでかけMAP P178-C2

春はチューリップ、夏はヒマワリ、秋はダリアと、季節ごとに広大なスケールの花畑が楽しめ、家族連れが多く訪れる人気のスポット。

住広島県世羅郡世羅町別迫1124-11 時9:00～17:00
休花のイベント期間中はなし P1000台 交尾道自動車道世羅ICから約15分 料中学生以上800円、4歳～小学生400円 施売店、レストラン、カフェ、体験コーナー

桜4月上旬、チューリップ4月上旬～4月中旬、つつじ4月下旬～5月上旬

●ひのやまこうえん

火の山公園

☎083-231-1933 おでかけMAP P176-B4

関門海峡と春の花が楽しめる絶景スポット。

住山口県下関市みもすそ川町 時パークウェイ11～2月は8:00～22:30、3～10月は8:00～23:30 休なし
P276台(山頂駐車場の閉鎖時間は11～2月は22:00、3～10月は23:00) 交中国自動車道下関ICから約15分
料無料(ロープウェイ 大人片道300円、子ども片道150円) 施トイレ、遊具など

チューリップ4月上旬、コスモス9月下旬～10月中旬

●りふれっしゅぱーくとようら

リフレッシュパーク豊浦

☎083-772-4000

おでかけMAP P176-B4

春はチューリップ、秋は100万本のコスモス、冬から春にかけてはパンジー・ビオラなどさまざまな花が咲き誇り園内を彩る。10月には、アサギマダラ（蝶）が飛来し、観察も可能。

[住]山口県下関市豊浦町川棚2035-9 🕘8:30～17:00 [休]なし [P]200台
[交]中国自動車道小月ICから約30分 [料]大人200円、小・中学生100円、乳幼児無料
[施]売店、ドラゴンスライダーと遊具、築山と芝生広場、四季の園、バラ園

3月下旬～4月下旬

●つるがたやまこうえん

鶴形山公園

☎086-426-3495
（倉敷市公園緑地課）

おでかけMAP P179-E2

倉敷の氏神、阿智神社がある山頂付近の公園。桜のほかツツジ、フジの名所で有名。岡山県天然記念物「阿知の藤」は、アケボノフジという珍種で、樹齢は500歳超ともいわれている。

[住]岡山県倉敷市本町794-1 🕘24時間
[休]なし [P]なし [交]山陽自動車道倉敷ICから約20分
[料]無料 [施]阿智神社、トイレ

通年

●あーるえすけーばらえん

RSKバラ園

☎086-293-2121

おでかけMAP P179-E2

450品種・15,000株のバラが植えられている。

[住]岡山県岡山市北区撫川1592-1 🕘9:30～17:00（入園は16:30まで） [休]水曜（祝日の場合は翌日）※4～6月、10～11月はなし [P]700台 [交]山陽自動車道倉敷ICから約20分、岡山自動車道総社ICから約20分など [料]中学生以上600円、小学生・幼児300円（8～9月、12～1月は中学生以上300円、小学生・幼児200円） [施]そば処、ドッグラン、土産店

5月下旬

●にいみしてったすずらんのその

新見市哲多すずらんの園

☎0867-96-2113
（新見市役所哲多支局）

おでかけMAP P178-D1

「本州すずらん」の自生地。群生している野生のすずらんを保護育成している。開花期である5月下旬ごろには、一面が初夏を告げる可憐な花で埋めつくされ、その姿は圧感だ。

[住]岡山県新見市哲多町田淵 🕘9:00～17:00
[休]なし [P]20台 [交]中国自動車道新見ICから約40分
[料]無料 [施]なし

通年

●おかやましはんだやましょくぶつえん

岡山市半田山植物園

☎086-252-4183

おでかけMAP P179-F2

椿や桜、バラ、紅葉など、約3200種・15万本の植物が四季を通じて楽しむことができる。

[住]岡山県岡山市北区法界院3-1
🕘9:00～16:30（入園は～16:00）
[休]火曜（祝日の場合は翌日）
[P]93台（300円） [交]山陽自動車道岡山ICから約15分
[料]大人308円、子ども124円 [施]トイレ

4月下旬～5月上旬

●みすみこうえん

三隅公園

☎0855-24-1085
（浜田市観光協会）

おでかけMAP P177-E1

中国地方屈指のツツジの名所。4.5haの園内には、平戸ツツジや久留米ツツジなど、合わせて5万本が植えられている。ゴールデンウイーク期間中の3日間にはつつじまつりが開催される。

[住]島根県浜田市三隅町三隅 🕘24時間 [休]なし [P]20台（通常）、200台（祭開催時臨時駐車場） [交]山陰道浜田三隅道路石見三隅ICから約5分 [料]無料 [施]屋台（祭り期間中）、トイレ

5月下旬～6月中旬

●からかわのかきつばたぐんらく

唐川のカキツバタ群落

☎0857-73-1302
（岩美町教育委員会）

おでかけMAP P181-H2

日本三大自生地の一つ。このカキツバタ群落は、国の天然記念物に指定されている貴重な地域。中国地方を代表する湿原に、濃い紫色のカキツバタが見事にそろい、シーズンを迎えると全国各地から訪れた人でにぎわう。

[住]鳥取県岩美郡岩美町唐川 🕘24時間 [休]なし [P]10台
[交]鳥取自動車道鳥取ICから約45分 [料]無料 [施]なし

3月下旬～5月下旬

●ふらわーぱーくうらしま

フラワーパーク浦島

☎0875-83-3639
（花と浦島イベント実行委員会）

おでかけMAP P179-E3

春から初夏にかけてマーガレット、キンセンカ、ポピーなどが楽しめる。毎年5月中旬には、花を摘んで楽しむ「花摘みイベント」を開催。瀬戸内海を見渡すことができ、眺望も抜群。

[住]香川県三豊市詫間町積528-1 🕘24時間 [休]なし
[P]20台 [交]高松自動車道三豊鳥坂ICから約30分、またはさぬき豊中ICから約40分 [料]無料 [施]なし

アジサイ6月下旬～7月

●しうでやまいせきかん

紫雲出山遺跡館

☎0875-84-7896

おでかけMAP P179-E3

アジサイの道案内で、遊歩道の緑のトンネルをゆっくりのんびり散策。山頂展望台からは瀬戸内海の絶景を眺めることができる。

[住]香川県三豊市詫間町大浜乙451-1 🕘9:00～17:00（6～8月は～18:00、12～2月は～16:00） [休]なし
[P]60台 [交]高松自動車道三豊鳥坂IC、またはさぬき豊中ICから約45分 [料]無料 [施]喫茶コーナー

フジ4月下旬～5月初旬、ボタン4月下旬、桜4月初旬～中旬、アジサイ6月～7月、バラ5月中旬

●おおみしまふじこうえん

大三島藤公園

☎0897-82-0500
（今治市大三島支所 住民サービス課）

おでかけMAP P178-B3

大三島美術館を中核とし、東側は全長約300mの藤棚を中心にバラ・桜などの花木と芝を張りめぐらした洋風の公園、西側は白壁に囲まれた枯山水公園で花王ボタン・アジサイなどさまざまな、花を中心とした日本庭園となっている。

[住]愛媛県今治市大三島町宮浦9100-1 🕘24時間 [休]なし [P]50台
[交]西瀬戸自動車道大三島ICから約10分 [料]無料 [施]近隣に大三島美術館

チューリップ・菜の花3月末～、ひまわり7月下旬～、コスモス9月～

●ふらわーぱーくおおず

フラワーパークおおず

☎0893-24-2111
（大洲市農林水産課）

おでかけMAP P182-B2

約1haのフラワーエリアに、春はチューリップ・菜の花、夏はひまわり、秋はコスモスと季節の花々が鮮やかに咲き誇るフラワーパーク。芝生張りのイベントエリアもぜひ訪ねてみよう。

[住]愛媛県大洲市西大洲甲1766-7 🕘24時間 [休]なし
[P]40台 [交]松山自動車道大洲ICから約6分、または大洲北只ICから約3分 [料]無料 [施]フラワーエリア、イベントエリア

菜の花4月上旬～下旬、コスモス8月中旬～下旬

●すいはこうげん

翠波高原

☎0896-28-6187
（四国中央市観光交通課）

おでかけMAP P183-F1

4月は菜の花、8月にコスモスが咲き誇る。標高892mの翠波峰を中心とした約100haの美しい高原が広がり、展望台や遊具を備えた子ども広場もあり、家族で楽しむことができる。

[住]愛媛県四国中央市金砂町平野山乙306-1
🕘24時間 [休]なし [P]200台 [交]松山自動車道三島川之江ICから約35分 [料]無料 [施]なし

季節のおでかけ 05

ホタル観賞

暗闇に浮かび上がる黄色い光は、
初夏の夜を幻想的に彩る。
大人は童心に返って、子どもは輝く光を追って、楽しみたい

6月中旬

●いわどほたるまつり

岩戸ホタル祭り

☎050-5812-6908
（北広島町観光協会）

地元の子どもたちがホタルを描いた灯篭が、ホタルロードをほのぼのと照らす。ホタルを観賞しながらクイズに答えるホタルウォークラリーも実施される。

住広島県山県郡北広島町岩戸 岩戸集会所 時17:00～22:00 Pなし（通行の邪魔にならないよう路上駐車） 交浜田自動車道大朝ICから約10分 料無料 施屋台、ステージ、ヤマメの釣り堀など

7月上旬

●さんだんきょうほたるうぃーく

三段峡ホタルWeek

☎0826-28-2308
（三段峡観光同業組合）

国の特別名勝・三段峡でホタルを鑑賞。期間中は、ホタル観察会のほか、イルミネーションとホタルの共演が楽しめる。テント村では、ヤマメの塩焼きや漬物焼きそばなどが味わえる。

住広島県山県郡安芸太田町柴木 三段峡正面入口周辺 時18:00～21:00 P400台（1回400円～） 交中国自動車道戸河内ICから約15分 料無料 施屋台、観察会、イルミネーション、アート展

6月下旬

●ゆきおんせんほたるまつり

湯来温泉ホタルまつり

☎0829-40-6016
（湯来交流体験センター）

湯来温泉界隈で、縁日や川魚つかみ取り、ステージイベントなどを開催。ゲンジボタル、ヘイケボタル、ヒメボタル3種の自然繁殖したホタルが観賞できる。

住広島県広島市佐伯区湯来町多田 湯来ロッジ隣り 時湯来交流体験センターのHPを参照 P約300台 交山陽自動車道五日市ICから約30分、または中国自動車道戸河内ICから約25分 料無料 施ステージ、足湯、特産品市場館など

6月中旬の土曜

●ふのたにほたるまつり

府谷ほたるまつり

☎0827-72-2281（府谷グリーン山里会）
0827-72-2110（岩国市錦総合支所地域振興課）

府谷川沿いの土手を約3kmに渡り、ゲンジボタルとヘイケボタルが乱舞し、幻想的な世界が広がる。JR岩国駅から清流線ホタル列車も特別運行☎0827-72-2002（錦川鉄道株式会社、要問い合わせ）。

住山口県岩国市錦町府谷2498-1 府谷研修集会所前広場 時18:00～ Pなし 交中国自動車道六日市ICから約25分 料無料 施ステージ、地元特産物の販売など

6月中旬

●おおしおほたるまつり

大潮ホタルまつり

☎090-7370-2700
（大潮の里をまもる会・会長石川光生）

旧大潮小学校沿いを流れる錦川でホタル観賞ができる。ステージでは舞踊やカラオケが披露され、飲食バザーも充実。地元の特産品が当たる福引きは、空クジなしで好評だ。

住山口県周南市大潮字小潮 旧大潮小学校 時18:00～21:00 P40台（予定） 交中国自動車道鹿野ICから約15分 料無料 施ステージ、屋台、福引、農産物直売など

5月下旬(雨天順延)

●たぶせ・じょうなんほたるまつり
たぶせ・城南ホタルまつり

☎0820-52-2054
(城南公民館)

ゲンジボタルが舞う5月下旬に開催。町内外から2000人以上が訪れ、山城太鼓演奏や音楽演奏などが行われる。ホタルまつり名物の豚汁1000杯の無料接待は来場客に大好評だ。

住山口県熊毛郡田布施町宿井 城南小学校グラウンド 時18:00～21:00 P城南小学校グラウンドに臨時駐車場あり 交山陽自動車道熊毛ICから約15分 料無料 施屋台、ステージなど

5月下旬～6月上旬

●ほたるかんしょううぃーく!
ほたる観賞Week!

☎083-934-2810平日(山口市観光交流課)
083-928-3333土・日(山口ふるさと伝承総合センター)

一の坂川のホタルが最も乱舞する5月下旬から6月上旬を「ほたる観賞Week!」と題し、期間中のいずれかの日に「ほたる祭り～ほたるの夕べ～」を開催。

住山口県山口市後河原 一の坂川一帯 時17:00～21:00 P700台 交中国自動車道山口ICから約15分 料無料 施屋台、各種展示、バザーなど

6月上旬～下旬

●にほんはつのほたるぶねうんこう
日本初のホタル舟運航

☎083-766-0031
(ホタル舟実行委員会)

ゲンジボタルの乱舞を両岸に眺めながら、木屋川およそ800m(約25分)の川下りが楽しめる。予約制で、5月1日から予約受付を開始する。

住山口県下関市豊田町木屋川流域(中畑から殿敷大井堰) 時20:15～21:30ごろ(受付は18:00～) P129台(道の駅「蛍街道西ノ市」) 交中国自動車道小月ICから約20分 料乗船料大人(高校生～)2000円、子ども(5歳～)1000円 施なし

6月上旬

●かぐらのさとでほたるまつり
神楽の里でホタルまつり

☎0866-21-0461
(高梁市観光協会)

福地(しろち)小学校前の福地川一帯で行われる初夏の風物詩。多くのゲンジボタルが飛び交う。伝統芸能の備中神楽が楽しめるほか、地元の人による出店などさまざまな催しがある。

住岡山県高梁市落合町福地 福地小学校 時18:30～21:00 P約100台 交岡山自動車道賀陽ICから約40分 料無料 施ステージ、屋台など

5月下旬～6月上旬

●うないほたるかんしょうじゅんかん
宇内ホタル観賞旬間

☎0866-82-1016
(矢掛町産業観光課)

かつてホタルの光の帯ができたという星田川の周辺で、ゲンジボタルが見られる。18～22時まで、宇内ホタル公園付近の一部道路が歩行者天国になる。

住岡山県小田郡矢掛町宇内69 宇内ホタル公園 時20:00～22:00 Pなし 交井原鉄道矢掛駅から小田駅経由の無料送迎バスあり(期間中のみ運行) 料無料 施養殖施設の見学可。期間中は出店、ステージなどのイベント日あり

6月初旬～中旬

●みとほたるまつり
美都ほたるまつり

☎0856-52-3160
(美都町特産観光協会)

三谷川や矢原川など、その時一番きれいにホタルが観賞できる場所を案内する「ほたるバス」やほたるウォークを開催。ステージでは、石見神楽を上演。

住島根県益田市美都町宇津川旧二川小学校周辺 時18:30～22:00 P150台 交中国自動車道戸河内ICから約50分 料観賞イベントに参加する人は200円(参加賞あり)、要整理券 施ステージ、屋台など

6月の第2土曜(予定)

●はすみほたるまつり
はすみほたるまつり

☎0855-87-0224
(邑南町役場羽須美支所)

ほたる公園付近から上流へ向かう長田川一帯で、島根県天然記念物のゲンジボタルが観賞することができる。夜には、会場近くの「わんぱく館」で神楽大会も開催される。(予定)

住島根県邑智郡邑南町下口羽1001-1 はすみほたるの館、ほたる公園、長田川周辺 時18:00～ P10台 交浜田自動車道大朝ICから約50分、または中国自動車道三次ICから約40分 料無料 施屋台など

6月第2土曜

●にじょうほたるまつり
二条ホタル祭

☎0856-29-0001
(二条地区振興センター)

柏原川沿線の約4kmにわたってゲンジボタルが乱舞。川の近くの公園からゆったり観賞できる。旧柏原小学校を会場とした祭りでは、出店やステージイベントが開かれる。無料シャトルバスあり。

住島根県益田市柏原町890-2 ほたる会館周辺 時16:00～20:00 P50台 交中国自動車道戸河内ICから約120分、またはJR益田駅から車で約20分 料無料 施屋台、ステージなど

5月下旬～6月中旬(予定)

●よしおかおんせんほたるまつり
吉岡温泉ホタルまつり

☎0857-57-0800
(吉岡温泉旅館組合)

湯治場として知られる吉岡温泉で開催される。週末には無料シャトルバスが運行され、温泉街からホタルの名所を巡る。また、期間の最終日(6月第2日曜)にはホタルまつりが開催される。

住鳥取県鳥取市吉岡温泉町 吉岡温泉街周辺 時15:00～21:00(ホタルまつり) P30～40台※ホタルまつり当日は臨時駐車場あり 交鳥取自動車道鳥取ICから約20分 料無料 施温泉、屋台

6月第2土曜

●しおのえほたるまつり
しおのえホタルまつり

☎087-893-0148
(塩江温泉観光協会)

ホタルと文化の里にホタル館を設置。ホタル観賞は、17時～。お笑いライブなどのイベントも盛りだくさん。詳しくはHP「しおのえねっと」にて確認を。

住香川県高松市塩江町安原上ホタルと文化の里 時14:00～21:00 P1200台 交高松自動車道高松中央ICから約40分 料無料 施ステージ、屋台など

6月初旬

●いよなかやまほたるまつり
伊予中山ホタルまつり

☎089-994-5852
(伊予市観光協会)

激減したホタルを伊予中山ホタル保存会が養殖に取り組み、毎年放流を続けた結果、現在では多くのホタルが生息している。中山川流域をゲンジボタルが飛び交う姿を観賞できる。

住愛媛県伊予市中山町内中山中学校グラウンド 時16:00～19:30 P150台 交松山自動車道伊予ICから約15分 料無料 施ステージ、屋台など

6月の第1土曜日

●とやまほたるまつり
外山ほたる祭り

☎089-962-3828
(外山区(新谷利博))

会場裏の道約1kmに約1000匹のホタルが舞う。祭りでは和太鼓や餅まきのほか、20時からホタル観賞。砥部町役場からマイクロバスが運行。

住愛媛県伊予郡砥部町外山 JA外山経済センター周辺 時18:00～21:00 Pなし 交松山自動車道松山ICから約20分、または松山駅からバスで約45分の砥部町役場西口下車後、送迎バスで約5分 料無料 施屋台、ステージ、甘酒ふるまいなど

季節のおでかけ

06 海水浴

海水の透明度が高く、
遠浅で美しい海水浴場を中心にラインナップ。
子どもと一緒におもいっきりはしゃいで過ごそう

三原市すなみ海浜公園

7月中旬～8月下旬

●せとださんせっとびーち

瀬戸田サンセットビーチ

☎0845-27-1100　おでかけMAP P178-C3

「日本の水浴場88選」に選ばれた、遠浅で波が穏やかな海水浴場。美しい夕日が見えることでも有名。

住広島県尾道市瀬戸田町垂水1506-15　営10:00～16:00　休なし　P400台　交西瀬戸自動車道生口島北ICまたは生口南ICから約20分　料コインロッカー300円、温水シャワー300円、桟敷(大)2500円～、(小)2000円　施レストラン、更衣室、ロッカー、シャワー、売店

7月第2土曜～9月第1日曜

●みはらしすなみかいひんこうえん

三原市すなみ海浜公園

☎0848-67-5877（三原観光協会）　おでかけMAP P178-C3

砂浜までのスロープなど随所がバリアフリー化された人工海浜。幼児プールや噴水のある水遊び場もあり、お年寄りから子どもまで楽しめる。

住広島県三原市須波西1-7-1　営9:00～17:00　休なし　P204台　交山陽自動車道三原久井ICから約40分　料冷水シャワー100円、ロッカー100円　施幼児プール、水遊び場、休憩室、レストラン、更衣室、砂浜用車いす(要予約)など

7月中旬～8月下旬

●けんりつ けんみんのはま

県立 県民の浜

☎0823-66-1177　

全長約400mの自然海岸は「日本の水浴場55選」。海水浴のほか天然温泉、シーカヤック、夜には天体観測などレジャー満載。

住広島県呉市蒲刈町大浦7605　営9:00～17:00　休なし　P500台　交山陽自動車道高屋JCTから約45分　料桟敷(ござ2枚付き)1800円、テント席1300円、パラソル1000円(返却時500円返却)など　施シャワー、売店、レストラン、宿泊施設、体育館

7月中旬～8月中旬(予定)

●かつらがはまかいすいよくじょう

桂浜海水浴場

☎0823-53-2575（桂浜温泉館）　おでかけMAP P178-A4

「日本の渚百選」に選ばれた、自然浜の海水浴場。深い入江にあり透明度が高く、白砂青松が広がる。近くには天然温泉もある。

住広島県呉市倉橋町桂浜　営24時間(シャワー利用可能時間11:00～17:00)　休なし　P175台　交山陽自動車道高屋ICから約90分　料コイン温水シャワー200円、コイン冷水シャワー100円　施シャワー室、トイレ、桂浜温泉館

7月上旬～8月下旬

●どいがはまかいすいよくじょう

土井ヶ浜海水浴場

☎083-786-0234（豊北町観光協会）　おでかけMAP P176-A3

約1kmの真っ白い砂浜が続き、「快水浴場百選」に選ばれた山口県内屈指の海水浴場。休憩所や売店も充実しているので家族そろって楽しめる。

住山口県下関市豊北町神田上　営9:00～17:00※施設によって異なる　休なし　P650台(1日800円～)　交中国自動車道美祢ICから約60分　料シャワー300円など施設によって異なる　施休憩所、シャワー、売店、宿泊施設、トイレ

7月14日～8月19日

●にじがはまかいすいよくじょう
虹ケ浜海水浴場
☎0833-72-1532
（光市役所商工観光課）
おでかけMAP P177-E4

「日本の名松100選」「快水浴場百選」などに選ばれている西日本屈指の海水浴場。約2.4kmにわたって白砂青松が続く。遠浅ビーチで、砂も細かく、子ども連れも気軽に遊べる。
住山口県光市虹ケ浜　営10:00～17:00　休なし　P280台　交山陽自動車道徳山東ICから約20分　料無料　施海の家、シャワー（温水・冷水）、トイレ

7月中旬～8月31日

●きららびーちやけの
きららビーチ焼野
☎0836-88-4617
（きららビーチ焼野管理事務所）
おでかけMAP P176-C4

「日本の夕陽100選」に認定。海水浴やマリンスポーツが楽しめ、周辺に温泉施設やキャンプ場、公園もある。駅が近く、電車でも行きやすい。
住山口県山陽小野田市焼野海岸　営シャワー・ロッカー8:00～17:00　休なし　P178台　交山陽自動車道小野田ICから約10分、またはJR長門本山駅から徒歩10分　料温水シャワー200円　施売店、更衣室、休憩所、レストランなど

7月上旬～8月下旬

●さみかいすいよくじょう
沙美海水浴場
☎086-528-2033
（沙美海水浴場運営委員会）
おでかけMAP P179-E2

「日本の渚百選」に選出された、日本の海水浴発祥の地といわれる海水浴場。南国風に整備されたオシャレできれいなビーチ。西日本有数の人工海浜で900mの東浜と1500mの西浜がある。
住岡山県倉敷市玉島黒崎　営24時間　休なし　P150台（7:00～22:00）　交山陽自動車道玉島ICから約30分　料無料　施更衣室、シャワー、トイレ、海の家

7月13日～8月15日

●ほうでんかいすいよくじょう
宝伝海水浴場
☎086-944-5038
（東区役所総務・地域振興課）
おでかけMAP P179-F2

約300mの砂浜は、遠浅で波が少なく家族連れに人気。瀬戸内海の多島美を眺めながら、爽快に海水浴が楽しめる。バーベキューも一部エリアでOK。
住岡山県岡山市東区宝伝　営8:00ごろ～17:00ごろ　休なし　P250台（800円）　交岡山ブルーライン西大寺ICから約20分　料シャワー／大人100円（温水200円）、子ども50円（温水100円）　施売店、休憩所、更衣室、トイレなど ※雨天時休止

岡山

7月上旬～8月下旬

●しらいしじまかいすいよくじょう
白石島海水浴場
☎0865-69-2147
（笠岡市観光連盟）
おでかけMAP P178-D3

岡山県三大海水浴場のひとつ。約500m続く白い砂浜と澄んだ美しい海が広がる。マリンスポーツが体験できるので家族、友人とも楽しめる。
住岡山県笠岡市白石島　営24時間　休なし　P150台（夏季は1日800円）　交笠岡港から高速船で約25分　料海の家1枡1000円～、シャワー200円～　施シャワー、トイレ、更衣室、休憩所

7月中旬～8月中旬

●こうらかいすいよくじょう
古浦海水浴場
☎0852-55-5700
（鹿島支所地域振興課）
おでかけMAP P180-C2

入江を取り囲む山の稜線を眺めながら泳げるビーチ。ビーチバレー、ビーチサッカーなどのマリンレジャーも盛んだ。ビーチから徒歩6分の恵曇港の防波堤では、魚釣りも楽しめる。
住島根県松江市鹿島町古浦　営24時間　休なし　P100台（普通車500円など）　交山陰自動車道松江西ランプから約30分　料無料　施海の家、シャワー（温水3分間200円）

7月10日前後～8月20日前後

●うらどめかいすいよくじょう
浦富海水浴場
☎0857-72-1313
（浦富観光協会）
おでかけMAP P181-H2

明治27年に開設された歴史ある海水浴場。山陰海岸国立公園屈指の景勝地としても知られている。水は澄み、ライフセーバーがしっかりガードをしてくれる安全・快適な海水浴場。
住鳥取県岩美郡岩美町浦富　営8:00～17:00　休なし（天候により遊泳禁止あり）　P500台1回1000円　交鳥取自動車道鳥取ICから約40分　料温水シャワー200円　施温水シャワー、海の家

7月上旬～8月下旬

●かいけおんせんかいすいよくじょう
皆生温泉海水浴場
☎0859-34-2888
（皆生温泉旅館組合）
おでかけMAP P181-E2

「日本の水浴場88選」に選定されたきれいな海水浴場。期間中はライフセーバー監視のもと、安心安全な海水浴が楽しめる。
住鳥取県米子市皆生温泉　営9:00～17:00（監視・救護所）　休なし　P50台（予定）　交米子自動車道米子ICから約10分　料更衣室・シャワールーム無料　施海の家、シャワー、トイレ、更衣室、売店、ロッカー、休憩所

7月上旬～8月下旬

●ちちぶがはまかいすいよくじょう
父母ヶ浜海水浴場
☎090-6885-5381
（父母ヶ浜海水浴場事務所）
おでかけMAP P179-E3

約1kmの長く美しい砂浜は、波が穏やかで遠浅なので子どもも利用しやすい。夕陽がきれいな絶景スポットであり、海浜植物も多く観察できる。
住香川県三豊市仁尾町仁尾乙203-3　営8:30～17:30（予定）　休なし　P有料Pあり（予定）　交高松自動車道さぬき豊中ICまたは三豊鳥坂ICから約20分　料シャワー250円、桟敷2000円（土・日曜、祝日3000円）　施更衣室など

7月上旬～8月中旬

●ありあけはまかいすいよくじょう
有明浜海水浴場
☎0875-23-3933
（観音寺市経済部商工観光課）
おでかけMAP P179-E4

瀬戸内海国立公園内にあり、白砂と松林、遠浅で長さ約2kmにおよぶ。付近にはキャンプ場もある。「有明浜の海浜植物群落」が市指定文化財（天然記念物）に指定されている。
住香川県観音寺市有明町　営海の家9:00～20:30　休なし　P300台　交高松自動車道さぬき豊中ICから約15分　料海の家1部屋3000円～　施海の家、シャワー、売店

7月下旬～8月31日（予定）

●かしまかいすいよくじょう
鹿島海水浴場
☎0895-82-1111
（愛南町西海支所）
おでかけMAP P182-B4

「日本の水浴場88選」に選ばれた海水浴場で四国一の透明度を誇る。近くにあるコーラルビーチでは、水中メガネとシュノーケルのみで熱帯魚やサンゴ礁の観察ができる。（船欠航時は休みなので注意）
住愛媛県南宇和郡愛南町船越　営9:00～17:00　休なし　P150台　交宇和島道路津島高田ICから約40分　料無料　施更衣室、シャワー（大人150円・子ども100円）、トイレ

7月中旬日～8月31日

●ながはまかいすいよくじょう
長浜海水浴場
☎0893-52-1111
（大洲市役所長浜支所）
おでかけMAP P182-B2

伊予灘に面して広がる約160mの砂浜と、透明度が高い海で快適な海水浴が楽しめる。更衣室、シャワー室、トイレなど充実した設備がそろう中で海水浴が楽しめるとあって、毎年多くのカップルや家族でにぎわうスポットとなっている。
住愛媛県大洲市長浜　営9:00～18:00　休なし　P50台　交松山自動車道大洲ICから約20分　料無料　施更衣室、シャワー、トイレ

季節のおでかけ

07 プール

各プールの面白い設備に注目！
温水や室内型プールを持ち、
夏だけでなく通年楽しめるところも盛りだくさん

広島

7月1日～9月2日

●ちゅうおうこうえんふぁみりーぷーる

中央公園ファミリープール

☎082-211-0063

おでかけMAP P177-G3

市内中心部でアクセスが便利。流れるプール、こどもプール、多目的プールの3種があり子どもから大人まで楽しめる。

住広島県広島市中区基町4-41 営9:00～18:00（入園は～17:00） 休なし P なし 交山陽自動車道広島ICから約15分 料大人（18歳以上）780円、子ども･65歳以上340円、ロッカー100円、貸しうきわ1回100円 施売店など

広島

7月中旬～9月上旬

●ちゅーぴーぷーる

ちゅーピープール

☎0829-56-0666

おでかけMAP P177-F3

流れるプールなど8種を完備。JR前空駅前から無料送迎バスを運行している。

住広島県廿日市市大野389-2 営7/23～7/27、8/27～9/2は9:00～17:00、7/30～8/24は～18:00、土･日曜、祝日･盆(8/11～8/16)8:30～18:00(2018予定) 休なし(天候等による臨時休園あり) P 600台(1000円) 交山陽自動車道大野ICから約10分 料中学生以上1700円、小学生1300円、3歳～未就学児600円(土･日曜、祝日･盆期間+200円) 施食堂、売店

広島

7月上旬～8月31日

●いんのしまあめにてぃぷーる

因島アメニティプール

☎0845-24-3771
（営業期間中）

おでかけMAP P178-C3

迫力満点のウォータースライダーやキノコ型の噴水、ランプスライダーがあり、家族やグループで1日中楽しめる。プール前に広がる瀬戸内海の美しいビーチも必見。

住広島県尾道市因島大浜町57 営10:00～17:00 休なし P 130台 交西瀬戸自動車道因島北ICから約10分 料大人500円、中･高校生400円、小学生300円、小学校就学前無料 施売店（予定）

山口

6月下旬～9月上旬

●くだまつけんこうぱーく すぽーつぷらざ

くだまつ健康パーク スポーツプラザ

☎0833-45-0232

おでかけMAP P177-E4

大型ドームなので天候を気にせず楽しめる。肌にも優しい。（プールと温泉のセットもお得）

住山口県下松市平田448 営10:00～17:00
休なし（夏休み期間以外は土･日曜、祝日のみ営業）
P 500台 交山陽自動車道徳山東ICから約10分
料HPにて要確認
施レストラン、ゲームコーナー、カラオケ、天然温泉施設

山口

通年

●ぐりーんおあしす

グリーンオアシス

☎0827-82-0230

おでかけMAP P177-F4

温水プール、幼児プール、スライダーなどが楽しめ、御影石風呂やサウナでリフレッシュできる。

住山口県岩国市玖珂町4410−2 営10:30～20:30(受付～19:00)、土･日曜･祝日～18:00(受付～17:00) 休月曜(祝日の場合は翌日)※8月はなし P 100台 交山陽自動車道玖珂ICから約5分 料大人720円、小･中学生410円、1歳以上100円、靴ロッカー100円 施ジャグジープールなど

 お弁当持込OK  浮き輪持込OK  水遊びようオムツOK

●ぐりーんひるずつやまぐらすはうす
グリーンヒルズ津山グラスハウス

☎0868-27-7140　おでかけMAP P181-G4

全面ガラス張りで開放感抜群。スライダー、温泉リラクゼーションプール、サウナほか設備が充実。

住岡山県津山市大田512　営10:00～21:00、土・日曜・祝日～20:00　休火曜(夏休み期間中は営業)　P800台　交中国自動車道津山ICから約20分　料大人1400円、小学生700円、幼児300円(10～6月大人1200円、小学生600円)　※17:00～と65歳以上は割引　施幼児プール、フィットネスプール、ジム、レストランなど

7月中旬～8月下旬

●へるすぴあくらしきおくがいぷーる
ヘルスピア倉敷屋外プール

☎086-444-0887　おでかけMAP P179-E2

全長190m、水深1mの流れるプールや、全長90mのウォータースライダー、幼児用プールもあり、家族全員で楽しめる。

住岡山県倉敷市連島町西之浦4141　営10:00～17:00　休海の日翌日～翌土曜(予定)(悪天候により変更あり)　P300台　交山陽自動車道玉島ICから約15分　料大人1300円、中・高校生1100円、3歳～小学生・60歳以上750円　施売店、軽食コーナー

7月上旬～9月上旬

●さんとぴあおかやまそうじゃわっぷす
サントピア岡山総社WAPS

☎0120-310-126
0866-95-8811　おでかけMAP P179-E2

西日本最大級のレジャープール、4基のスライダーで遊べるので、家族みんなで楽しめる。

住岡山県総社市秦1215　営10:00～17:00、盆前後9:00～　休なし(悪天候等により臨時休業あり)　P700台　交岡山自動車道総社IC、または山陽自動車道倉敷ICから約20分　料大人2000円、中・高校生1700円、3歳～小学生1000円、60歳以上1500円、幼児無料　施レストラン、売店

7月中旬～8月31日
一部不可

●「みちのえき」くろいさんぐりーんぱーく"ちびっこぷーる"
「道の駅」黒井山グリーンパーク"ちびっ子プール"

☎0869-25-0891　おでかけMAP P179-G2

水深45cmで子どもにやさしい。長さ30mのウォータースライダーあり。

住岡山県瀬戸内市邑久町虫明5165-196　営ちびっ子プール10:00～16:30(受付は～15:30)※ゆうゆう交流館9:00～17:30、11～2月は～17:00　休なし(天候不良の場合は休園あり)　P268台　交岡山ブルーライン虫明ICから約3分　料中学生以上600円、子ども500円(特定期間を除く平日は50円引き)　施売店、シャワー、ロッカー(有料)

通年
一部不可

●あくあみすみおくないぷーる
アクアみすみ屋内プール

☎0855-32-0080　おでかけMAP P177-E1

25mプールを6コース、幼児プール、ジャグジープール(5～6人用)を完備。

住島根県浜田市三隅町古市場589 浜田市三隅中央公園内　営13:00～21:00、土曜・祝日9:00～21:00、日曜9:00～17:00　休月曜、施設整備日　P120台　交浜田自動車道浜田ICから約30分　料大人510円、高校生420円、小・中学生310円、幼児無料(1回2時間)　施温水プール、多目的運動場ほか

通年

●いずもゆうぷらざ
出雲ゆうプラザ

☎0853-30-0707　おでかけMAP P180-B3

高さ11m、長さ116mのウォータースライダーが人気。

住島根県出雲市西新町1-2547-2　営10:00～21:00最終入館は20:30(夏休み期間は9:00～)　休木曜(夏休み期間はなし)※2月はメンテナンス休館　P70台　交山陰自動車道出雲ICから約5分　料大人820円、小・中・高校生410円、3歳以上300円、65歳以上610円、7・8月は大人1100円、65歳以上700円、小・中・高校生500円、3歳以上400円　施ロッカー(100円)、売店、カフェ(軽食)は土・日曜、祝日、夏休み期間中及び9月中旬まで営業

通年

●かわもとおとぎかん(ぷーる)
かわもとおとぎ館(プール)

☎0855-72-3083　おでかけMAP P180-B4

水中音響設備、プール音響設備を備えた室内温水プール。床暖房完備なので年間通していつでも快適に楽しむことができる。

住島根県邑智郡川本町大字川本332-13　営10:00～20:30 ※曜日により異なる　休火曜、ほか不定あり　P50台　交浜田自動車道大朝ICから約40分　料大人500円、小・中学生・65歳以上300円　施レストランおとぎ

通年

●くあたらそさぬきつだ
クアタラソさぬき津田

☎0879-42-5888　おでかけMAP P179-G3

海水露天風呂タラソテラピーがあるプール施設。

住香川県さぬき市津田町鶴羽24-2　営12:00～21:30、土曜、夏休み10:00～(夏休みの終了時間は曜日に準ずる)、日曜、祝日10:00～20:00　休火曜(夏休み期間中はなし)　P100台　交高松自動車道津田東ICから約10分　料大人1620円、中学生1080円、小学生864円、幼児540円　施売店

通年

●くらよししえいおんすいぷーる
倉吉市営温水プール

☎0858-47-1186　おでかけMAP P181-F3

すべて屋内。家族でオールシーズン楽しめる温水プール。

住鳥取県倉吉市駄経寺町198-2　営10:00～21:00(10～3月は～20:00)　休月曜　P800台　交米子自動車道蒜山ICから約50分　料大人520円、小・中・高校生210円、60歳以上360円(18:00以降は大人310円、小・中・高校生110円、60歳以上210円)　施スライダー、流水プールなど

6月30日～9月2日

●いよてつすぽーつせんたー
イヨテツスポーツセンター

☎089-975-0031　おでかけMAP P182-C1

全天候対応型室内の大型プール。屋外にあるスリル満点のスパイラルウォータースライダー室内(全長80m)2基が人気だ。

住愛媛県松山市三町3-9-1　営10:00～19:00(屋外は、土・日曜、祝日、夏休み期間中～18:00、そのほか平日は全館～17:00)、最終日は全館～17:00　休なし　P110台　交松山自動車道川内ICから約30分、または松山ICから約20分　料大人880円、学生780円、中学生720円、子ども670円、観覧300円　施冬季はアイススケート場

通年(屋外プール6月第3土曜日～9月第2日曜日)

●あくあぱれっとまつやま
アクアパレットまつやま

☎089-965-2900　おでかけMAP P182-C1

屋内温水エリアは、流水プール、幼児プールに加え、ジャグジーやリハビリゾーンなどがある健康プールも好評。屋外プールには巨大スライダーも。

住愛媛県松山市市坪西町625-1　営9:00～21:00(入場～20:00、スライダー～18:00)　休月曜(祝日・夏期は営業)　P約100台　交松山自動車道松山ICから約10分　料1時間大人250円、高校生200円、3歳～中学生150円、2歳以下無料　施売店など

7月上旬～8月下旬

●なんれくじゃんぼぷーる
南レクジャンボプール

☎0895-73-0170　おでかけMAP P182-B4

50mのスライダープールや波のプール、スパイラルスライダー、幼児プールなど趣向を凝らしたプールが楽しめる。家族連れに人気の施設。

住愛媛県南宇和郡愛南町御荘平城728　営10:00～17:00(日曜、祝日、お盆期間は9:00～)　休なし(荒天時、臨時休業あり)　P240台　交宇和島道路津島岩松ICから約30分　料大人630円、中・高校生310円、小学生210円、幼児100円　施売店

花　火

夜空に大輪の花が咲き誇る、夏の風物詩。
日程をしっかりチェックしたら浴衣に着替えて、
楽しい思い出を作ろう

みよし市民納涼花火まつり

9月1日

●いんのしますいぐんまつり おおづつはなびひろう

因島水軍まつり 大筒花火披露

☎0845-26-6212
（因島水軍まつり実行委員会）

因島水軍まつりで鎧武者行列や踊りのコンテストなどを行い、フィナーレに約1000発の花火を打ち上げる。

住広島県尾道市因島大浜町　因島アメニティ公園しまなみビーチ
時20:45～21:00（予定）　P周辺に臨時Ⓟあり、会場までシャトルバス（有料）運行　交西瀬戸自動車道因島北ICから約10分、またはJR尾道駅からバスで約25分、因島大橋バス停から徒歩10分　料無料　施露店など

8月25日

●みよししみんのうりょうはなびまつり

みよし市民納涼花火まつり

☎0824-63-9268
（三次市観光協会内）

90年以上も前、厳島神社で打ち上げられた1発の花火が始まりとされる歴史ある花火大会。1万発の花火は三次盆地の音響効果でより迫力を増す。

住広島県三次市巴橋下流（十日市西～三次町）
時19:30～21:00　P約1000台（十日市親水公園ほか、14:00～開放）　交JR三次駅から徒歩15分
料無料　施露店

8月25日

●みやじますいちゅうはなびたいかい

宮島水中花火大会

☎0829-44-2011
（宮島観光協会内　宮島水中花火大会実行委員会）

「日本花火百選」にも選ばれた、花火と歴史的建造物の共演が堪能できる。大鳥居が幻想的に浮かび上がる姿は必見！

住広島県廿日市市宮島町 厳島神社大鳥居沖合の海上
時19:30～20:30　Pなし　交JR宮島口駅からフェリーで約10分、宮島桟橋から徒歩10分　料無料（有料席あり）
※有料席のみ要予約　施露店

7月第4土曜日（予定）

●おのみちすみよしはなびまつり

おのみち住吉花火まつり

☎0848-22-2165
（尾道住吉会・尾道商工会議所内）

尾道水道に浮かべた台船から、約1万3000発もの花火が打ち上げられる。勇壮なスターマイン、華麗な水中花火、早打ち、音楽花火などが、尾道の夜空を艶やかに彩る。

住広島県尾道市土堂2 住吉神社地先・尾道水道海上
時19:30～21:00　P約2000台　交山陽自動車道尾道ICから約20分、またはJR尾道駅から徒歩10分　料無料　施露店

8月13日

●あじあぽーとふぇすてぃばる いん かんもん かんもんかいきょうはなびたいかい

アジアポートフェスティバル in KANMON 関門海峡花火大会

☎083-223-2001
（下関21世紀協会）

下関市と門司区の関門海峡両岸から合わせて約1万5000発を打ち上げる壮大なスケールが魅力。目玉は1尺5寸の大玉！

住山口県下関市あるかぽーとほか
時19:50～20:40（雨天決行・荒天中止）　Pなし
交JR下関駅から徒歩20分
料入場は有料（詳細はHPで確認）　施露店

8月1日(雨天時は4日に延期)

●はぎ・にほんかいだいはなびたいかい
萩・日本海大花火大会

☎0838-25-3333
(萩商工会議所)

美しい日本海を背景に、豪華な花火が楽しめる。2隻の船と堤防から約7000発の花火が打ち上がり、尺玉の連発と1000連発のスターマインは必見。
住山口県萩市東浜崎町萩商港菊ケ浜周辺 時20:00～21:00 P約1000台(一部有料) 交中国自動車道美祢東JCTより小郡萩道路萩方面へ約20分、またはJR東萩駅から徒歩20分 料無料 施露店

8月5日

●つやまのうりょうごんごまつりいんよしいがわだいはなびたいかい
津山納涼ごんごまつりIN吉井川大花火大会

☎0868-32-2082
(津山納涼ごんごまつり実行委員会事務局)

岡山県下最大級の打ち上げ数を誇る大花火大会。間近で打ち上がる花火は迫力満点。土曜には、約2000人の市民が参加する「ごんごおどり」が津山の夜を熱くさせる。
住岡山県津山市船頭町 時20:00～21:00 P1500台(有料) 交中国自動車道院庄IC・津山ICから約20分 料無料(有料観覧席設置予定) 施夜店、お化け屋敷「ごんごの館」

8月4日

●かがみのちょうだいのうりょうさい
鏡野町大納涼祭

☎0868-54-2987
(鏡野町産業観光課)

岡山県苫田郡鏡野町最大の夏祭り。フィナーレを飾る花火の打ち上げ数は約5000発。夜空に花開く花火はもちろん、奥津湖に映る幻想的な花火も魅力。
住岡山県苫田郡鏡野町奥津湖畔特設会場(みずの郷奥津湖) 時14:00～21:00(花火は20:10頃～)
P2000台 交中国自動車道院庄ICから約20分 料無料
施露店など

8月16日

●ごうのかわまつり「はなびたいかい」
江の川祭「花火大会」

☎0855-52-2268
(江津商工会議所)

江津市音頭パレード、大蛇ボートレース大会などが行われる江の川祭のフィナーレを飾る。9カ所同時に打ち上げられる時間に合わせ、約4000個の灯ろうが流れ、幻想的な雰囲気に。
住島根県江津市江津町江の川河口周辺 時20:10～20:50 P1800台 交江津道路江津ICから約5分、またはJR江津駅から徒歩3分 料無料 施露店、トイレ

8月12日

●いずもしんわまつり・はなびたいかい
出雲神話まつり・花火大会

☎0853-21-8420
(出雲神話まつり振興会事務局)

毎年約13万人もの人々でにぎわう、出雲を代表する祭りの花火大会。ヤマタノオロチ退治で知られる伝説の舞台・斐伊川河川敷の夜空が約8000発の花火で照らされ、その美しさ、迫力は圧巻。
住島根県出雲市大津神立河川敷 時20:00～20:50
Pなし 交一畑電車大津町駅から徒歩15分 料無料
施露店など

8月15日

●とっとりしゃんしゃんまつり だいろくじゅうごかいしみんのうりょうはなびたいかい
鳥取しゃんしゃん祭 第65回市民納涼花火大会

☎0857-21-2885
(日本海新聞事業課)

鳥取名物のしゃんしゃん祭の一環として行われる花火大会。音楽に合わせて打ち上がる花火など、バラエティーに富んだ色とりどりの花火が約5000発楽しめ、多くの人でにぎわう。
住鳥取県鳥取市古市周辺 時19:00～21:00(花火打ち上げは20:00～) Pなし 交JR鳥取駅から大会専用シャトルバス(有料)で約5分、または徒歩20分 料無料 施露店

8月18日

●まるがめばさらまつりにせんじゅうはちはなびたいかい
まるがめ婆娑羅まつり2018花火大会

☎0877-22-2371
(まるがめ婆娑羅まつり実行委員会)

丸亀港に浮かべた台船上から打ち上げられる至近距離の花火は迫力満点。大スターマインや特大のスパンコール、冠が丸亀の夜空を金色に染める。祭り期間中に披露される「婆娑羅ダンス風起ダンスパフォーマンス」も必見だ。
住香川県丸亀市港町丸亀港 時20:00～21:00(小雨決行、荒天中止) P2200台(丸亀ボートレース場) 交瀬戸中央自動車道坂出ICから約15分 料無料 施露店など

8月13日

●だいごじゅうさんかいさぬきたかまつまつりはなびたいかい「どんどんたかまつ」
第53回さぬき高松まつり花火大会「どんどん高松」

☎087-839-2416
(高松まつり振興会 高松市観光交流課内)

高松の夏を最高に盛り上げる一大イベント。ダイナミックな大輪の花を咲かせる大玉や、いくつもの色鮮やかな光が連続で放たれるスターマインなどの花火が夜空を彩る。
住香川県高松市サンポート 時20:00～20:50
P1000台(有料) 交高松自動車道高松中央ICから約20分、またはJR高松駅から徒歩5分 料無料 施露店

8月11日

●せとおおはしかいつう30しゅうねんきねん だい53かいさかいでおおはしまつり かいじょうはなびたいかい
瀬戸大橋開通30周年記念 第53回さかいで大橋まつり海上花火大会

☎0877-44-5015
(坂出市産業課にぎわい室)

ライトアップされた瀬戸大橋を背景に中四国最大級1万5000発の花火を鑑賞。豪快な尺玉を含む大玉の連発は大好評。瀬戸大橋開通30周年を記念しバラエティーに富んだ花火大会に注目。
住香川県坂出市入船町 坂出港中央埠頭 時20:00～20:45 P2000台 交JR坂出駅から徒歩20分、または瀬戸中央道坂出北ICから約5分 料無料 施露店など

8月5日

●おんまくはなび
おんまく花火

☎0898-23-3939
(今治市民のまつり振興会)

尺玉100連発など、約1万発の色鮮やかな花火が打ち上がる。今治の夜空に大輪の花を咲かせる様子は圧巻だ。
住愛媛県今治市天保山町(今治港防波堤)
時20:00～21:00 P約800台
交西瀬戸自動車道今治ICから約15分、またはJR予讃線今治駅から徒歩15分 料無料 施露店

7月27日

●だいろくじゅういっかいにいはまのうりょうはなびたいかい
第61回にいはま納涼花火大会

☎0897-33-5581
(新居浜商工会議所)

約8000発を打ち上げる、四国有数の規模を誇る花火大会。長さ400m、高さ40mの「ナイヤガラ大瀑布」は名物として知られる。
住愛媛県新居浜市 国領川河川敷 平形橋北側
時19:30～21:00 P1600台 交JR新居浜駅から徒歩20分、または松山道新居浜ICから約20分 料無料
施露店など

季節のおでかけ 09

紅葉

秋のイベントとして外せないモミジ狩り。
遊歩道をのんびり歩いたり、遊覧船に乗ったりと、
さまざまな形で堪能して

国定公園帝釈峡

10月中旬～11月上旬

●せとないかいこくりつこうえん ごくらくじやま

瀬戸内海国立公園 極楽寺山

☎0829-31-5656
（はつかいち観光協会）

おでかけMAP P177-G3

安芸の霊峰といわれる極楽寺山は瀬戸内の島々や各地の山並みを望むことができる。秋には山頂を覆うモミの原生林をはじめ、モミジやアカガシなどで山全体が赤く色づく。

住広島県廿日市市原牛池山533　営8:30～17:00　休なし(12/1～3/31は売店が休み)　P100台　交広島岩国道路廿日市ICから約20分　料無料　施売店、キャンプ場、トイレ

10月下旬～11月中旬

●さんだんきょう

三段峡

☎0826-28-1800
（地域商社あきおおた）

おでかけMAP P177-F2

国の特別名勝に指定される日本屈指の名峡。太田川支流柴木川沿い、長さ16㎞の峡谷全体が紅葉した景色は圧巻。新緑の時期もおすすめ。

住広島県山県郡安芸太田町柴木三段峡正面入口　営夜間以外　休冬季は積雪のため入峡不可　P500台(1日400円～)　交中国自動車道戸河内ICから約15分　料無料　施猿飛渡船10:00～15:00(乗船料往復500円)、黒淵渡船9:00～16:00(乗船料往復500円)

10月下旬～11月上旬

●きだにきょう

木谷峡

☎0827-72-2110
（岩国市錦総合支所地域振興課）

紅葉の素晴らしさと、鹿落としの滝など数々の滝や岩がなす渓谷美が人々を魅了し続ける。平家の伝説が残る木谷川の流れの上に広がる紅葉の美しさは格別で、モミジ狩りの季節は多くの観光客でにぎわう紅葉の名所だ。

住山口県岩国市錦町広瀬木谷　営24時間　休なし　Pなし　交山陽自動車道岩国ICから約60分　料無料　施公衆トイレ

10月下旬～11月中旬

●こくていこうえんたいしゃくきょう

国定公園帝釈峡

☎08477-2-5811
（帝釈峡観光協会）

おでかけMAP P178-C1

中国山地のほぼ中央に位置する帝釈峡。四季を通じて美しい自然景観に恵まれ、秋は紅葉が色鮮やかに山を染める。下流の神龍湖で遊覧船やカヤックから眺める景色も必見だ。

住広島県庄原市と神石高原町周辺　営24時間　休なし　P200台(1日400円)　交中国自動車道東城ICから約10分　料入場無料　施休暇村帝釈峡、帝釈峡スコラ高原

11月中旬～11月下旬

●もみじだにこうえん

紅葉谷公園

☎0827-29-5116
（岩国市観光振興課）

錦帯橋から徒歩10分、寺院跡地を公園化した紅葉の名所。隣接の吉香公園と合わせて約1000本のモミジが、格別の美しさを見せる。ゆっくりと秋を感じながらの散歩に最適のスポット。

住山口県岩国市横山　営24時間　休なし　P錦帯橋下河原500台(1日300円)　交山陽自動車道岩国ICから約10分　料無料　施永興寺、洞泉寺

11月中旬～

●たかせきょう

高瀬峡

☎0834-61-4215
（新南陽総合支所地域政策課）

おでかけMAP P177-E3

四季の織り成す自然の美しさを満喫できる渓谷で、特に紅葉は見もの。赤く色づいたモミジやカエデが楽しめるだけでなく、入口近くではキャンプもできるので、ファミリーに人気のスポットだ。

住山口県周南市高瀬　営24時間　休なし　Pなし　交山陽自動車道徳山西ICから約40分　料無料　施トイレ

11月中旬～12月初旬

●もうりしていえん

毛利氏庭園

☎0835-22-0001

おでかけMAP P176-D4

明治・大正時代の技術の粋を集めた壮大華麗な庭園はひょうたん池を巡る回遊式で、国の指定名勝。どの季節も見事な景観だが、中でも紅葉シーズンは園内の木々が色付き圧巻。

住山口県防府市多々良1-15-1　営9:00～17:00(入園は16:30まで)　休なし　P120台　交山陽自動車道防府東・西ICから約15分　料大人400円、中学生以下200円　施毛利博物館、トイレ

10月下旬～11月中旬

●おくつけい

奥津渓

☎0868-54-2987
(鏡野町産業観光課)

おでかけMAP P181-F3

大釣橋付近のまっ赤なモミジは見応えあり。渓谷を浸食してできた東洋一の甌穴群や滝など、変化に富んだ約3kmにおよぶ景観と紅葉が美しくマッチしている。遊歩道も整備され、ゆっくりと散策を楽しむことができる。※期間中交通規制あり

住岡山県苫田郡鏡野町奥津川西　営24時間　休なし　P20台　交中国自動車道院庄ICから約25分　料無料　施売店、温泉

11月上旬～中旬

●てんじんきょう

天神峡

☎0866-72-0112
(芳井振興課建設経済係)

おでかけMAP P178-D2

岡山県指定の高梁川上流県立自然公園の一つ。小田川渓谷約1kmにわたりカエデやモミなどの巨樹や老木が清流に影を落とす景勝地。紅葉の名所として人気のスポットだ。

住岡山県井原市芳井町吉井　営24時間
休なし　P100台　交山陽自動車道笠岡ICから約40分
料無料　施なし

11月中旬～12月上旬

●ゆうしえん

由志園

☎0852-76-2255

おでかけMAP P180-D2

4万㎡以上の広さを誇る池泉回遊式日本庭園。山陰最大級の紅葉ライトアップは毎年多くの観光客を魅了。日中とは違った姿を見ることができる。

住島根県松江市八束町波入1260-2　営9:00～17:00(入園は16:30まで)※夜間開園時は延長あり　休なし　P300台　交山陰自動車道西尾ICから約12分　料大人800～1000円、小・中学生・高校生400円～500円(季節により異なる)　施トイレ、レストラン、売店

11月上旬～11月中旬

●つわのじょうあと

津和野城跡

☎0856-72-0376
(津和野町城跡観光リフト)

おでかけMAP P177-E2

鎌倉時代に築城された津和野城の城跡。津和野の町を一望できる高台にある。モミジやケヤキが一斉に赤く色づき、美しい景観をなしている。

住島根県鹿足郡津和野町後田　営9:00～16:30　休12/1～2/28の平日(1/1～1/5はリフト運行)※臨時休業あり　P10台　交中国自動車道六日市ICから約60分　料観光リフト往復中学生以上450円、小学生400円　施津和野町城跡観光リフト

11月上旬～中旬

●おしかけい

小鹿渓

☎0858-43-0431
(三朝温泉観光協会)

おでかけMAP P181-G3

小鹿川の上流にある約4kmにわたる渓谷は国の景勝地に指定。岩肌を勢いよく流れ落ちる滝や奇岩がすばらしい。もみじの里展望公園から1km続く遊歩道の紅葉風景は見事。

住鳥取県東伯郡三朝町神倉　営24時間　休なし　P20台　交中国自動車道院庄ICから約75分　料無料　施展望公園、遊歩道

10月下旬～11月上旬

●あしづけいこく

芦津渓谷

☎0858-76-1111
(智頭町観光協会)

おでかけMAP P181-H3

智頭町にいくつかあるトレッキングコースの中でも人気の高いスポット。大小数々の滝と、ダム湖を囲む新緑や紅葉が美しい。毎年10月下旬～11月上旬頃「芦津渓谷ふれあいトレッキング大会」を開催。なめこ汁のサービスがある。

住鳥取県八頭郡智頭町芦津　営24時間　休なし　P20台　交鳥取自動車道智頭ICから車で約50分　料無料

11月上旬～中旬

●かしはらけいこく

柏原渓谷

☎087-876-5282
(綾川町経済課)

おでかけMAP P179-F3

綾川の上流、約7kmにもわたる渓谷。クヌギやカエデの鮮やかな紅葉が渓谷をにぎやかに彩る。眼下には奇岩と清流の美しい景観が広がり、その様子に心が癒やされる。

住香川県綾歌郡綾川町枌所東　営24時間　休なし　Pなし　交高松自動車道高松西ICから約50分、または高松檀紙ICから約50分

愛媛

10月下旬～11月中旬

●おだみやまけいこく

小田深山渓谷

☎0892-52-3111
(内子町役場小田支所)

おでかけMAP P182-C2

20種以上の紅葉が鮮やかな渓谷。1.5kmの遊歩道がある。澄みきった川の流れや木々の新緑の中でゆったりとした気分を味わうことができる。

住愛媛県喜多郡内子町中川小田深山国有林地内　営24時間　休なし　P70台　交松山自動車道内子五十崎ICから約70分　料無料　施トイレ、遊歩道

愛媛

10月下旬～11月下旬

●にいやいなりやまこうえん

新谷稲荷山公園

☎0893-24-2664
(大洲市観光協会)

おでかけMAP P182-B2

稲荷神社の社前一帯に植えられた樹齢約200年の老カエデ(イロハカエデ)など約3000本が赤く彩る、県内有数の紅葉の名所。もみじまつり期間中は露店などが立ち並びにぎわう。

住愛媛県大洲市新谷町　営24時間　休なし　P80台(もみじまつり期間中は要駐車料金)　交松山自動車道大洲ICから約10分　料無料　施露店

愛媛

10月上旬～11月上旬

●いしづちさん

石鎚山

☎0897-52-1446

おでかけMAP P182-D1

西日本最高峰の山。石鎚もみじまつりも開催。

住愛媛県西条市、久万高原町　営24時間(ロープウェイは10月～11月3日の平日8:20～17:00、土日祝7:40～18:00)　休なし(ロープウェイ運休あり)　P500台(1台700円～)　交松山自動車道いよ小松ICから約50分、またはいよ西条ICから約110分　料無料(ロープウェイ往復1950円)

季節のおでかけ

10 スキー場

穏やかなコースやキッズゲレンデがある場所など、
子連れでもOKなスキー場を中心に紹介。
冬をアクティブに楽しもう

ユートピア・サイオト

広島 12月下旬〜3月中旬

●ゆーとぴあ・さいおと

ユートピア・サイオト

☎0826-35-1234

おでかけMAP P177-G1

エリア最大級の雪遊び・ソリ遊びゲレンデがこの冬登場。毎週行われる楽しいキッズイベントもあり、親子三世代で楽しめるスキー場。

住広島県山県郡北広島町才乙144　8:00〜17:00　休なし　P1500台　交中国自動車道戸河内ICから約40分　料キッズキングダム入園料1500円、レンタルスキー・ボードセット大人4000円・子ども2500円　施レストラン、パウダールーム、授乳室ほか

広島 12月初旬〜3月中旬

●げいほくこうげん おおさすきーじょう

芸北高原 大佐スキー場

☎0826-35-0038

おでかけMAP P177-F1

幅広でなだらかなゲレンデは、子ども連れにも最適。家族連れにも人気。

住広島県山県郡北広島町荒神原38-31
8:00〜17:00
休なし　P1500台
交中国自動車道戸河内ICから約40分　料要問い合わせ
施レンタルショップ、レストラン、更衣室

広島 12〜3月

●すのーりぞーとねこやますきーじょう

スノーリゾート猫山スキー場

☎0824-84-2311

おでかけMAP P180-D4

島根県境近くの標高700mの猫山。ファミリーで楽しめるバラエティー豊かなコース。

住広島県庄原市西城町三坂5190-50　8:30〜17:00　休なし　P1000台　交中国自動車道東城ICから約30分　料1日リフト券（入場料込）大人4200円、50歳以上3100円、中学生以下2600円、小学生以下・未就学児2600円　施宿泊施設、レストラン、レンタルスキー&スノーボード・ウエアなど

広島 12月初旬〜3月下旬（予定）

●めがひらおんせんめがひらすきーじょう

女鹿平温泉めがひらスキー場

☎0829-40-3000

おでかけMAP P177-F2

吉和ICから約2kmと好アクセス。温泉も楽しめるスキー場。景色を楽しむ林間コースもある。

住広島県廿日市市吉和4301　8:00〜17:00（土・日曜、祝日は〜18:00）　休なし　P1300台　交中国自動車道吉和ICから約3分　料9時間券大人5400円、子ども（小学生以下）4000円、4時間券大人4400円、子ども（小学生以下）3300円　施温泉施設、宿泊施設、レストラン、更衣室など

広島 12月中旬〜3月中旬

●げいほくこくさいすきーじょう

芸北国際スキー場

☎0826-35-0250

おでかけMAP P177-F1

標高1126m。西日本最大級の規模を誇るスキー場。初級コースもあるので家族で楽しめる。

住広島県山県郡北広島町中祖19　8:00〜17:00（ナイター、早朝営業あり）　休なし　P2500台（1日1000円）　交中国自動車道戸河内ICから約40分　料1日券大人4800円、子ども2500円、ナイター券大人1000円、子ども1000円　施宿泊施設、レストラン、レンタルスキー、スノーボード

山口 12月下旬〜2月下旬（予定）

●とくさがみねすきーじょう

十種ヶ峰スキー場

☎083-958-0547

おでかけMAP P176-D2

日本海を眺望できる山口県唯一のスキー場。

住山口県山口市阿東嘉年下1505-1　8:30〜17:00　休雪積時はなし　P250台（土・日曜、祝日500円、平日無料）　交中国自動車道鹿野ICから約55分　料1日券大人4100円、子ども（中学生まで）3050円、シニア（60歳以上）3050円　施ロッジ内に食堂、レンタルハウス併設

12月下旬～3月中旬

●おんばらこうげんすきーじょう

恩原高原スキー場

☎0868-44-2808　おでかけMAP P181-G3

中国山地を一望できるスキー場。初心者から上級者まで楽しめるコースが豊富。

住岡山県苫田郡鏡野町上齋原2037　営8:00～17:00　休なし　P1700台（普通車500円）　交中国自動車道院庄ICから約50分　料1日券大人4300円、中学生以下2800円、午前・午後券2800円、ナイター券2500円　施レンタルショップ、レストラン、更衣室

島根　12月下旬～3月上旬

●みいのはらすきーじょう

三井野原スキー場

☎0854-54-2504（奥出雲町役場商工観光課）　おでかけMAP P180-D4

国道とJRがすぐ側にあるアクセスが便利なスキー場。幅広い層が楽しめるゲレンデだ。

住島根県仁多郡奥出雲町八川　営8:30～17:00（土・日曜は8:00～）　休なし　P300台　交中国自動車道東城ICから約50分、または松江自動車道高野ICから約80分　料1日券大人2500円、子ども800円（利用可能時間8:00～17:00）　施近隣の旅館に食事処、売店あり

12月下旬～3月上旬

●あさひてんぐすとん すのーぱーく

アサヒテングストン スノーパーク

☎0855-47-0101　おでかけMAP P177-G1

自然雪に特化。良質のパウダースノーが定評の木々に囲まれた大自然あふれるスキー場だ。

住島根県浜田市旭町市木7600　営8:30～16:30　休なし　P1300台　交浜田自動車道瑞穂ICから約15分　料1日券大人4500円、子ども2000円、シニア（50歳以上、要証明）4000円　施レストラン、無料休憩所、更衣室、コインロッカー、レンタルなど

12月上旬～4月上旬（予定）

●みずほはいらんど

瑞穂ハイランド

☎0855-85-1111　おでかけMAP P177-G1

頂上部では日本海を望める。4月までスキーが存分に楽しめるスポットで知られる。

住島根県邑智郡邑南町市木6242-19　営8:00～16:30　休なし　P3200台　交浜田自動車道瑞穂ICから約5分　料要問い合わせ　施大自然体験型キッズパークわんぱくの森、託児所、キッズ専用プレイルーム、更衣室

12月上旬～3月上旬

●ことびきふぉれすとぱーくすきーじょう

琴引フォレストパークスキー場

☎0854-72-1021　おでかけMAP P180-B4

ファミリーパークは動く歩道付きで、初心者でも安心。シーズン中は随時開催。

住島根県飯石郡飯南町佐見1151　営8:30～18:30、土・日曜、祝日は8:00～17:00　休なし　P800台（無料）　交中国自動車道三次ICから約40分　料1日券大人3800円、子ども2500円、シニア（50歳以上、要証明）3000円、4時間券などもあり（2017年実績）　施更衣室、レストラン、キッズルーム、休憩室、温泉宿泊施設（琴引ビレッジ山荘）

12月中旬～3月中旬

●おくだいせんすきーじょう

奥大山スキー場

☎0859-77-2828　おでかけMAP P181-E3

ファミリーゲレンデから上級者用ゲレンデまで、レベルを問わず楽しめる。大山南壁を望む緩急の長いスロープが魅力。

住鳥取県日野郡江府町御机大平原837-13　営8:30～17:00　休なし　P400台　交米子自動車道江府ICから約25分　料1日券大人4000円、子ども（小学生以下）3000円　施レストラン、売店、休憩所、トイレ

12～4月

●だいせんかがみがなるすきーじょう

大山鏡ヶ成スキー場

☎0859-75-2300　おでかけMAP P181-E3

天然雪の量と質は西日本トップクラス！ 初・中級向けゲレンデが楽しめる。

住鳥取県日野郡江府町御机字鏡ヶ成709-1　営8:30～17:00　休なし　P200台　交米子自動車道江府ICから約30分　料1日券大人3600円、小人2600円　施レストラン、休憩室、売店、レンタルショップ、スキースクールなど

12月中旬～3月中旬

●すのーぱーくうんぺんじ

スノーパーク雲辺寺

☎0875-54-3805　おでかけMAP P179-E4

ロープウェーで標高916mまで行く、香川唯一のスキー場。頂上からは瀬戸内海の絶景が見られる。

住香川県観音寺市大野原町丸井1974-57　営9:00～17:00（水・土曜は～22:00）　休なし　P400台　交高松自動車道大野原ICから約15分　料大人4060円、中・高校生3000円、小学生2000円（ロープウェイ往復・リフト1日券含む）など　施レンタル、レストラン、更衣室

12月中旬～3月中旬

●くますきーらんど

久万スキーランド

☎0892-21-0100　おでかけMAP P182-C2

毎日ナイター営業。初心者は無料乗り放題のベルトコンベヤー式のムービングベルトで練習可。

住愛媛県上浮穴郡久万高原町東明神乙754-60　営9:00～22:00（水・土曜は～24:00）　休なし　P850台　交松山自動車道松山ICから約30分　料入場料大人1200円、中・高校生1000円、小学生以下700円　施レストラン、更衣室、売店、レンタル、スクール

12月下旬～3月中旬

●いしづちすきーじょう

石鎚スキー場

☎0897-59-0331　おでかけMAP P182-D1

西日本最高峰「石鎚山」の標高1400mにゲレンデがある。スノーマシーンがあるので雪質も良好。

住愛媛県西条市西之川下谷甲81　営9:00～16:30、土・日曜、祝日、12/30～1/3は8:30～17:00　休なし　P500台（700円～）　交松山自動車道いよ西条ICから国道11・194号・県道12号経由で約60分　料大人4000円、子ども（中学生以下）2500円、シニア（50歳以上）3000円　施無料休憩所、レストハウスなど

12月下旬～3月上旬

●そるふぁ・おだすきーげれんで

ソルファ・オダスキーゲレンデ

☎0892-52-3232　おでかけMAP P182-C2

全長1000mの高速ペアリフトなど、四国最大級のスキー場。安定したスノーコンディションが自慢。

住愛媛県喜多郡内子町中川小田深山　営8:30～17:00　休なし　P700台（1台1000円）　交松山自動車道内子五十崎ICから約60分　料1日券大人4200円、中学生以下2800円・シニア（55歳以上）3200円・レディース（平日のみ）3200円　施更衣室、レストラン、無料休憩所、スクール、医務室、レンタル

季節のおでかけ 11

イルミネーション

冬の夜に輝く、各地のイルミネーションは
それぞれに趣向を凝らしたものばかり！
幻想的な世界を満喫しよう

TOKIWAファンタジア

11月10日～12月30日(予定)

●びほくいるみ（こくえいびほくきゅうりょうこうえん）

備北イルミ（国営備北丘陵公園）

☎0824-72-7000

毎年大人気の樹木、地形を生かした奥行きのあるイルミネーション。

住広島県庄原市三日市町4-10　時点灯時間17:30～21:00（入園は～20:00）予定　休12/31　P2460台（普通車310円、大型車1030円）　交中国自動車道庄原ICから北入口約5分、中入口約10分、または三次東ICから約15分　料大人450円、小･中学生無料、幼児無料、満65歳以上210円（要証明）　施公園

12月1日～1月2日

●ふゆほたる

冬ホタル

☎0847-32-7773

ペットボトル4万本、電球5万個のイルミネーション（2017年実績）。装飾のテーマの一部はホタルの里吉田にちなんだもの。グラウンドの周囲約20戸の家でも光がともる。

住広島県三原市久井町吉田 三原市吉田スポーツ広場
時17:30～22:00　休なし　P20台　交山陽自動車道三原久井ICから約20分　料無料　施うどん、地元の餅などを販売

11月17日～1月3日

●ひろしまどりみねーしょん2018

ひろしまドリミネーション2018

☎082-554-1813

「おとぎの国」をコンセプトに約140万球（2017年実績）のライトアップ。平和大通り、アリスガーデンなど市内中心部で展開し、毎年家族連れやカップルが多く訪れる。

住広島県広島市中区平和大通りほか　時17:30～22:30　休なし　P周辺の有料Ⓟ利用　交山陽自動車道広島ICから約25分　料無料　施レストラン、美術館、資料館など近隣に各種施設あり

10月13日

●とうかさい

灯花祭

☎0833-74-3311
（光市冠山総合公園）

約6000個の竹灯ろうが園内を幻想的な明かりで包み込み、見る人を魅了させる。浮き灯花、灯花回廊、大型竹灯ろうなどテーマに沿った竹灯ろうの明かりが作り出す景色は見事。※雨天中止

住山口県光市室積村6288　時18:00～20:30　休なし　P約120台　交山陽自動車道熊毛ICから約20分、または徳山東ICから約25分　料無料　施芝生広場、日本庭園、オートキャンプ場

11月24日～1月11日

●20thさんたくろすろーどにせんじゅうはち
20thサンタクロスロード2018
☎090-7503-7370
（宇部未来会議）

県内では数少ない音楽と「光のミュージカル」を導入する注目のスポット。アートのまち宇部市ならではの、芸術性あふれる装飾・演出を楽しむことができる。
住山口県宇部市中央町2-11-21 ▽17:00～24:00 休なし Pなし（近隣に有料Ⓟあり） 交山陽自動車道宇部ICから約10分 料無料 施市内のレストラン、ホテル、店舗など

11月下旬～1月上旬（予定）

●はぎいるみねふぇすた
萩イルミネフェスタ
☎0838-25-1750
（萩市観光協会）

レトロな雰囲気の萩駅舎周辺でイルミネーションの点灯が行われる。萩城跡などのライトアップとあわせて、夜の観光スポットとして萩の夜を彩っていく。無料の駐車場もあるので、車でのおでかけもおすすめ。
住山口県萩市椿JR萩駅周辺 ▽17:30～23:00 休なし Pあり 交中国自動車道美祢東JCT経由、小郡萩道路絵堂ICから約20分 料無料 施なし

11月18日～1月6日（予定）

●ときわふぁんたじあにせんじゅうはち
TOKIWAファンタジア2018
☎0836-54-0551
（ときわ公園課）

中国エリア最大級のイルミネーションイベント。音楽に合わせて点灯する光のファンタジーショーと、イルミネーションコンテストを開催。遊園地は夜間営業となるので、アトラクションも一緒に楽しめる。
住山口県宇部市則貞3-4-1 ときわ遊園地 ▽17:30～21:30 休期間中なし P1500台（200円～） 交山口宇部道路宇部南ICから約5分 料なし 施露店、カフェなど

11月下旬～1月初旬（予定）

●しゅうなんふゆのつりーまつり
周南冬のツリーまつり
☎0834-31-3000
（徳山商工会議所）

ヒマラヤスギ、イチョウなどのツリー本数55本。90万個のLED電球が豪華に街を彩る。
住山口県周南市御幸通り、青空公園、商店街一帯、PH通り ※会場により期間は異なる ▽17:30～22:00 休なし P周辺に有料Ⓟあり 交山陽自動車道徳山東ICから約15分、またはJR徳山駅から徒歩すぐ 料無料 施集中イベント日は特設ステージ、食べ物広場

12月22～24日（予定）

●きゃんどるふぁんたじー いん ゆばらおんせん
キャンドルファンタジー in 湯原温泉
☎0867-62-2526
（湯原観光情報センター）

湯原温泉の露天風呂「砂湯」を中心に626本のキャンドルが灯る。幻想的な雰囲気と温泉の両方が楽しめる。冬の花火も打ち上げ予定
住岡山県真庭市湯原温泉街 ▽18:00～21:30 休なし（悪天候は中止） P50台 交米子自動車道湯原ICから約10分 料無料 施温泉、露天風呂、飲食店など

12月中（予定）

●おかやまももたろうまつり「ももたろう ふぁんたじー2018」
おかやま桃太郎まつり「MOMOTAROH FANTASY2018」
☎086-941-0091
（岡山放送）

JR岡山駅前広場・西口の各ポイントで、さまざまなイルミネーションが12月の夜を美しく彩り、来場者を楽しませてくれる。
住岡山県岡山市北区駅元町1-1 JR岡山駅周辺 ▽17:00～23:00 休なし Pなし 交山陽自動車道岡山ICから約20分 料無料 施駅前広場ほか

11月23日～1月14日（予定）

●まんとうざんこうえんいるみねーしょん
万灯山公園イルミネーション
☎0855-25-9601
（浜田市役所建設企画課）

高さ10mのヒマラヤスギなどを電飾し、公園内を彩る。JR浜田駅から万灯山公園までの街路樹に電球が灯るので、公園までの道中も楽しめる。
住島根県浜田市琵琶町129 ▽17:00～22:00（初日は18:00～） 休なし P100台（30分100円） 交浜田自動車道浜田ICから約10分 料無料 施点灯日初日にコーラスの披露、ぜんざいなどが振る舞われる予定

12月中旬～12月24日（月・祝）

●とっとりさきゅういりゅーじょんにせんじゅうはち
鳥取砂丘イリュージョン2018
☎0858-85-0046
（鳥取砂丘イリュージョン事務局）

30万球以上のイルミネーションが、鳥取砂丘入口周辺を彩る。砂丘の違う姿が見られる。
住鳥取県鳥取市福部町湯山2164-661 ▽17:30～21:00（2017年実績） 休なし P250台 交鳥取自動車道鳥取ICから約20分 料無料 施参加型イベント、屋台村など

11月23日～1月6日（予定）

●こくえいさぬき まんのうこうえんうぃんたーふぁんたじー
国営讃岐 まんのう公園ウィンターファンタジー
☎0877-79-1700

総面積約3万㎡に広がるグランドイルミネーションや高さ10mのシンボルツリーなど約55万球（2017年実績）の幻想的な光の空間が広がる
住香川県仲多度郡まんのう町吉野4243-12 ▽9:30～20:00（点灯は17:30ごろ～） 休火曜（12/25は開園）、12/29～31 P920台（310円～） 交高松自動車道善通寺ICから約25分 料入園料15歳以上450円、中学生以下無料、65歳以上210円 施レストラン、売店など

12月開催予定

●さかいでひかりふぇすてぃばる
さかいで光輝里フェスティバル
☎0877-44-5017
（坂出市都市整備課）

高さ16mのシンボルツリーであるヒマラヤスギを、約3万個のLEDで華やかに演出。駅前広場にもイルミネーションを施した展示物が多数登場。
住香川県坂出市元町1-1-1 ▽15:00～19:00、点灯は17:00～22:00 休なし P126台（30分100円） 交瀬戸中央自動車道、高松自動車道坂出ICから約10分 料無料 施近隣にレストラン

12月中旬～1月上旬

●ぱーるいるみねーしょん いん で・あ・い
パールイルミネーション in DE・あ・い
☎0895-85-1021

DE・あ・い・21館内外、国道56号沿いの樹木を約1万球で装飾した見事なイルミネーションが楽しめる。年明けも見られるのがうれしい。
住愛媛県南宇和郡愛南町柏390 ▽18:00～22:00 休なし P50台 交宇和島道路岩松ICから約30分 料無料 施研修室、多目的ホール

12月2日～1月3日（予定）

●みまのなかやまいけしぜんこうえんいるみねーしょん
三間の中山池自然公園イルミネーション
☎0895-58-2256

敷地面積約1万4000㎡、自然公園内の木々約200本に10万個のイルミネーション。手作りのモニュメントは毎年増設中。今年の新作は来てからのお楽しみなので、冬が待ち遠しい。
住愛媛県宇和島市三間町黒井地 ▽18:00～23:00 休なし P50台 交松山自動車道三間ICから約5分 料無料 施公園

季節のおでかけ 12

日帰り温泉

おもいっきり遊んだあとは、
疲れを癒やしに日帰り温泉へ。
さまざまな浴槽がそろう温泉施設や絶景風呂を楽しみたい

広島 通年

●せらこうゆうこうらんど こうゆうおんせん

せら香遊ランド 香遊温泉

☎0847-22-5280 おでかけMAP P178-C2

単純放射能冷鉱泉で、神経痛や筋肉痛、五十肩などに効能があるとされる。サウナやジェットバスなども完備。

住広島県世羅郡世羅町京丸809-3 営10:00～20:00(受付は～19:30) 休なし P80台 交尾道自動車道世羅ICから約10分 料大人500円、3歳～小学生以下300円、3歳未満無料 施レストラン(火曜定休)、休憩室、宿泊施設

広島 通年

●かつらがはまおんせんかん

桂浜温泉館

☎0823-53-2575 おでかけMAP P178-A4

1階に「石の風呂」、3階に「海の風呂」があり、男湯、女湯は週替わりなので、いつでも楽しめる。

住広島県呉市倉橋町431 営10:00～21:00(日曜、祝日は9:00～) 休月曜(祝日の場合は翌日)、年末年始、GW、盆などは不定 P174台 交広島呉道路呉ICから約45分 料大人600円、小学生300円、幼児無料 施売店、露天風呂、サウナ、カフェ、温水プール、食事処、宴会場、資料館2カ所

広島 通年

●みちのえきふぉれすとききみた きみたおんせんもりのいずみ

道の駅ふぉレスト君田 君田温泉森の泉

☎0824-53-7021

おでかけMAP P178-B1

中四国では珍しい重曹泉、美肌効果がある温泉が楽しめる。森に囲まれた温泉でリフレッシュしよう。

住広島県三次市君田町泉吉田311-3 営10:00～21:00 休第3火曜(8･12月は第4火曜) P80台 交中国自動車道三次ICから約20分、または中国横断自動車道尾道松江線口和ICから約4分 料中学生以上600円、子ども300円、3歳未満無料 施レストラン、売店、整体ルーム、会議室、無料休憩室、道の駅、宿泊

広島 通年

●せとうちおーしゃんすぱ しおん

瀬戸内オーシャンスパ 汐音

☎0823-20-2212 おでかけMAP P178-A3

瀬戸内の島々を目の前に、ゆったりと癒やされる天然温泉「日招きの湯」を楽しもう。

住広島県呉市警固屋8-16-12 営10:00～22:00(受付は～21:00) 休水曜(祝日の場合は営業) P113台 交広島呉道路呉ICから国道487号経由で約20分 料大人700円、小学生400円、幼児(0歳から)100円(土･日曜、祝日は大人800円)、内風呂のみは大人430円、小学生150円、幼児(0歳から)70円 施お食事処、売店

山口 通年

●ほてる&りぞーと さんしゃいんさざんせと

ホテル&リゾート サンシャインサザンセト

☎0820-78-2121 おでかけMAP P177-G4

片添ヶ浜に打ち寄せる波の音を聞きながら、リゾートスパを満喫しよう。露天風呂やエステルームなど癒やしの施設も充実。

住山口県大島郡周防大島町片添ヶ浜 営日帰り入浴9:00～23:00(受付は～17:00) 休不定、要問い合わせ P200台 交山陽自動車道玖珂ICから約60分 料大人1200円、3歳～小学生600円 施レストラン、売店、休憩室、バーラウンジ、宴会場

山口 通年

●はぎあぶがわおんせんふれあいかいかん
萩阿武川温泉ふれあい会館
☎0838-54-2619　おでかけMAP P176-D3

泉質が柔らかく、肌に優しいアルカリ性単純温泉で、美人の湯で知られている。地下1000mより湧き出る自噴湯を利用している。

住山口県萩市川上池ヶ原4892-1　営10:00～21:00(受付は～20:30)　休火曜　P50台　交中国自動車道山口ICから約50分　料大人410円、小学生200円、小学生未満100円、サウナ大人830円、子ども510円　施露天風呂 ※タオルは持参

山口 通年

●ぎょくせんかく
玉仙閣
☎0837-25-3731　おでかけMAP P176-C3

中国絶世美女・楊貴妃をテーマにしたユニークな温泉。楊貴妃が入ったといわれる風呂を再現した"貴妃湯"は人気の湯だ。

住山口県長門市深川湯本1234　営11:00～15:00　休不定(繁忙日は要問い合わせ)　P30台　交中国自動車道美祢ICから約30分　料大人1000円、3歳～小学生500円、3歳未満無料　施売店、お食事処、宴会場

岡山 通年

●てんねんおんせんゆずき
天然温泉ゆずき
☎086-255-1261　おでかけMAP P179-F2

四季の風を感じられる開放感あふれる露天風呂や本格サウナ、岩盤浴は、フリータイム制なので、時間を気にせずゆっくりと楽しめる。

住岡山県岡山市北区野殿東町3-25　営10:00～24:00(受付は～23:30)　休なし　P160台　交山陽自動車道吉備スマートICから約10分　料満足入浴750円※岩盤浴料金別途　施レストラン、リラクゼーションサロン、カットハウス、休憩室、フィットネスクラブ

岡山 通年

●ゆのくらつるや
湯の蔵つるや
☎0867-62-2016　おでかけMAP P181-F3

湯原温泉郷にある造り酒屋の蔵を改装した宿。露天風呂は天然の岩を用いた趣ある造り。檜造りの貸し切り風呂でゆったりとくつろげる。

住岡山県真庭市湯原温泉144　営15:00～21:00(受付は～20:30)　休不定　P30台　交米子自動車道湯原ICから約5分　料大人1000円、2歳以上500円、貸し切り風呂(45分・2～4人)3000円　施売店

島根 通年

●たまつくりおんせんゆ～ゆ
玉造温泉ゆ～ゆ
☎0852-62-1000　おでかけMAP P180-C3

玉造温泉自慢の美肌の湯を手軽に楽しめる温泉施設。深さ約1mの立ち湯も魅力。

住島根県松江市玉湯町玉造255　営10:00～22:00(受付は～21:20)、朝風呂(日曜、正月、GW、お盆など)5:00～7:30(受付は～7:10)　休月曜(祝日の場合は翌日)　P58台　交山陰自動車道松江玉造ICから約5分　料中学生以上500円、3歳以上250円、3歳未満無料　施マッサージなど

島根 通年

●ちはらおんせん
千原温泉
☎0855-76-0334　おでかけMAP P180-B4

三瓶山の自然の中にひっそりと佇む湯治場の千原温泉。足元湧出かけ流し源泉100%でまさに秘湯!

住島根県邑智郡美郷町千原1070　営8:00～18:00(12～2月は～17:00)　休木曜(GWは営業)、12～2月は不定休　P10台　交中国自動車道三次ICから約60分　料中学生以上500円、子ども300円、個室(5時間・入浴料込)1200円　施休憩室(無料・有料)あり

鳥取 通年

●みささかん
三朝館
☎0858-43-0311　おでかけMAP P181-F3

1000坪の日本庭園風呂「庭の湯・滝の湯」は、自家源泉100%の天然温泉。12種の湯処が楽しめるのがうれしい。朝と夜で男湯、女湯が入れ替わる。

住鳥取県東伯郡三朝町山田174　営11:00～21:00　休不定　P100台　交中国自動車道院庄ICから約60分、または米子自動車道湯原ICから約50分　料大人1000円、3歳～小学生500円、0～2歳無料　施売店、湯上り茶屋

鳥取 通年

●かんすいてい こぜにや
観水庭 こぜにや
☎0857-23-3311　おでかけMAP P181-H2

江戸時代創業の由緒ある温泉旅館。立ち寄り湯では、露天風呂やヒノキ風呂などが利用可能。タオル類はレンタルでき、手ぶらで行ける。

住鳥取県鳥取市永楽温泉町651　営13:30～20:00(立ち寄り湯)　※混雑時不可の場合あり　休不定　P20台　交鳥取自動車道鳥取ICから約8分　料中学生以上1080円、小学生800円、6歳未満200円　施レストラン、売店

鳥取 通年

●せきがねゆーめいかん
せきがね湯命館
☎0858-45-2000　おでかけMAP P181-F3

露天風呂など8種の湯が楽しめる日帰りラジウム温泉施設。男湯、女湯は週ごとに替わる。

住鳥取県倉吉市関金町関金宿1139　営10:00～22:00(受付は～21:30)　休第2・4月曜(祝日の場合は翌日)　P100台　交米子自動車道湯原ICから約20分　料中学生以上800円、小学生400円、幼児無料、70歳以上700円(要証明書)　施レストラン、休憩室、キッズコーナー、売店など

鳥取 通年

●おんせんかんほっとぴあしかの
温泉館ホットピア鹿野
☎0857-84-2698　おでかけMAP P181-G2

リーズナブルに利用できる鹿野温泉の共同浴場。露天風呂やジャグジー、サウナなど施設も充実。

住鳥取県鳥取市鹿野町今市418-2　営10:00～22:00(受付は～21:30)　休第1木曜　P100台　交山陰自動車道鳥取西ICから約25分　料大人430円、子ども(小・中学生)210円、小学生未満無料　施休憩室、自販機コーナー、足湯など

愛媛 通年

●げんせんのやど にぶかわおんせんほてる
源泉の宿 鈍川温泉ホテル
☎0898-55-2280　おでかけMAP P178-B4

鈍川温泉郷で唯一自家源泉を持つ。ホテル地下より湧き出る豊富な湯を大浴場や露天風呂で堪能。

住愛媛県今治市玉川町鈍川　営6:00～17:00　休不定　P30台　交西瀬戸自動車道今治ICから約20分　料大人500円、子ども250円、小学生未満は1名無料、2名目からは1名250円　施喫茶、売店、マッサージコーナーなど

愛媛 通年

●どうごおんせんほんかん
道後温泉本館
☎089-921-5141　おでかけMAP P182-C1

国の重要文化財で、ミシュランで3つ星を獲得。国内外で高く評価されている。

住愛媛県松山市道後湯之町5-6　営6:00～23:00(22:30札止め、コースにより異なる)　休なし(12月に1日臨時休館あり)　P100台　交松山自動車道松山ICから約25分　料大人(12歳以上)410～1550円、子ども(2歳～12歳未満)160～770円、2歳未満の幼児無料　施売店

季節のおでかけ 13

祭り

春・夏・秋・冬と季節ごとに楽しめる各地の祭りが勢ぞろい。
地元の人だけではなく、
観光客も楽しめる人気の祭りへGO!

倉敷天領夏祭り

広島　11月18～20日

●えびすたいさい

胡子大祭

☎082-241-6268
（胡子神社）

410年以上続く広島三大祭りのひとつ。大判・小判・大福帳などがあしらわれた熊手を露店が販売。「えびす講」と銘打って、「誓文払い」の大売り出しも行われる。

住広島県広島市中区胡町5-14　営10:00～22:00
Pなし　交JR広島駅から路面電車で約10分、胡町電停から徒歩約3分　料無料　施露店、屋台、周辺にデパート、商店街

広島　6月の第1金曜からの3日間

●とうかさん

とうかさん

☎082-241-7420
（圓隆寺）

2018年で399年目を迎えた、広島に夏の到来を告げる祭り。「とうか大明神」が祀られる圓隆寺とその周辺が浴衣を着た参拝者45万人でにぎわう。

住広島県広島市中区三川町8-12
営12:00～23:00（最終日は～22:00）　Pなし
交山陽自動車道広島ICから約35分、または広電八丁堀電停から徒歩5分　料無料　施屋台

広島　毎年旧暦6月17日

●かんげんさい

管絃祭

☎0829-44-2020
（嚴島神社）

日本三大船神事のひとつ。平清盛が貴族の遊びを嚴島神社に移し神事として始めたもので、嚴島神社最大の神事。

住広島県廿日市市宮島町1-1 嚴島神社およびその周辺の摂社
営15:00～24:00ぐらい　Pなし（JR宮島口駅前に有料Ⓟあり）
交JR宮島口駅から徒歩5分の宮島口桟橋からフェリーで約10分　料嚴島神社の社殿内は昇殿料大人300円、高校生200円、小・中学生100円

広島　4月第4土・日曜（予定）

●おのみちみなとまつり

尾道みなと祭

☎0848-38-9184
（尾道市観光課）

尾道港築調の恩人・平山角左衛門翁の功績をたたえ、尾道の発展のために開催する祭。駅周辺や海岸通り商店街でパレードや踊りコンテストなどのイベントが開催される。

住広島県尾道市東御所町8ほか　営初日11:00～21:00、2日目10:00～17:00（予定）　P300台（臨時駐車場）　交山陽自動車道尾道IC、または福山西ICから約15分　料無料　施屋台

山口　11月第1日曜（前日は前夜祭）

●うべまつり

宇部まつり

☎0836-34-2050
（宇部まつり実行委員会）

毎年20万人を超える人でにぎわう宇部市最大の祭り。パレードやステージイベントのほか、さまざまな国の料理が楽しめるワールドキッチンなどの催し物が盛りだくさん。

住山口県宇部市常盤町1-7-1　宇部市役所周辺ほか　営前夜祭17:00～21:00、本祭10:30～19:00　P臨時Ⓟあり　交山陽自動車道宇部ICから約10分　料無料　施ステージ、パレードなど

8月6·7日

●やまぐちたなばたちょうちんまつり

山口七夕ちょうちんまつり

☎083-932-3456
(山口市ふるさとまつり実行委員会)

日本三大火祭りのひとつ。中心商店街や駅通りに無数の赤ちょうちんが飾られ、赤い炎のアーチが叙情的な雰囲気の会場にはちょうちん笹飾りをはじめ、提灯ツリー、提灯御輿などが飾られ壮観。

住山口県山口市中心商店街·パークロード周辺 時18:30～21:30 P350台 交中国自動車道山口ICから約20分 料無料 施公園、広場、レストコーナー、商店街の各店舗など

8月4日

●おかやまももたろうまつり のうりょうはなびたいかい

おかやま桃太郎まつり 納涼花火大会

☎086-232-2262
(おかやま桃太郎まつり納涼花火大会実行委員会)

スターマインや仕掛け花火、打ち上げ花火などが夏の夜空を彩る。交通の便がいい市内中心部で楽しめる花火大会。日本三名園の一つである後楽園からも見られる。

住岡山県岡山市旭川西中島河原 時19:30～20:30 Pなし 交JR岡山駅から路面電車で約10分、西大寺町電停から徒歩約5分 料無料 施露店

7月下旬の土曜

●くらしきてんりょうなつまつり

倉敷天領夏祭り

☎086-424-2111(代表)
(倉敷天領夏祭り実行委員会事務局)

倉敷中央通りを主会場に、総勢3000名以上の老若男女が乱舞する代官ばやし踊り、OH!代官ばやし踊りをはじめ、音楽隊パレードや倉敷天領太鼓など多彩なイベントが盛大に繰り広げられる。

住岡山県倉敷市 倉敷中央通りおよび美観地区周辺ほか 時9:30～21:30 Pなし 交JR倉敷駅から徒歩3分 料無料 施露店、特設ステージなど

7月中旬～8月31日

●たまつくりおんせんなつまつり

玉造温泉夏まつり

☎0852-62-3300
(松江観光協会玉造温泉支部)

期間中は毎晩夏まつり。ドジョウすくいショー、フラダンスショー、キッズ夜店などイベントが盛りだくさん。毎夜特設ステージで上演される「安来節ショー」は必見。お盆は神楽上演もある。

住島根県松江市玉湯町玉造 時夜店19:00～22:00、ショーは20:15～60分間 P50台 交山陰自動車道松江玉造ICから約10分、またはJR玉造温泉駅から徒歩30分 料無料 施ホテル、旅館、温泉、お土産屋、夜店

5月14～16日

●いずもたいしゃだいさいれい

出雲大社大祭礼

☎0853-53-3100

出雲大社最大の祭り。14日の勅祭日は天皇のご代参の祭儀が荘厳に行われ、期間中は祭典のほか、流鏑馬神事や出雲神楽など見応え満点の行事が多数開催される。

住島根県出雲市大社町杵築東195 出雲大社 時14·15日は9:00～、16日は10:00～ P約800台 交一畑電鉄出雲大社前駅から徒歩5分、または山陰道出雲ICから約20分 料無料 施露店など

7月下旬か8月上旬の土·日

●よなごがいなまつり

米子がいな祭

☎0859-22-0018
(米子がいな祭企画実行本部)

「やんちゃYOSAKOI」や「米子がいな万灯」、「米子がいな太鼓」など、市民が華やかに通りをパレード。芸能人を招いてのステージもある。祭りの2日目は、湊山公園と米子港花火を見られる。

住鳥取県米子市米子駅周辺、湊山公園、米子港 時詳細は要問い合わせ Pなし 交JR米子駅からすぐ 料無料 施市内各所にレストラン、露店など

5月3日

●ひよしじんじゃしんこうしんじ(よいとまかせ)

日吉神社神幸神事(よいとまかせ)

☎0859-56-2152

380年以上の歴史をもつ、米子市指定の無形民俗文化財。奴や山車も加わり、約3時間かけて練り歩く200人を超える行列は圧巻。奴のかけ声の一部を取って地元では「よいとまかせ」と呼ぶ。

住鳥取県米子市淀江町西原767 時神社を14:00出発予定 Pなし 交JR淀江駅から徒歩20分 料無料 施なし

9月第2日曜

●ひょうげまつり

ひょうげ祭り

☎087-839-2660
(高松市文化財課)

水の恵みに感謝し豊作を願う祭りで、農作物で作った神具や衣装を身につけ、奇抜な化粧をして練り歩く行列が見もの。「ひょうげ」とは香川の方言で「おどける」という意味。

住香川県高松市香川町浅野1968-15 浅野地区集落研修センター 時14:00～16:00 P川東小学校運動場を利用(無料シャトルバス運行) 交高松自動車道高松中央ICから約20分 料無料 施露店

10月12～14日

●さぬきとよはまちょうさまつり

さぬき豊浜ちょうさ祭

☎0875-23-3933
(さぬき豊浜ちょうさ祭実行委員会)

金糸で飾られた勇壮な「ちょうさ」(太鼓台)が20数台集結し、太鼓を打ち鳴らしながら、かきくらべを行う。最終日の一宮神社では、夜になると100個余りのちょうちんが灯され、昼の勇壮さとは違った幻想的なちょうさが見られる。

住香川県観音寺市豊浜町 時10:00～22:00 P200台 交高松自動車道大野原ICから約5分 料無料 施露店

7月中旬

●ぜんつうじまつり

善通寺まつり

☎0877-63-6315
(善通寺まつり実行委員会)

善通寺一円で行われる夏の最大イベント。趣向を凝らした市民の踊り連やよさこい連がにぎやかな舞を披露する。ライトアップされた五重塔前での踊りは善通寺ならでは。特設ステージでの催しも観客を大いに盛り上げる。

住香川県善通寺市南大門前にぎわい広場周辺 時要問い合わせ P臨時駐車場(雨天の場合は使用不可) 交高松自動車道善通寺ICから約10分 料無料 施フードコート、露店

8月6日·7日

●うちこささまつり

内子笹まつり

☎0893-44-2066
(内子笹まつり実行委員会)

約500m続く商店街に約50本の笹飾りが連なる夏の恒例行事で、四国を代表する七夕祭り。約30チームが参加する笹踊りや相撲大会など見所満載。

住愛媛県喜多郡内子町 内子本町商店街 時10:00～21:00 P100台 交松山自動車道内子五十崎ICから約3分、またはJR内子駅から徒歩10分 料無料 施なし

8月10～12日

●まつやままつり

松山まつり

☎089-941-4111
(松山まつり実行委員会)

四国四大祭りの一つ。野球拳おどりや野球サンバなどが行われるほか、各種イベントが盛りだくさん。城山公園(堀之内地区)では、グルメイベントも併せて開催している。

住愛媛県松山市大街道、千舟町、城山公園(堀之内地区) 時10日18:00～21:00ごろ、11日17:00～21:00ごろ、12日17:00～21:00ごろ P市内各所(有料) 交松山自動車道松山ICから約30分 料無料 施飲食ブースなど

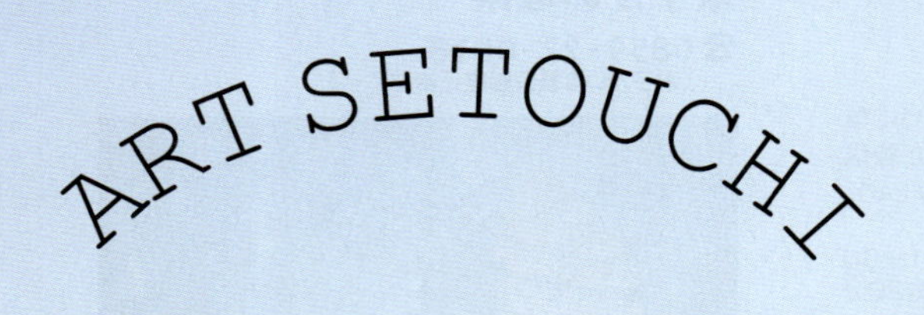

小豆島を旅しよう！

2019年に行われる瀬戸内国際芸術祭の舞台でもある小豆島。
瀬戸内海で2番目に大きい島は1日中飽きずにたっぷり遊べます。
のどかな気候とノルスタジックなまち並みを
家族でゆったりと旅してみては？

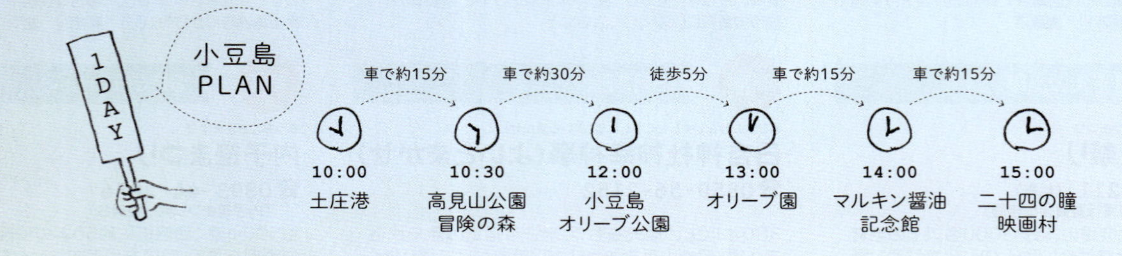

Yuhigaoka
Mikan garden
Shodoshima
Olive
Park
Tonosho Port
Takamiyama
Park
Marukin
Shoyu Memorial hall
Shodoshima
24'eyes Studio Park

10:00

土庄港

チェ・ジョンファ(崔正化)
「太陽の贈り物」の前で
記念撮影!

sweets

ライフイズビューティフル

ギネス認定世界で一番狭い海峡のスイーツ屋さん

小豆島の季節の生フルーツを北海道産の生乳で作った濃厚ミルクソフトにトッピングしたソフトクリーム(500円)が自慢の味。夏にはふわふわのかき氷も。

DATA

☎050-1391-1416

住香川県小豆郡土庄町淵崎甲1386-8
営11:00〜17:00(夏期は〜18:00) 休なし
P4台 交土庄港から車で約8分

10:30

高見山公園冒険の森

出口が竜の口になっている滑り台が人気

迫力の97mのジェットスライダー

冒険の森にある97mのジェットスライダーやウッドクライムなど、親子で楽しめる施設が人気。山城風の展望台は標高153.5mで、瀬戸内海に浮かぶ真珠・小豆島ならではのパノラマが四季折々に楽しめる。テニスコート(1面1時間1720円)を使用するときはラケットなどの用具は準備しておこう。また本格的なナイター設備が整っているので、夜もスポーツが楽しめる。

おでかけ MAP P179-G2

DATA

☎0879-62-7013

住香川県小豆郡土庄町鹿島 営6〜9月8:30〜19:30、10〜5月は8:30〜17:00 休火曜(祝日の場合は翌日) 料大人無料、子ども無料、幼児無料 P36台(テニスコート前) 交土庄港から徒歩15分

12:00

小豆島オリーブ公園

オリーブに囲まれ
絶景が魅力の道の駅

オリーブに囲まれた道の駅。オリーブ記念館や、世界中のオリーブを集めたオリーブ畑など見どころ満載。緑に囲まれた白いギリシャ風車は絶景で、記念写真を撮影するのにも適したスポット。オリーブの化粧品や小豆島の特産品がそろえられた売店、カフェ「オリヴァス」や温泉も人気。

DATA

☎ 0879-82-2200 おでかけMAP P179-G2

住香川県小豆郡小豆島町西村甲1941-1
営8:30～17:00、温泉12:00～21:00
休なし(温泉は水曜、祝日の場合は翌日)
料大人無料、子ども無料、幼児無料※温泉は別途料金
P200台　交土庄港から車で約25分

公式HP

13:00

小豆島オリーブ園

日本最古のオリーブの原木が若葉を広げる

100年近い歴史のあるオリーブ原木が現存するオリーブ農園。3haの敷地内に約2000本のオリーブを栽培している。レストランでは小豆島産オリーブ油を使用したパスタや特産のそうめんを使ったメニューが食べられる。売店では製造直売ならではの価格で、商品が購入できるのもうれしい。

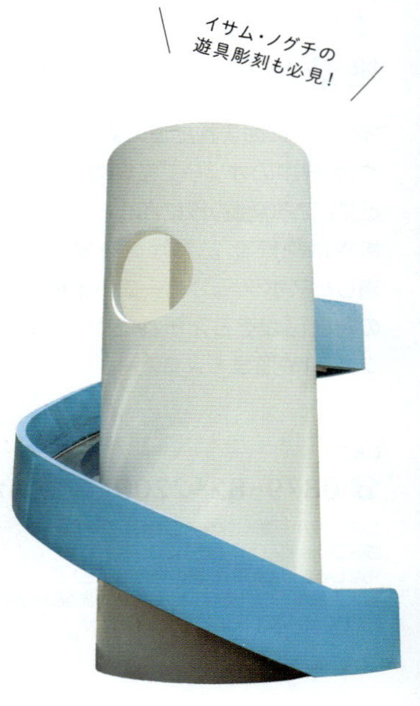

DATA

☎ 0879-82-4260

おでかけMAP P179-G2

住香川県小豆郡小豆島町西村甲2171
営8:30～17:00　休なし
料大人無料、子ども無料、幼児無料　P50台
交草壁港から車で約5分

公式HP

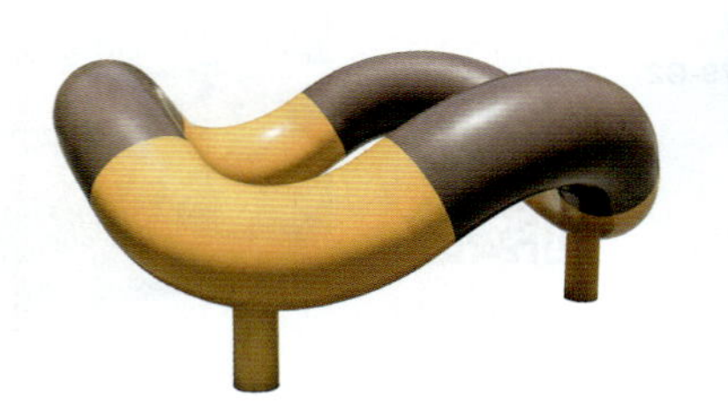

14:00

マルキン醤油記念館

築100年を超える しょうゆ蔵の記念館

大正初期に建てられた築約100年を超える登録有形文化財建築物の蔵を利用して、しょうゆに関する資料や古道具を展示・公開している。周辺は、しょうゆや佃煮工場が点在する「醤の郷（ひしおのさと）」と呼ばれる地域で、古い蔵並みやおいしそうな香りが漂う中をゆっくりと散策できる。

DATA

☎ 0879-82-0047　＼おでかけ／ MAP P179-G2

住香川県小豆郡小豆島町苗羽甲1850
営9:00～16:00(7/20～8/31、10/16～11/30は～16:30)　休10/15、ほか不定あり　料大人210円、子ども100円(小・中学生)、幼児無料
P25台　交草壁港から車で約10分

公式HP

15:00

二十四の瞳映画村

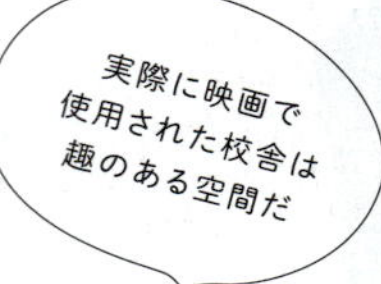

ノスタルジックな映画の世界

映画「二十四の瞳」のロケ地でもある映画村。一歩入ると昭和初期の世界が広がり、誰もが懐かしく感じる空間。「キネマの庵」内のcaféシネマ倶楽部では昔ながらのアルマイトの食器で給食セット890円など昭和の味が楽しめる。また、新しくBookCaféやギャラリーもオープンして見どころ満載だ。

DATA

☎ 0879-82-2455

おでかけ MAP P179-G2

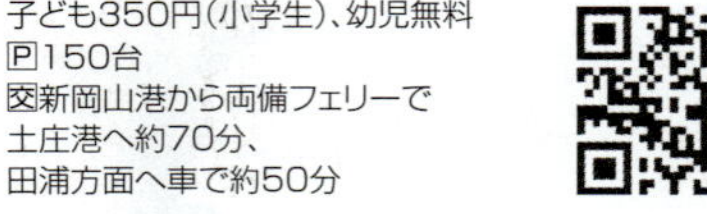

住香川県小豆郡小豆島町田浦甲931
営9:00～17:00(11月は8:30～)
休なし
料大人750円(中学生以上)、子ども350円(小学生)、幼児無料
P150台
交新岡山港から両備フェリーで土庄港へ約70分、田浦方面へ車で約50分

公式HP

小豆島へのアクセス方法

小豆島には土庄・土庄東・池田・草壁・坂手・福田・大部の計7つの港がある。高松・岡山には小豆島行きのフェリーの便数が多いため、本州からアクセスしやすい。最も大きい港である「土庄港」へのアクセス方法を中心に紹介。瀬戸内の穏やかな海を眺めながら、ゆっくりとした船旅を楽しもう！

交通アクセス

港	所要時間	料金(片道) 大人	小人
□ 新岡山港 ⟶ 土庄港	70分	1050円	530円
□ 宇野港 ⟶ 土庄港	90分	1230円	620円
□ 高松港 ⟶ 土庄港/池田港/草壁港	60分	690円	350円
□ 高松東港 ⟶ 坂手港	75分	690円	340円

問い合わせ先／ ☎0879-82-1775(小豆島観光協会)

COLUMN

オトナこそ、自然のなかで学ぶことがある

家族で遠出するときくらい、自然のなかで遊ぶ楽しさを感じてほしい。
子どもが自然のなかで遊べることはもちろん、大人こそ学びが多いであろう2つの施設を紹介。

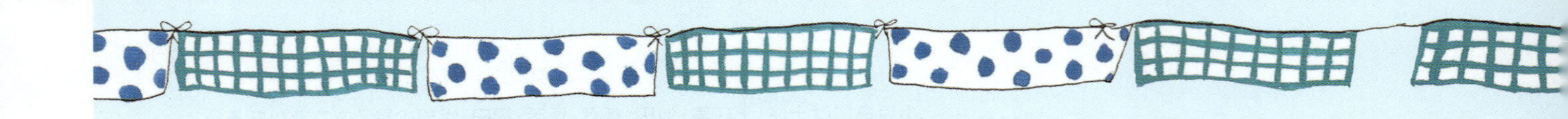

私たちの町には美術館がありません。
美しい砂浜が美術館です。

砂浜美術館

砂浜美術館で、自分の住んでいる町とのつきあい方を考える

「人と自然のつきあい方を考える」がテーマの美術館が高知県にある。4kmにわたる美しい砂浜と松原などの自然を1つの美術館に見立てた「砂浜美術館」だ。美しい砂浜で約1000枚のTシャツが潮風に踊る「Tシャツアート展」は、毎年5月上旬に開催している砂浜美術館を代表する企画展。全国から応募された作品をTシャツにプリントし、洗濯物を干すように並べる。波が寄せるとキャンバスであるTシャツは砂浜に写り、風が吹けば踊りだす。1989年の誕生以来毎年人気を集め、今ではTシャツアート展に全国各地から3万人を超える人が訪れる。

ものの見方を変えると、いろいろな発想がわいてくる。砂浜美術館立ち上げメン

1

2

3

4

5

6

写真提供：砂浜美術館

1・2_「美しい松原」や「漂流物」も砂浜美術館の作品　3_美術館の館長は沖を泳ぐニタリクジラ　4_潮風のキルト展。11月に開かれるパッチワークキルトのコンテストで全国からキルト作品が集まる　5・6_砂浜美術館の作品をモチーフにした「すなびスタンプ」でTシャツづくり（3500円）が体験できる※6人以上は要予約

バーの一人である松本さんは当時、いつも都会にこび、いま「自分の住んでいる町」が見えない地方の若者像に違和感を覚えた。そしてふり返ったり、自分の足元に目を向けたりして、「わたしたちにとって本当に大切なものは一体なんだろう……」と議論し、生まれたのが「砂浜美術館」だった。

あなたの町で誇れるものは何なのか。砂浜美術館で今一度考えてみてほしい。季節や天候によって移り変わる自然の風景が常設展であるこの美術館は24時間365日年中無休。砂浜美術館は、ありのままの風景という地域資源から新しい価値を生み出すことを教えてくれる。

DATA　おでかけ MAP P182-D4

☎0880-43-4915
（砂浜美術館事務局）
住高知県幡多郡黒潮町入野
営24時間　休なし
料イベント時は協力金300円（中学生以上）
交四万十町中央ICから車で約45分

公式HP

地方だから実現できた
大自然のブックスペース

はらっぱ図書室

本と大草原が作る居心地良い空間

島根県の国立公園である三瓶山。2017年9月、草木が青々と茂った大自然のなかにブックスペースがオープンした。特徴は、「はらっぱ図書室」という名前の通り、はらっぱでレジャーシートを広げ、暖かな太陽の光と壮大な草木の緑に包まれながら本を読めること。この私設図書室を始めたのは地域おこし協力隊をきっかけに島根県に訪れた東京出身の西嶋さん夫妻。自身が子育てをしながら、コミュニティを広げられる場を欲して、山の駅さんべの一角を借り、自らブックスペースを作ったという。見通しの良いはらっぱなら、子どもたちが思いっきり走り回っても、安心してみていられる。「東京ではこんな大自然のなかで本を読むことも、無償でスペー

1

2

3

4

5

6

1・5_オープン当時約200冊の蔵書だったが、600冊に増えた。本の寄贈は引き続き受け付けている　2_館内は飲食の持ち込みOK　3_はらっぱ図書室を運営する西嶋家　4_子ども達が遊べるグッズなども販売　6_さんべの地アイス各種330円。一番人気のフレッシュミルク(左)と無農薬のビーツを使用したアイス(右)

スを借りることも難しかった」と西嶋さん。地方だからこそ、実現した私設図書館。最近ではママ会が開かれるなど、自宅と職場以外で心地良く過ごせる第3の場所“サードプレイス”としても親しまれている。

「本が持っている“読む”というコンテンツだけでいえば、今の時代、電子書籍でも良いかもしれない。でも、コミュニケーションを図ったり、空間を作るためには、紙でできた本が欠かせない」。本があれば長居もできるし、本を通して人とつながることができる。読書と自然を楽しむきっかけに、親子ではらっぱ図書室へ足を運んでみてほしい。

おでかけ MAP P180-B4

DATA

☎ 080-5017-2429

住島根県大田市三瓶町池田3294
営10:00～16:00、土日祝9:00～17:00
休木曜、祝日の場合は翌日、冬季休業（11月～3月）　料入館無料
交中国自動車道三次東ICから車で約60分

公式HP

香美市立やなせたかし記念館アンパンマンミュージアム

アンパンマンの生みの親であるやなせたかし氏。
自然に囲まれたやなせたかし氏の故郷で、アンパンマンの世界を体感しよう！

やなせたかし氏のふるさとで、アンパンマンの世界を体感

人気キャラクター「アンパンマン」を生み出したやなせたかし氏。出身地である高知県香美市に、1996年7月に開館した「やなせたかし記念館」は「アンパンマンミュージアム」と「詩とメルヘン絵本館」を中心に「やなせたかし記念公園」「別館」などの施設で構成されている。アンパンマンミュージアムは、アンパンマンと仲間たちの壁画や映像、像、展示など、あちこちに見どころが散りばめられている。エントランスは3階まで吹き抜けで、アンパンマンバルーンと、からくりしかけの「かくれんぼの木」がお出迎え。館内には、難しい絵も、決められた順路もなし！

床に埋め込まれた展示を読みながら回ったり、自由に歩いて、隠れているアンパンマンと仲間たちを探してみよう。

☎ 0887-59-2300　おでかけMAP P183-G2

住高知県香美市香北町美良布1224-2　営9:30～17:00（入館は～16:30）※7/20～8/31は9:00～
休火曜（祝日の場合は翌日）　料大人700円、子ども500円（高校生以下）、幼児300円（3歳以上小学生）　P50台
交高知自動車道南国ICから約35分

公式HP

詩とメルヘン絵本館

雑誌「詩とメルヘン」創刊以来、やなせたかしが手掛けてきた表紙イラストやカットを集めたギャラリー。2018年8月10日に詩とメルヘン絵本館は開館20周年を迎えた。もう一つの「やなせワールド」を感じてほしい。

20th Aniversarry

広島県

HIROSHIMA

福山市

［みろくのさと］

みろくの里

温泉施設「神勝寺温泉」にある内湯

パパ・ママの声

隣にある神勝寺温泉には、男女ともに内湯と露天風呂があり、遊び疲れた体を癒やして帰れます。美容が気になるママやおばあちゃんには、うれしい美肌の湯もあるのでぜひ足を運んでみて。

遊園地から温泉まで世代を超えて楽しむ

所要時間 1日

210万㎡の広大な丘陵地にあり、定番のアトラクションが充実している遊園地。古き良き昭和30年代の街並みを再現したゾーン「いつか来た道」やバラエティーに富んだプール施設を有するアミューズメントスペース。隣には神勝寺温泉があり、世代を超えて楽しむことができる。

☎ 084-988-0001　おでかけ MAP P178-D3

住広島県福山市藤江町638-1　営10:00～17:00（土・日曜、祝日は～18:00）※季節により変動あり　休なし（1月上旬～3月上旬の平日は遊具運休）　料大人900円、子ども600円（3歳～小学生）、幼児無料（2歳以下）　P1000台　交山陽自動車道福山西ICから約30分

ウォータースライダーやキディプールなど楽しさいっぱいのレジャープール

イモむし君
子どもに人気のちびっ子コースターイモむし君

ヒマラヤコースター
後ろ向きにも乗れて楽しいヒマラヤコースター

リンドレキッチン
きのこの和風パスタ750円は絶品だ

ウェーブスインガーは波の様に回転し地面に足が着かないのでスリル満点。降りたあとのフワフワした感覚も楽しい

「いつか来た道」は昭和感満載でノスタルジー漂うゾーン

「いつか来た道」、昭和の木造校舎の教室の再現

広島市

[みどりそよぐおとなのうみまち ひろしままりーなほっぷ]

緑そよぐ大人の海マチ 広島マリーナホップ

親子で楽しめる遊具がたくさん

買って食べて遊んで 一日中楽しめる

所要時間 半日

遊園地や今年1周年を迎えた「マリホ水族館」を併設している大型ショッピングモール。リニューアルした観覧車やVRなどアトラクションのほか、マリホ水族館では幻想的な夜の水族館を楽しめる「ナイトアクアリウム」を開催中！ 愛犬とショッピングもでき、海を眺めながらの食事も楽しめる。

パパ・ママの声

ミニ遊園地やいきものふれあい学校もあって、家族みんなで楽しめます。毎週水曜の「マリホの日」は、スクラッチチャンスがあり、当たりが出ると1000円のお買い物券と交換でき、お得でうれしいです。

☎ 082-503-5500　おでかけMAP P177-G3

住広島県広島市西区観音新町4-14-35　営ショップ10:00～20:00、レストラン11:00～23:00(店舗により異なる)　休年6日(9・12・1・2・3・6月)　料マリホ水族館大人(18歳以上)900円、小中高生(6～17歳)500円、幼児(3歳以上)300円、シニア(65歳以上)800円(要証明)　P1500台　交JR広島駅から広電バス3号線で約37分、観音マリーナホップバス停下車後、徒歩すぐ

公式HP

広島市

[ぼーねるんどあそびのせかい ひろしまぱせーらてん きどきど]

クーポンあり

ボーネルンドあそびのせかい 広島パセーラ店 KID-O-KID

全身を使いおもいっきりはしゃごう

全身が動かせる 大充実の室内遊び場

所要時間 60分

おもいっきり遊ぶことを通し、「こころ・頭・からだ」のバランスのとれた成長を促すことがコンセプト。回転遊びなど、なかなかできない体遊びが楽しめたり、世界の遊び道具を使ったごっこ遊びや組み立て遊びが楽しめるゾーンなどさまざま。プレイリーダーが常駐し、楽しい遊びを教えてくれる。

パパ・ママの声

赤ちゃん向けのベビーガーデンから小学生も満足できる大型遊具まで、大人も一緒に夢中になって遊べる施設です。あっという間に時間が経つので平日はフリーパスがお得に遊べておすすめです。

☎ 082-502-3434　おでかけMAP P177-G3

住広島県広島市中区基町6-78 基町クレド・パセーラ6F　営10:00～19:00(最終受付は18:30)　休パセーラに準ずる　料大人500円、子ども600円(最初の30分以降10分ごとに100円)、幼児600円(最初の30分以降10分ごとに100円)　P基町クレドⓅ536台(30分220円)　交広島電鉄紙屋町西電停から徒歩3分

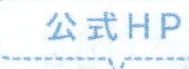

公式HP

福山市

[ふくやましりつどうぶつえん]

福山市立動物園

アジアゾウの寿命は60～70年

キリンやペンギンへ エサやり体験

所要時間 半日

野生状態での展示を大切にする同園は、見学場所と動物舎が近いことで有名。「動物わくわくエサやり体験」では、キリン(土・日曜、祝日13:30～)、猛獣(土・日曜、祝日14:15～)、ペンギン(土・日曜、祝日15:00～、子ども限定)と触れ合える。すべて先着順なので、早く行くのがおすすめ。

パパ・ママの声

ライオンやヒョウが見られる猛獣舎とカピバラなどがいる小動物舎などでたくさんの動物に出合えます。キリンや猛獣などのエサやり体験も行っていて、動物を間近で観察できて良い経験ができますよ。

☎ 084-958-3200　おでかけMAP P178-D2

住広島県福山市芦田町福田276-1　営9:00～16:30(入館は～16:00)　休火曜(祝日の場合は翌日)　料大人500円(15歳以上)、子ども無料(15歳未満)、幼児無料　P700台　交山陽自動車道福山東IC、または福山西ICから約30分

公式HP

広島市

[ひろしまちょうざめようぎょじょう]

廣島チョウザメ養魚場

チョウザメをじっと観察してみよう

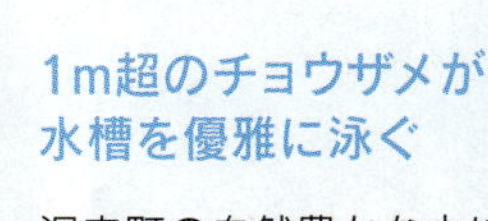

1m超のチョウザメが 水槽を優雅に泳ぐ

所要時間 60分

湯来町の自然豊かな中にある、国内でも珍しいチョウザメ専門のテーマパーク。大型の水槽を設置しており、6～7種が優雅に泳いでいる様は圧巻。普段は見ることができない養魚場でチョウザメが見られる。チョウザメ3500円～を購入することもできるので、サメ好きにはたまらない施設だ。

パパ・ママの声

チョウザメ養殖場から車で30分離れた「SAMESUN」では、奥湯来で育てたチョウザメを食べることができます。生キャビアを食べられるので、とっても貴重！ 旅の思い出に立ち寄ってみて。

☎ 0829-85-0257　おでかけMAP P177-F2

住広島県広島市佐伯区湯来町大字多田214
営15:00～(予約制)　休火・水曜(祝日の場合は営業)
料大人、子ども1000円(SAMESUNで食事した場合は500円)、幼児無料(見学説明付)　P20台　交中国自動車道戸河内ICから約40分

公式HP

広島

［ひろしまし あさどうぶつこうえん］

広島市 安佐動物公園

最高時速110kmで走るチーター

動物を見て、学んで触れ合える!

所要時間 半日

長寿世界一のクロサイ・ハナをはじめ、ヒヒ山のアヌビスヒヒの群れやキリンなど約150種もの動物が自然いっぱいの敷地内で観察できる。動物のお食事タイムや触れ合いタイムも楽しめる。動物科学館では動物について学べる展示も。雨天時に訪れると雨の日特典のアニマルカードがもらえる。

パパ・ママの声

安佐動物公園オリジナルアプリ「あさ図鑑asa zoo can」を使うと、GPSで園内散策をすることができます。リアルタイムの情報が手に入れるので、事前にアプリをダウンロードしておくと便利ですよ。

背の高～いアミメキリン。おいしそうに葉っぱを食べるところを同じ高さから見られる

☎082-838-1111 おでかけMAP P177-G2

住広島県広島市安佐北区安佐町動物園 営9:00～16:30(入園は～16:00) 休木曜(祝日の場合は開園) 料大人510円(18歳以上)、170円(高校生、65歳以上※要証明書)、子ども無料(中学生以下) P1200台(1回450円～) 交山陽自動車道広島IC、広島自動車道広島北ICから約20分

公式HP

食堂「バクバク」
テラス席で人気のライオンカレー550円を楽しもう

動物科学館
動物との綱引きが体感できるゲームコーナーも

アサンテ
土産やオリジナルアイテムが数多くそろう

かわいいミニブタやヤギ、ヒツジ、ウサギたちと触れ合える「ぴーちくパーク」。先着順でポニーの乗馬体験もできる

ライオンのお食事タイムはガラス越しに観察できる

世界でもほとんど飼育されていないマルミミゾウ

廿日市市

［みやじますいぞくかん］

宮島水族館

いかだに吊るされたカキを展示

水の生きものと 間近でふれあえる

所要時間 半日

イベントが充実している、参加体験型の水族館。水槽の前でゆっくり過ごせるベンチなど老若男女問わず楽しめる工夫が施されている。アシカライブは至近距離で見られるのに加え、観客が参加できるコーナーもあり好評。企画展や親子で参加できる募集イベントも実施しており一年中楽しめる。

パパ・ママの声

フンボルトペンギンにさわれる「ふれあいタイム」は、大人気なので事前に開催時間をホームページで調べておいて。水族館の仲間たちをモチーフにしたお土産も多数あるのでぜひチェックして！

☎ 0829-44-2010　おでかけMAP P177-G3

住広島県廿日市市宮島町10-3　営9:00～17:00(入館は～16:00)　休なし ※施設整備点検のため臨時休館あり
料大人1400円、子ども700円(小・中学生)、幼児400円(4歳未満無料)　P障がい者用2台　交JR宮島口駅から徒歩5分の宮島口桟橋からフェリーで10分、宮島桟橋下船後、徒歩25分

公式HP

メーンとなる「ゆったり水槽」。のぞき穴から顔を出せば陰に隠れた魚たちが見られる

タッチプール
ヒトデやナマコ、サメなどとふれあえる

瀬戸内のくじら（2階）
スナメリ水槽のバックヤードが窓から眺められる

オリジナルスナメリ&カワウソ変身クッション
1つの商品で2つのデザインが楽しめる4000円

人懐っこいスナメリは宮島水族館のアイドルで、一番の人気もの。笑っているように見える顔がとてもかわいい

館内にはパズルやゲームがあるのでぜひ親子で挑戦しよう

魚たちの“衣食住”をテーマに、紹介するコーナー

広島市

[ひろしまゆうがくのもり(ひろしましんりんこうえん) こんちゅうかん]

ひろしま遊学の森(広島市森林公園) こんちゅう館

昆虫の生態をじっくりと観察

所要時間 180分

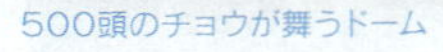
500頭のチョウが舞うドーム

公園内にある「こんちゅう館」では、常時50種2000頭以上の昆虫が飼育・展示されている。外国の昆虫から身近な昆虫までさまざまな種類が観察できる。人気のパピヨンドームでは、約10種500頭ものチョウと触れ合うことができる。ザイルクライミングなど充実の公園設備も家族連れに好評だ。

パパ・ママの声
春は約1500本のサクラと3万株のツツジ、夏は川遊び、秋は紅葉、冬は雪合戦やソリ滑りと一年を通して親子そろって楽しめます。また水遊びができるジャブジャブ川は子どもたちに好評です。

☎ 082-899-8964　おでかけMAP P177-G2

住広島県広島市東区福田町藤ヶ丸10173　営9:00～16:30(入園は～16:00)　休水曜(祝日の場合は翌日)※夏期休暇中など臨時開館日あり　料大人510円、170円(65歳以上・要証明)、子ども170円(高校生)、無料(中学生以下)、幼児無料　P350台(1日450円)　交山陽自動車道広島東ICから約10分

公式HP

東広島市

[うえのはらぼくじょうかどーれ]

上ノ原牧場カドーレ

所要時間 60分

おでかけMAP P178-B2

牛やヤギ、ロバ、ヒツジなどに触れ合える牧場。隣接するショップでは新鮮な牛乳を使ったジェラートやチーズなどがそろう。

☎ 082-430-1381

住広島県東広島市福富町上竹仁605　営10:00～18:00(11～4月は～17:00)　休月曜(祝日の場合は翌日)　料大人無料、子ども無料、幼児無料　P100台　交山陽自動車道西条ICから約25分、JR山陽本線西条駅から車で約35分

福山市

[ふくやまくさどせんげんみゅーじあむ]

ふくやま草戸千軒ミュージアム

所要時間 60分

おでかけMAP P178-D2

瀬戸内の歴史をテーマにした展示や、中世の港町・草戸千軒の一角を実物大で復元。国重要文化財の出土品も展示。

☎ 084-931-2513(広島県立歴史博物館)

住広島県福山市西町2-4-1　営9:00～17:00(入館は～16:30)　休月曜(祝日の場合は翌平日)　料大人290円、210円(大学生)、子ども無料(高校生以下)、幼児無料　P68台(1時間無料)　交山陽自動車道福山東・福山西ICから約20分、またはJR福山駅北口から徒歩5分

広島市

[ひろしましまんがとしょかん]

広島市まんが図書館

漫画の文化と歴史に触れられる図書館

所要時間 利用方法により異なる

全国初の漫画の公立図書館

漫画と漫画に関する資料を15万冊以上所蔵。平安時代の絵巻物の複製から各時代を代表する作品や雑誌まで、資料的価値の高いものが集められている。蔵書が誰でも無料で閲覧できるほか、イラスト講座など各種行事を実施。広島市立図書館の利用券があれば1人10冊まで2週間借りられる。

パパ・ママの声
懐かしい名作から最新号の雑誌までそろっていてびっくりしました! 手続きをすれば図書館の周りに持ち出しができるので、公園の木かげでゆっくり漫画を読むととても気持ちがいいですよ。

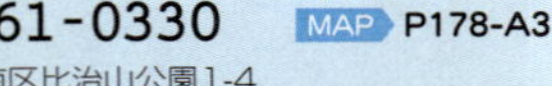
☎ 082-261-0330　おでかけMAP P178-A3

住広島県広島市南区比治山公園1-4　営10:00～17:00　休月曜、祝日の翌日、図書整理日、特別整理期間など　料大人無料、子ども無料、幼児無料　Pなし(比治山公園の駐車場利用可)　交広島電鉄比治山下電停から徒歩10分

公式HP

広島市

[かーぷ べーすぼーる ぎゃらりー]

CARP Baseball Gallery

球団の貴重な資料や限定グッズが並ぶ

所要時間 20分

ファンにはたまらない商品が多数

1階には、ここでしか購入できない商品が並ぶ。目玉は球団カメラマン撮影のポスターとポストカード。1軍から2軍の選手までとラインアップは幅広い。2階には、球団の結成から現在までの歩みが分かる年表や優勝トロフィーを展示。イベントが行われることもあるので小まめにチェックを!

パパ・ママの声
球史に残る名場面の写真や歴代ユニフォームなどすばらしい資料が並び、かつての感動がよみがえります。球場ショップとは一味違う、ギャラリーのオリジナルグッズが盛りだくさんです。

☎ 082-227-2222　おでかけMAP P177-G3

住広島県広島市中区八丁堀6-7チュリス八丁堀　営1階入場券売場・2階ギャラリー10:00～16:00、1階ショップ10:00～17:00　休不定　料大人無料、子ども無料、幼児無料　Pなし　交広島電鉄八丁堀電停から徒歩5分

公式HP

広島市

[ひろしまじょう]

広島城

着物やよろいを試着してみよう

5層構造の立派な城 内部は歴史博物館

所要時間 60分

かつては広大な城郭があったが、現在は内堀と本丸、二の丸のみを残す広島城。復元された天守閣内には、城の歴史や城下町の暮らしに関する資料、甲冑・刀剣などが展示されている。体験コーナーでは、よろいや陣羽織、かみしもなどを着て写真撮影が可能。展望室からは市街地や宮島まで見渡せる。

パパ・ママの声

かつて二の丸には表御門や平櫓などがあったそうです。当時の建築様式で復元された二の丸建物(入場無料)も趣があります。トイレがないので、外で済ませてから入館したほうがいいですよ。

☎ 082-221-7512　おでかけMAP P178-A3

㊟広島県広島市中区基町21-1　営9:00〜18:00、12〜2月は〜17:00(入場は30分前まで)　休臨時休館あり　料大人370円、65歳以上180円(要証明)、高校生180円、中学生以下無料、幼児無料　Pなし(広島市中央Ⓟの割引あり)　交アストラムライン県庁前駅または城北駅から徒歩12分、またはJR新白島駅から徒歩17分

公式HP

広島市

[ひろしましけんこうづくりせんたー けんこうかがくかん]

広島市健康づくりセンター 健康科学館

大型模型で分かりやすく学習

楽しみながら 健康について学ぶ

所要時間 60分

健康とは何か、どうすれば健康になれるかをテーマに、6つの展示ゾーンと付属施設で構成されている。人間の体の仕組みを分かりやすく展示する大型模型などは見応えあり。さらに、子どもから年配の人まで、幅広い世代を対象にしたセミナーやイベントも多く開催しているので家族で訪れよう。

パパ・ママの声

健康に関する書籍やビデオがそろう「健康ライブラリー」は、楽しみながら健康について学べます。さらに乳幼児と保護者が利用できるつどいの広場「げんキッズ」は、10:00〜15:00まで利用できます。

☎ 082-246-9100　おでかけMAP P177-G3

㊟広島県広島市中区千田町3-8-6　営9:00〜17:00(入館は〜16:30)　休月曜(祝日の場合は開館)、祝日の翌日(土·日曜は開館)　料大人370円、180円(65歳以上)、子ども180円(高校生)、無料(中学生以下)、幼児無料　P共有Pあり　交山陽自動車道広島ICから約30分

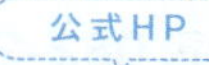

広島市

[ひろしまびじゅつかん]

ひろしま美術館

本館中庭には美しい芝生が広がる

印象派を中心とした 名作が一堂にそろう

所要時間 60分

フランス近代美術と明治時代以降の日本近代美術など約300点を所蔵。本館では、ミレーやモネ、ルノワール、ゴッホ、ピカソといった巨匠たちの作品約80点を常設展示している。併せて別館では年に数回の特別展を、毎月第2土曜には学芸員のトークや地元音楽家のコンサートも開催。

パパ・ママの声

モネやゴッホ、ピカソなど有名画家の作品が見られます。美術館オリジナルのグッズを含む個性的なアイテムも注目です。カフェ・ジャルダンでは、美しい中庭を眺めながらお茶が楽しめます。

☎ 082-223-2530　おでかけMAP P178-A3

㊟広島県広島市中区基町3-2　営9:00〜17:00(入館は閉館の30分前、特別展開催時は〜19:00　休特別展開催時を除く月曜　料特別展によって異なる(コレクション展料金を含む)　P5台※時期により異なる　交JR広島駅から市内電車で約14分、広島電鉄紙屋町東電停から徒歩5分

公式HP

広島市

[ひろしましげんだいびじゅつかん]

広島市現代美術館

黒川紀章氏の特徴的なデザイン

感性を刺激する 多ジャンルの企画展

市内を見渡す緑豊かな比治山の丘陵に位置し、主に第二次世界大戦以降の現代美術や、若手作家の秀作を展示している美術館。また、ワークショップや講演会など幅広い催しで現代アートのさまざまな楽しみ方を発信している。こころを刺激する国内外の美術を鑑賞しよう。企画展も見逃せない。

パパ・ママの声

作家や作品についての疑問点を展示室にいるアート・ナビゲーターに気軽に質問できます。土・日曜、祝日は1週間前までに予約すれば無料託児サービスが受けられます(2歳〜未就学児対象)。

☎ 082-264-1121　おでかけMAP P178-A3

㊟広島県広島市南区比治山公園1-1　営10:00〜17:00(入館は〜16:30)　休月曜(祝日と8/6にあたる場合は翌平日)　料大人300円、大学生200円、高校生·65歳以上150円、中学生以下無料　P比治山公園内約120台　交山陽自動車道広島ICから約30分、またはJR広島駅から市内電車で10分、広島電鉄比治山下電停から徒歩8分

公式HP

広島市

[ひろしまけんりつびじゅつかん]

広島県立美術館

伊万里柿右衛門様式色絵馬(部分)

広島市の中心部にあるため、アクセスが便利なのもうれしい

名園を望む 中心部の美術館

所要時間 60分

所蔵作品展では、ダリの大作や、広島県出身の平山郁夫らの作品が展示される。年6回程度、特別展を開催。さまざまなジャンルや時代、地域の作品が楽しめるのでぜひ行ってみよう。特別展のスケジュールはHPで随時アップされる。図書室や情報ギャラリーもあり、美術図書などが充実。

パパ・ママの声

1階にあるレストラン「ゾーナイタリア イン・チェントロ」では、隣接する回遊式庭園「縮景園」の美しい緑を楽しみながら食事ができます。所蔵作品展と縮景園の共通券は、大人610円、大学生350円。

縮景園
美術館に隣接する縮景園では、茶会なども催される

所蔵作品展示室
絵画や工芸作品など館蔵品を展示している

1階ロビー
吹き抜けアトリウム空間。休憩スペースなどがある

☎082-221-6246

おでかけ MAP P177-G3

住広島県広島市中区上幟町2-22　営9:00～17:00(金曜は延長あり)入館は閉館の30分前まで　休月曜、一部特別展会期中および祝日・振替え休日は臨時開館あり、詳細は要問い合わせ　料大人510円、大学生310円、子ども無料(高校生以下)、幼児無料　P45台(1時間360円～)　交広島電鉄縮景園前電停から徒歩すぐ

公式HP

呉市

[くれしかいじれきしかがくかん やまとみゅーじあむ]

呉市海事歴史科学館 大和ミュージアム

館内に10分の1戦艦「大和」を展示

戦艦「大和」の故郷 呉で学ぶ歴史と科学

所要時間 90分

海軍工廠の町として栄えた呉で科学技術と平和、「呉」の歴史を学ぶことができる。週末には科学の不思議が体験できるサイエンスショーやワークショップも開催され、多くの家族連れでにぎわう。ミュージアムショップでは、オリジナルグッズ、戦艦「大和」に関する書籍や模型などを販売している。

パパ・ママの声

4階展望テラスからは、かつて戦艦「大和」などを生み出したドック跡や巨大なタンカー、数多くの船などが航行する呉港を一望できます。運が良ければ潜水艦の姿が見られるかも。

☎0823-25-3017　おでかけ MAP P178-A3

住広島県呉市宝町5-20　営9:00～18:00(入館は～17:30)　休火曜(祝日の場合は翌日※GW、7/21～8/31は営業)　料大人500円、高校生300円、小・中学生200円、幼児無料※企画展は別途有料　P285台(60分100円)　交広島呉道路呉ICから約10分、またはJR呉駅から徒歩10分

公式HP

呉市

[かいじょうじえいたいくれしりょうかん てつのくじらかん]

海上自衛隊呉史料館 てつのくじら館

本物の潜水艦「あきしお」を展示中

てつのくじらを 見て触って体感!

所要時間 60分

海上自衛隊の歴史が分かる、貴重な史料が展示された海上自衛隊呉史料館。本物の潜水艦「あきしお」がほぼ当時のまま展示されていることで有名だ。豊富な史料の数々と潜水艦内を見学することができる貴重な体験などで、海上自衛隊の働きと日本の海の平和を守る役割が学べる。

パパ・ママの声

展示室には潜水艦に関する史料も多く、潜水艦の乗員がどのような生活を送っているのかを知ることができます。カフェでは、あきしおカレーを食べることができるので、家族で楽しめます。

☎0823-21-6111　おでかけ MAP P178-A3

住広島県呉市宝町5-32　営9:00～17:00(最終入館は～16:30)　休火曜(祝日の場合は翌日、詳細はHPで)　料大人無料、子ども無料、幼児無料　P大和ミュージアム駐車場285台(60分100円)　交広島呉道路呉ICから約10分、またはJR呉駅から徒歩5分

公式HP

呉市

［しょうとうえん］

松濤園

全国の古民家が展示館として並ぶ

潮の香漂う絶好のロケーション

所要時間 60分

三之瀬の潮の流れと緑豊かな松の情景が落ち着きと潤いを醸し出す庭園。江戸時代、下蒲刈島を宿泊地として訪れていた朝鮮通信使を紹介する資料館、古伊万里の歴史を紹介する陶磁器館、世界の珍しい灯火器を展示するあかりの館、蒲刈島御番所（復元）の4棟で構成される施設だ。

パパ・ママの声
陶磁器や朝鮮通信使に関する資料を鑑賞することができます。御馳走一番館では、ユネスコ「世界の記憶」に登録された資料を公開しています。呉市内に住む小・中・高校生は無料で入館できます。

☎ 0823-65-2900　おでかけMAP P177-H3

住広島県呉市下蒲刈町下島2277-3　営9:00～17:00（入館は～16:30）　休火曜（祝日の場合は翌日）　料大人800円、子ども480円（高校生）、320円（小・中学生）、幼児無料　P50台（下蒲刈市民センター駐車場）　交広島呉道路呉ICから約30分

公式HP

廿日市市

［さんようすぺーすふぁんたじーぷらねたりうむ］

山陽スペースファンタジープラネタリウム

広い室内で番組が観覧できる

山陽女学園内にある穴場的スポット

所要時間 30分

山陽女学園高等部の校舎内にあるプラネタリウムは全天型で迫力満点。学園での利用のほか、一般にも開放されている。一般投影では、「さよならカッシーニ」を上映。団体投影では、幼児から大人まで来館者に合った番組が選べる珍しい「メニュー方式」で注目されているプラネタリウム。

パパ・ママの声
幻想的なプラネタリウムは子どもにも好評。夏休み期間の月～土曜は特別投影があります。予約は不要ですが途中入場不可なので、内容や時間はホームページで確認するのがおすすめ。

☎ 0829-32-2222　おでかけMAP P177-G3

住広島県廿日市市佐方本町1-1　営月～金曜（一般投影）15:00～、土曜（一般投影）10:00～、11:00～　休日曜、祝日、学校休業日（年数回）　料大人無料、子ども無料、幼児無料　P5台　交JR廿日市駅から徒歩10分、または広島電鉄山陽女子大前駅から徒歩2分

公式HP

三次市

［みよしふどきのおかみゅーじあむ（ひろしまけんりつれきしみんぞくしりょうかん）］

みよし風土記の丘ミュージアム（広島県立歴史民俗資料館）

なだらかな丘陵上に古墳が群集

30haの敷地に176基の古墳が群集

所要時間 90分

広島県内の約3分の1の古墳が集まる三次市。全国でも有数の古墳密集地にある同施設。中国地方最大級の規模を持つ国史跡の「浄楽寺・七ツ塚古墳群」を中心に、古代たたら跡や復元古代住居などを整備している。敷地内のミュージアムでは、遺跡や文化財を公開。体験教室もあるのでおすすめ。

パパ・ママの声
館内では、土器・はにわパズル、古代衣装の着用ができ、土器作りや自然体験などの体験教室を年7回開催。歴史や文化を間近で感じられます。体験料金はその都度異なるので、確認して出かけよう！

☎ 0824-66-2881　おでかけMAP P178-B1

住広島県三次市小田幸町122　営9:00～17:00（入館は～16:30）　休月曜（2018年8/13と祝日は開館、翌平日が休館）　料大人200円、150円（大学生）、子ども無料（高校生以下）　P64台　交中国自動車道三次ICから約10分

尾道市

［おのみちえいがしりょうかん］

おのみち映画資料館

所要時間 30分

MAP P178-C3

尾道を舞台にした映画のロケ写真や邦画ポスターなどを展示。ミニシアターではゆかりのある映画の予告編を上映している。

☎ 0848-37-8141

住広島県尾道市久保1-14-10
営10:00～18:00（入館は～17:30）
休火曜（祝日の場合は翌日）
料大人500円、中学生以下無料　Pなし
交JR尾道駅から徒歩15分

福山市

［ふくやまじどうしゃとけいはくぶつかん］

福山自動車時計博物館

所要時間 60分

おでかけMAP P178-D2

「乗って、見て、触れて、写真も撮れる」をキャッチフレーズに、クラシックカーと時計を展示する体験型博物館。

☎ 084-922-8188

住広島県福山市北吉津町3-1-22
営9:00～18:00　休なし
料大人900円、65歳以上・子ども600円（中・高校生）、300円（3歳～小学生）、幼児無料
P50台
交山陽自動車道福山東ICから約15分

[ぬまじこうつうみゅーじあむ(ひろしましこうつうかがくかん)]

ヌマジ交通ミュージアム(広島市交通科学館)

親子で体験できる工作教室

パパ・ママの声

屋外広場では、おもしろ自転車とバッテリーカートが子どもたちに人気です。雨天時は中止になるので注意。また、広場には引退した被爆路面電車が展示してあるのでぜひ見てください。

乗り物の誕生から近未来までを学ぼう

所要時間 90分

常設展では、世界中に存在する陸海空の乗り物の模型が展示してあり、乗り物の誕生から近未来の交通システムまで、歴史をたどりながら学ぶことができる。飛行機や船の実物の一部、ジオラマなどを間近に見ることができ、乗り物が大好きな子どものみならず、大人も童心に帰って楽しめそうだ。

☎ 082-878-6211

おでかけMAP P177-G2

住広島県広島市安佐南区長楽寺2-12-2
営9:00～17:00(入館は～16:30)　休不定
料大人510円、250円(65歳以上、要証明)、子ども250円(高校生)、無料(小・中学生)、幼児無料
P78台　交山陽自動車道広島ICから約10分

公式HP

日本最大クラスの交通パノラマは子どもも大人も大喜びするほどの迫力

展示室
陸海空の乗り物の模型が大集合している

ミュージアムショップ
アストラムラインのほか乗り物関連の商品を多数用意

おもしろ自転車コーナー
おもしろ自転車とバッテリーカートを体験しよう

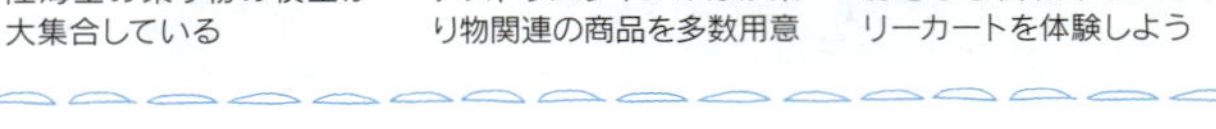

乗り物や交通に関する本が並ぶほか、人気のアニメーションも見られるので大人も子どもも楽しめる

旧型から最近のLEXまで路面電車の模型がたくさん!

復旧され、平成18年まで走り続けた被爆電車659形654号

尾道市

[まねきねこびじゅつかんいんおのみち]

招き猫美術館in尾道

個性的な招き猫の数々を楽しんで

愛らしい招き猫が所狭しと並ぶ

所要時間 30分

丸い石に描かれた「福石猫」が点在する通称「猫の細道」に立つ小さな美術館。初代看板猫の小梅ちゃんの生家を改築した建物内に約3000体もの招き猫が、多種多彩にそろう。招き猫はもちろんお札や絵はがきといったオリジナルグッズも販売されている猫好きにはたまらない施設だ。

パパ・ママの声

猫好きにはたまらないスポット。尾道市在住の絵師・園山春二さんが石や和紙に描いた招き猫も並んでいます。艮神社の裏山にひっそりと続く「猫の細道」では人懐っこい猫たちに出合えます。

☎0848-25-2201

おでかけMAP P178-C2

住広島県尾道市東土堂町19-26
営10:00～17:00　休木曜
料大人300円(中学生以上)、子ども100円(小学生)、幼児無料
Pなし　交JR尾道駅から徒歩30分

公式HP

広島市

[ふぁいぶでいずこどもぶんかかがくかん (ひろしまこどもぶんかかがくかん)]

5-Daysこども文化科学館(広島市こども文化科学館)

直径20mのプラネタリウムドーム

謎めく科学の世界好奇心を刺激

所要時間 120分

子どもから大人まで楽しみながら、科学について勉強することができる科学館。土・日曜などには子ども向けの科学・工作教室のほか、音楽会や劇などの催しも開かれる。プラネタリウムは2017年に座席がリニューアル、プラネタリウム番組や全天周映画をよりゆったりと楽しめるようになった。

パパ・ママの声

科学の実験グッズや、宇宙や科学にまつわるグッズが並ぶミュージアムショップはまるでおもちゃ箱。10分で完成する天体望遠鏡1890円や触れるシャボン玉216円を販売しています。

☎082-222-5346

おでかけMAP P177-G3

住広島県広島市中区基町5-83　営9:00～17:00
休月曜、祝日の翌平日、臨時休館日　料大人無料、子ども無料、幼児無料(プラネタリウムは大人510円、高校生250円、中学生以下無料、シニア250円(65歳以上・年齢確認あり)　Pなし　交広島電鉄原爆ドーム前電停から徒歩5分

公式HP

廿日市市

[みやじまれきしみんぞくしりょうかん]

宮島歴史民俗資料館

所要時間 40分

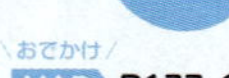

おでかけMAP P177-G3

宮島の歴史や文化に関する約1000点の資料を展示。約500坪の敷地内にある日本庭園を見ながら、見学できる。

☎0829-44-2019

住広島県廿日市市宮島町57　営9:00～17:00(入館は～16:30)　休月曜(祝日の場合は翌日)
料大人300円、子ども170円(高校生)、150円(小・中学生)、幼児無料　Pなし　交JR宮島口駅から徒歩5分の宮島口桟橋からフェリーで約10分、宮島桟橋下船後、徒歩約20分

福山市

[ふくやまめもりあるぱーく]

福山メモリアルパーク

所要時間 60分

おでかけMAP P178-D2

全長約600mのコースを走るゴーカートや遊具広場、プールなど多彩な遊びが楽しめる。冬期はアイススケートもできる。

☎084-926-5518

住広島県福山市東深津町3-15-1
営9:00～17:00(季節により変更あり)　休木曜(祝日の場合は翌日)　料大人無料、子ども無料、幼児無料※アトラクションは別途有料　P臨時Pあり　交山陽自動車道福山東ICから約10分、またはJR東福山駅から徒歩10分

広島市

[ひろしましょくぶつこうえん]

広島市植物公園

四季の花で飾られる大花壇

家族で楽しめる花と緑の空間

所要時間 120分

世界の植物約1万種20万本が栽培されている植物公園。2018年3月3日には、2年におよぶ大規模改修工事が終了し、待望の大温室がリニューアルオープン。サクラ、バラ、アジサイなど四季折々の花も充実している。芝生広場で遊んだり、花の迷路の体験をしたりして家族で思い切り楽しもう。

パパ・ママの声

夏には巨大噴水迷路などのイベント、秋の夜間開園にはイルミネーションなどが開催され、季節によって楽しめます。売店では園のオリジナルグッズが購入できるので、お土産にぜひ。

☎082-922-3600

おでかけMAP P177-G3

住広島県広島市佐伯区倉重3-495　営9:00～16:30(入園は～16:00)　休金曜(祝日の場合は開園)　料大人510円、子ども170円(高校生)、無料(小・中学生)、幼児無料　P532台(1日450円～)　交山陽自動車道五日市IC、または広島岩国道路廿日市ICから約15分

公式HP

庄原市

［こくえいびほくきゅうりょうこうえん］

国営備北丘陵公園

季節によって、多種多様な花がある

ふるさとの原風景が再現された国営公園

所要時間 1日

「ふるさと遊び」をテーマに整備された、広島県庄原市にある中国地方唯一の国営公園。ひばの里や大芝生広場、花の広場など、総面積およそ340haもある園内は四季を通じて楽しめる。林間アスレチックコースやオートキャンプ場、グラウンドゴルフコースもあり、いろいろな遊びを体験できる。

パパ・ママの声

「ひばの里」ではわら細工を無料で体験できるほか、そば打ち体験5人前1800円〜や木工・竹工作教室200円〜なども開催されています。開催日はホームページをチェックしてみてくださいね。

☎ 0824-72-7000　おでかけ MAP P178-C1

住広島県庄原市三日市町4-10　営9:30〜17:00(7･8月は〜18:00、11〜2月は〜16:30)※入園は閉園の1時間前まで　休月曜(祝日の場合は翌日)　※春･夏･秋まつり期間、イルミネーション期間はなし　料大人450円、子ども(中学生以下)無料　P2400台(1日310円)　交中国自動車道庄原ICから約5分(北入口)

公式HP

「きゅうの丘」ではジェットローラースライダーなどが楽しめる

比婆さとやま屋敷
備北地域の豪農の家を再現した屋敷を見学できる

エントランスセンター
レストランやイベントホールのほか、土産もそろう

ランチスポット
バーベキューやピクニックでランチが楽しめる

サイクリングコースもあり、マイ自転車の持ち込みが可能。サイクリングセンターでの貸し出しもしている

50m以上ある芝生すべりは、大人も思わず夢中になる

園内を「ロードトレイン」が運行中(小学生以上310円)

世羅郡

[せらゆめこうえん]

せら夢公園

ハニービーナスのワインが人気

遊んだ後は地元産ワインに舌鼓

所要時間 半日

せら県民公園とせらワイナリーから構成される。せら県民公園ではピクニックやグラウンドゴルフなどが楽しめる。希少な虫や草花が観察ができる自然観察園も人気。せらワイナリーでは世羅町産のブドウ100％のワインが好評。地元食材を使った料理と共に味わえ、特産品市場で買い物も楽しめる。

パパ・ママの声
ワイナリーでは、世羅町産のブドウ・ハニービーナスなどを使用したワインを販売。季節ごとにイベントが開催され、見学通路ではせらワインができるまでや実際の醸造施設が見学できます。

☎0847-25-4300　おでかけMAP P178-C2
住広島県世羅郡世羅町黒渕518-1
営9:00～17:00（1･2月は10:00～16:00）　休なし（12･3月は火曜、1･2月は火･水曜）　料大人無料、子ども無料、幼児無料　P700台
交尾道自動車道世羅ICから約15分

公式HP

標高500mの展望広場。遊具遊びなど子どもたちが思う存分楽しめる

ミニSL乗り場
石炭で走るミニSL。大人も子どもも大興奮！

ワイナリーショップ
ワインのほかここでしか買えないオリジナルグッズも

ミニチュアガーデン
世羅高原をミニチュア化し歴史や文化を伝えている

呉市

[かきょうきねんこうえん]

架橋記念公園

巨大ジャングルジムで遊ぼう

瀬戸内海を一望する巨大ジャングルジム

所要時間 30分

豊浜大橋の開通を記念し、瀬戸内の波をイメージして造られた運動公園。多目的グラウンドなどの施設が整備されている。中でも、高さ13.2m、幅15.6m、奥行き7.2mの大きさを誇る巨大なジャングルジムは県外でも有名。園内からは対岸にある豊島漁港の風景を眺めて楽しむことができる。

パパ・ママの声
ジャングルジムの内部には鋼鉄の床が迷路みたいに張り巡らされていて、子どもが喜んで歩き回っていました。アミューズメントにも、のんびり海を見て心やすらげる空間としても利用できます。

☎0823-68-2211（呉市豊浜市民センター）　おでかけMAP P177-H3
住広島県呉市豊浜町大浜　営24時間　休なし
料大人無料、子ども無料、幼児無料
P20台　交広島呉道路呉ICから約60分、またはJR広駅前バス停から「とびしまライナー」で50分、立花港バス停下車後、徒歩15分

神石郡

[たいしゃくきょうすこらこうげん]

帝釈峡スコラ高原

所要時間 180分

おでかけMAP P178-C1

国定公園帝釈峡そばにあり、大自然に囲まれた高原リゾート。屋内テニスができ、レストランと入浴施設がある。

☎0847-86-0535
住広島県神石郡神石高原町相渡2167
営10:00～17:00（レストラン）
休火曜
料大人無料、子ども無料、幼児無料
P100台
交中国自動車道東城ICから約15分

三原市

[ひろしまけんりつ ちゅうおうしんりんこうえん]

広島県立

中央森林公園

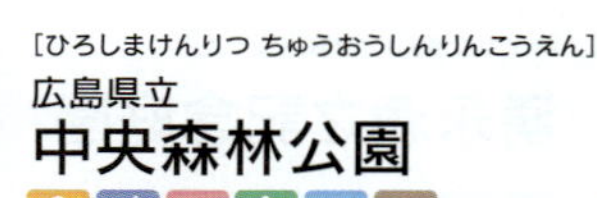

所要時間 半日

おでかけMAP P178-B2

広島空港の隣にある多目的公園。サイクリング、バーベキュー、ハイキングなどが楽しめる。回遊式の日本庭園もある。

☎0848-86-9101
住広島県三原市本郷町上北方1315
営9:00～18:00（10～3月は～17:00）
休なし
料大人無料、子ども無料、幼児無料
P1200台（1日310円）　交山陽自動車道本郷IC、または河内ICから約10分

尾道市

［せんこうじこうえん］

千光寺公園

眼下に広がる瀬戸内海のパノラマ

所要時間 30分

春はサクラが公園を彩るほか、四季折々の表情を楽しむことができる。展望台からは尾道市街や尾道水道、瀬戸内の島々が一望できる。尾道ゆかりの作家や詩人の文学碑が並ぶ「文学のこみち」での散策もおすすめ。頂上の売店には、キャンドルやアロマなどのサクラグッズがそろう。

千光寺は尾道随一の観光名所

パパ・ママの声

展望台からの夜景がきれい。美術館前のモニュメント「千光湧水」は、真ん中の穴から向島の岩屋山が眺望できるように設計されています。小石で叩くと音がする巨岩「ポンポン岩」もおもしろいです。

☎0848-38-9184(尾道市観光課) おでかけMAP P178-C3

住広島県尾道市西土堂町19-1　営公園24時間、売店8:30～17:30　休公園はなし、売店は年末と荒天時
料大人無料、子ども無料、幼児無料　P70台(普通車600円)　交山陽自動車道福山西ICから約15分、またはJR尾道駅からバスで3分、長江口バス停下車後、ロープウェイで3分

千光寺公園展望台からは、尾道水道や向島などが一望できる

頂上売店
ラーメンや帆布など尾道を代表する土産品を販売

グリル展望
展望台2階にあるレストランは、窓際の席が一押し

尾道市立美術館
安藤忠雄氏設計のモダンなデザインが特徴

東広島市

［みちのえき こはんのさと ふくとみ］

道の駅 湖畔の里 福富

所要時間 半日

おでかけMAP P177-H2

湖水に囲まれた景観が美しい場所にある道の駅。パン店、アイスクリーム店などがあり、バーベキューなどもできる。

☎082-435-2110

住広島県東広島市福富町久芳1506
営9:30～18:00(土・日曜、祝日9:00～)
休水曜(祝日の場合は翌平日)
料大人無料、子ども無料、幼児無料　P417台
交山陽自動車道西条ICから約20分、または山陽自動車道志和ICから約25分

呉市

［くれぽーとぴあぱーく］

呉ポートピアパーク

所要時間 半日

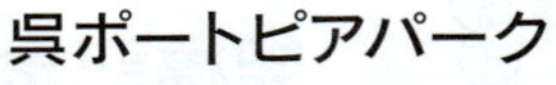

おでかけMAP P178-A3

太陽と風と緑を感じることができる海辺に面した公園は、子どもから年配者まで楽しめる施設が充実している。

☎0823-38-0560

住広島県呉市天応大浜3-2-3
営9:00～21:00
休水曜(祝日、春・夏・冬休みは除く)
料大人無料、子ども無料、幼児無料
P400台
交広島呉道路天応西ICから約3分

安芸高田市

［わくながまんじきねんていえん］

湧永満之記念庭園

所要時間 120分

おでかけMAP P178-B1

約4万5000坪の広さを誇る、自然豊かな庭園。花と緑が美しいバラ園、薬用植物園などがあり、多彩な表情を見せる。

☎0826-45-5021

住広島県安芸高田市甲田町稼地
営10:00～17:00　※3/30～11/23(2019年開園時期は要問い合わせ)　休開園期間中はなし　料大人無料、子ども無料、幼児無料
P300台　交中国自動車道高田ICから約20分、またはJR甲立駅から約10分

福山市

［ふぁみりーぱーく］

ファミリーパーク

所要時間 120分

おでかけMAP P178-D2

12のデッキをつなぐ大型複合遊具やローラースライダー、ターザンロープなどが人気。園内にはしか園とくじゃく園もある。

☎084-926-2649

住広島県福山市熊野町字夜打谷甲283-1
営9:00～17:00　休なし
料大人無料、子ども無料、幼児無料
P100台
交山陽自動車道福山東ICから約40分、またはJR福山駅から約30分

公園 体験

福山市

［こくみんしゅくしゃ せんすいじま］

国民宿舎 仙酔島

瀬戸内海を一望できる部屋

日本初の国立公園の自然美に触れる

所要時間 120分

日本で最初に国立公園になった自然豊かな島にある宿舎で、鞆の浦から連絡船でわずか5分のところに位置する。カヤックレンタル2160円～や塩づくり体験540円、海ほたるナイトビーチツアー（期間限定）など、通常の観光だけでは味わえない仙酔島の自然を満喫する企画が盛りだくさんだ。

パパ・ママの声

シーカヤックで楽しむ海の散歩は、風が頬をなで、波音が響き気分爽快！ ぜひ一度体験してみて。また和食処「風花」で出される大きな鯛のかぶと煮が有名なので、こちらも逃さず、ぜひいただいて。

自然の中で、ほかでは体験できない癒やしのひとときが過ごせる

☎ 084-970-5050　おでかけMAP P178-D3

住広島県福山市鞆町後地3373-2 営チェックイン16:00、チェックアウト10:00 休なし 料大人4104円（中学生以上）、子ども1620円、幼児864円（3歳以上6歳未満） Pあり（台数は変動、宿泊者は無料、日帰りは有料） 交山陽自動車道福山東ICから約30分。鞆の浦から市営渡船で5分、徒歩5分

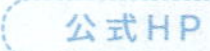

公式HP

平成いろは丸
坂本龍馬が乗り込んだ蒸気船を模した船で島へ

キャンプ場
快適に過ごせる高床テント二重張りのウッドデッキ

ハイキングコース
5種類のコースがあり、島には野生のタヌキも

三次市

［みよしうんどうこうえん］

みよし運動公園

所要時間 120分

おでかけMAP P178-B1

中四国随一のスケールを誇る全天候型テニスコートやプロ野球公式戦も可能な野球場、陸上競技場を完備している。

☎ 0824-62-1994

住広島県三次市東酒屋町10493
営陸上競技場・運動広場8:30～22:00、野球場・テニスコート9:00～22:00
休なし
料大人無料、子ども無料、幼児無料
交中国自動車道三次ICから車で約3分

安芸高田市

［かぐらもんぜんとうじむら］

神楽門前湯治村

所要時間 120分

おでかけMAP P177-H1

旅籠屋や茶店などが立ち並ぶ神楽のテーマパーク。体験工房では神楽面の絵付け1800円～や神楽小道具の作製ができる。

☎ 0826-54-0888

住広島県安芸高田市美土里町本郷4627
営10:00～16:00（体験工房・要予約）
休なし
料大人無料、子ども無料、幼児無料
P300台
交中国自動車道高田ICから約7分

神石郡

クーポンあり

［じんせきこうげんてぃあがるてん］

神石高原ティアガルテン

公園内にあるツリーハウス

「いのちを慈しむ」自然体験型公園

所要時間 120分

標高約700メートルに位置する自然体験型テーマパーク。広大な公園にはツリーハウスや水辺の広場など自然を存分に楽しむことができ、キャンプ場やログハウスでの宿泊も可能。また雨天でも陶芸や和紙作りなどの、もの作りが楽しめるのでいつ訪れても楽しめる（体験は要予約）。

パパ・ママの声

こんにゃく作り体験（1290円）で使用するコンニャク芋は、標高400～600mの高原で栽培された地元産。ぷるぷるとした触感が作ったその場で楽しめるので、子どもも喜びます。前日までに予約を。

☎ 0847-82-2823

おでかけMAP P178-D1

住広島県神石郡神石高原町上豊松72-8 営9:00～17:00（夏期は～18:00） 休水曜（GW・夏期は営業）※年末～2月末は休園 料3カ月パスポート大人500円（小学生以上）、子ども無料（小学生未満） P200台 交山陽自動車道福山東ICから約40分、または中国自動車道東城ICから約40分

公式HP

府中市

［ふちゅうしこどものくに ぽむぽむ］

府中市こどもの国 ポムポム

春は芦田川沿いに咲く桜が美しい

パパ・ママの声

室内の大型遊具、外のラジコンコースなど親もワクワクする充実ぶり。雨の日でも全身を使って遊べるので親子で大喜びです。休憩所やテラスで持参したお弁当を食べることもできます。

親子で遊んで学べる楽しい設備が大充実

所要時間 120分

2018年4月にリニューアルした大型児童館。床や遊具に無垢材を使った木育プレイルームなど、“木工のまち”府中市らしさが光る。1階には主に乳幼児から小学生向けの遊び場と図書コーナー、2階には工作室や調理室、イベント体験フロアを設置。未就学児の一時預かり施設（予約制）もある。

☎ 0847-41-4145

おでかけMAP P178-C2

住広島県府中市土生町1581-7　営9:00～18:00
休木曜（祝日の場合は開館、翌週水曜が休み）
料入場無料（一部有料）
P35台　交山陽自動車道福山東ICから約40分、または福山西ICから約20分

公式HP

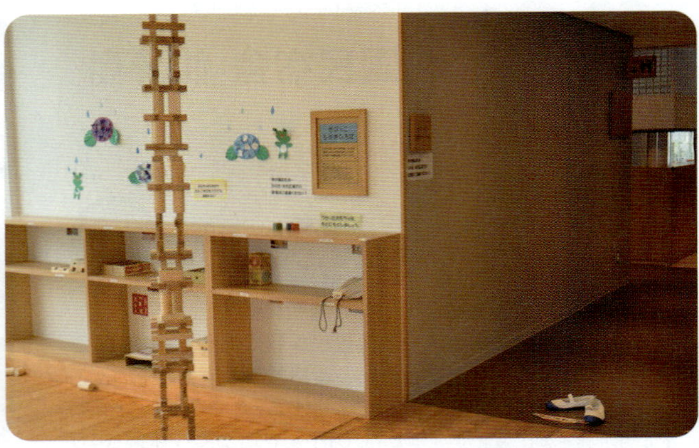

木製遊具がある「ちびっこ ひのきひろば」の入口付近。積み木や木製ドミノでも遊べる

水辺のプラザ

ラジコンコース横の水辺で夏は水遊びができる

クラフトファクトリー

ものづくりを体験できる木工工作教室を随時開催

ガラス張りの建物

自然光をよく取り込める明るさに満ちた設計

子ども向けの室内ボルダリング設備。全面ネット張りの2階では空中遊びも楽しめ、キッズの冒険心をかき立てる

府中で生産が盛んな味噌樽（みそだる）を模した遊具

楽しく運動ができるマット遊具。一人20分100円

三次市

［みよしもりのぽっけ］

みよし森のポッケ

雨の日でも安心 室内遊具施設

所要時間 70分

季節や天候に左右されない室内なのに、まるで森の中で遊んでいるような木のぬくもりが感じられる遊び場。全身を使って遊べる木製の大きな遊具や、自由な創造力を育む木のブロック、優しい手ざわりの木のおもちゃなどがそろう。子どもだけでなく大人も一緒に夢中になれて、親子で楽しめる。

遊具だけではなく絵本もある

パパ・ママの声

室内でも緑がいっぱい見ることができる癒やしの空間です。周辺には大型遊具のある公園やワイナリー、美術館のほかに飲食ができる場所があり、一日中おもいっきり楽しむことができます。

☎0824-62-6811 おでかけMAP P178-B1

住広島県三次市東酒屋町10456-2
営9:30～16:40(70分総入れ替え制)
休水曜、10月・3月に休館日あり　料大人200円、子ども200円(6カ月～小学6年)、幼児無料(6か月未満)
P100台　交中国自動車道三次ICから約3分

子どもたちに一番人気のあるKAPLA®ブロック。創造力しだいで何でも作れる!

はらっぱ
対象年齢3～6歳。大型遊具を使って遊ぼう

こもれび
対象年齢は小学6年生まで。木と触れ合おう

ひなたぼっこ
対象年齢2歳まで。安心してハイハイできる広さ

やさしい木の香りの中で、遊ぼう。雨の日でも子どもたちに人気の施設だ

自然の中に佇む施設。天候問わず遊べる

対象年齢小学6年まで。木の玉プールは子どもたちに大人気!

庄原市

[つりーあどべんちゃー(おおぎだにおーときゃんぷじょう)]

ツリーアドベンチャー（大鬼谷オートキャンプ場）

鳥になったようなな気分が味わえる

県内最大級のエリアで遊び尽くせ！

所要時間 90分

自然が豊富なキャンプ場。夏は涼しく、冬は雪中キャンプを楽しむことができる。中でも、人気はエキサイティング・アクティビティーZIPLINEが体験できる「ツリーアドベンチャー」。全長220m、高さ8mの木とワイヤーでできたコースで命綱を頼りに18種の関門をクリアしてゴールを目指そう！

パパ・ママの声

子どもはもちろんですが、大人でも楽しむことができました。冬は、かまくらづくりやソリ遊びなど1年通して自然と触れ合いながら遊ぶことができるので、ファミリーででかけるのにおすすめですよ。

☎0824-86-2323　おでかけMAP P180-C4

住広島県庄原市高野町南257　営10:00～17:00(ツリーアドベンチャーは～16:00)　休不定
料大人2900円(中学生以上)、子ども2100円(小学生以下)、幼児2100円(身長115cm以上)※要予約
P30台　交松江自動車道高野ICから約8分

公式HP

山県郡

[みちのえき とよひらどんぐりむら]

道の駅 豊平どんぐり村

大きな鉢でそば粉を練って作る

自然の中で過ごすリーズナブルな一日

所要時間 60分

中国山地の山に囲まれた広大な敷地にちびっこ広場、野球場、体育館、テニスコート、ゲートボール場などの施設が点在。リーズナブルにのんびりと遊べる。体験施設のそば道場では丁寧に指導してくれるので、初心者も子どももぜひ挑戦してみよう。その場で味わう打ちたてのそばは格別だ。

パパ・ママの声

どんぐり荘では、常時12種以上のソフトアイス300円が食べられます。また地元で採れた野菜や花などの販売があり、多くの人でにぎわっています。ちびっこ広場の遊具は子どもに人気です。

☎0826-84-1313(どんぐり荘)　おでかけMAP P177-G2

住広島県山県郡北広島町都志見12609
営9:00～22:00(施設により異なる)
休施設により異なる　料大人無料、子ども無料、幼児無料(体験料は別途有料)　P250台
交広島自動車道広島北ICから約15分

公式HP

三次市

クーポンあり

[ごうのかわかぬーこうえんさくぎ]

江の川カヌー公園さくぎ

人気の水の滑り台。増水時は禁止

江の川の自然の中でカヌーを満喫しよう

所要時間 90分

1級河川、江の川沿いに位置する公園。緑に囲まれた大自然の中、気軽にカヌー体験ができる。キャンプ施設も充実していて、満天の星空の下でキャンプをしたり、囲炉裏付きのコテージで天然アユを焼いたりと、楽しみ方は無限大だ。併設のレストランでは、江の川を眺めながら食事ができる。

パパ・ママの声

カヌースクールでは小学生や初心者が学びやすいよう工夫されているので、ぜひ参加してください。江の川の自然を満喫できるので夏休みの良い思い出になりますよ。喜んでもらえること間違いなし。

☎0824-55-7050　おでかけMAP P178-B1

住広島県三次市作木町香淀116　営8:30～18:00
休火曜(夏休み期間を除く)
料大人無料、子ども無料、幼児無料(体験は有料)
P60台　交中国自動車道三次IC、または高田ICから約40分、またはJR三次駅前からバスで35分

公式HP

三次市

[ふぃっしんぐ・がーでんすいだに]

フィッシング・ガーデン吸谷

自然渓流を利用した釣り堀が人気

清流で育った川魚を塩焼きで堪能しよう

所要時間 半日

自然渓流を利用し、緑に囲まれた釣り堀・養殖場。池には、ヤマメ、イワナ、ニジマス、銀鮭などがおり、釣竿代1日500円を払えば、好きな場所で釣ることが可能。釣った魚は買い取りで、その場で塩焼き400円や、炭代500円でバーベキュー（食料持込可）も堪能できる。もちろん持ち帰りもOK。

パパ・ママの声

魚は釣った分だけ持ち帰ることができます。また近隣には急流によって侵食されてできた神之瀬峡があり、辺り一帯が県立自然公園に指定されているため美しい自然が満喫できます。

☎0824-54-2665　おでかけMAP P177-H1

住広島県三次市布野町横谷258　営9:00～17:00(4月29日～10月下旬の土・日曜、祝日、GW、盆のみの営業)
※上記営業期間以外は、要予約にて受付　休上記以外の日　料貸し釣竿代1本500円(えさ代込)
P30台　交中国自動車道三次ICから約35分

広島市

［とーほー びーず すたいる がらすのさと］

TOHO BEADS STYLE
ガラスの里

体験ではさまざまなものを使用

見るだけじゃない 体感するガラスの世界

所要時間 1日

まるでおとぎの国に迷い込んだかのようなガラスの城、吹きガラスやビーズアクセサリーなどガラス工芸の体験施設、ガラス作品を展示する博物館などガラスの世界を存分に楽しめる施設。特にガラスキャンドル作りは、世界に一つだけのオリジナルキャンドルが作れるのでとても人気だ。

パパ・ママの声

ガラスにまつわるさまざまな体験ができ子どもたちは大喜びでした。博物館も展示が多く、見ごたえがあります。天気がいい日は芝生広場で持参したお弁当を食べて、1日ゆっくり過ごせますよ。

☎082-818-0414 おでかけMAP P177-G2

住広島県広島市安佐北区大林2-12-55
営10:00〜17:00 休不定
料大人無料、子ども無料、幼児無料
P300台
交山陽自動車道広島ICから約30分

公式HP

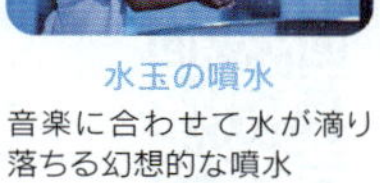

ガラスの性質を利用した不思議な体験ができるガラスの城。おとぎの国に迷い込んだよう

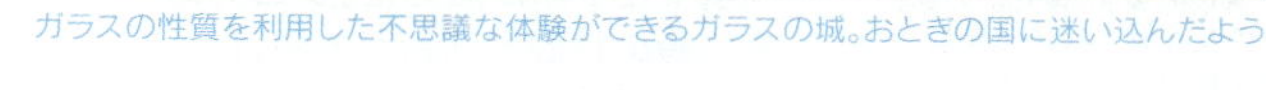

水玉の噴水
音楽に合わせて水が滴り落ちる幻想的な噴水

宇宙万華鏡
のぞき穴の向こうには、きらめく星たちの姿

ガラスの迷路
どこが出口か分からない!? 不思議な迷路

ガラスのモチーフや鮮やかなビーズを使うキャンドル作り体験1620円〜。親子で作れば旅のいい記念に

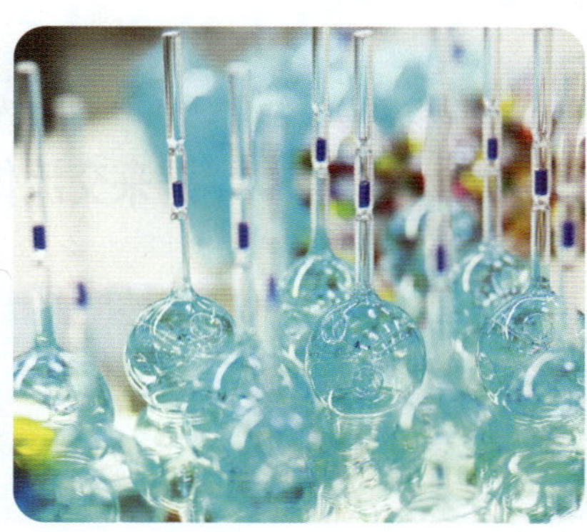

売店ではため息もののビードロや鮮やかなとんぼ玉を販売

レストランもあり食事メニューやデザートメニューが充実

三次市

クーポンあり

[はいづかこはんのもり]

ハイヅカ湖畔の森

自然と触れ合う癒やしの場

所要時間 1日

シャワー、トイレ、寝具を完備

ハイヅカ湖を一望できる森林の中に位置する施設。コテージや体験交流センター、林間遊具施設、キャンプ施設などを備え、自然を満喫できるのが魅力だ。多目的研修施設の林間学習舎があるほか、天体望遠鏡での天体観測体験も可能。手作りアイスクリーム、フレッシュミルク350円～も販売。

パパ・ママの声
スポーツや森林浴、キャンプが楽しめます。春先にカタクリの花が咲く様子は美しく、夜には満天の星が見れるなど、家族でゆっくり自然を満喫できます。星がよく見えるので天体観測もおすすめ。

☎0824-44-3711　おでかけMAP P178-B1
住広島県三次市三良坂町仁賀563
営10:00～17:00(受付)　休水曜
料大人無料、子ども無料、幼児無料
P60台
交尾道自動車道三良坂ICから約10分

公式HP

広島市

[くらいみんぐじむ ぴゅあ ぐりーん]

CLIMBINGGYM PURE GREEN

気軽に体を動かしてストレスを解消

所要時間 90分

経験者も飽きない個性豊かな壁

約90坪の中四国地方最大級のボルダリングジム。総延長40mの広大な壁に引かれた魅力的なライン。広々としたボルダリングスペースには、さまざまな傾斜や傑作課題がそろい、子どもから大人まで楽しめるコースがたくさん。休憩スペースにもゆとりがあり、家族連れでも安心だ。

パパ・ママの声
初めての人はレクチャー＆レンタル付きの体験プランがお得です。90分間の体験クライミングができます。個々のレベルに合わせて登るので運動神経に自信がなくても家族みんなで楽しめますよ。

☎082-516-8850　おでかけMAP P177-G2
住広島県広島市安佐北区可部南3-17-24　営13:00～22:00、土曜10:00～20:00、日曜・祝日10:00～19:00
休月曜、ほか臨時休業あり　料大人2160円、子ども1620円(小学生以上高校生以下)、幼児対象外　P16台　交JR中島駅から徒歩5分または山陽自動車道広島ICから約15分

公式HP

広島市

[ゆきこうりゅうたいけんせんたー]

湯来交流体験センター

創作・味覚・収穫……いろんな体験が可能

所要時間 60分

ジャンルとわず多彩な体験が可能

自然と農林業、歴史、文化を生かした体験型施設。木工、料理、タイ式ヨガのほか豊富な体験企画が用意されている。風鈴絵付けやグラスアート、押し花ストラップ作りなどは予約なしで体験することができる。農業体験場では、こんにゃく芋の植付けから収穫、そしてこんにゃく作りの体験ができる。

パパ・ママの声
売店で地元の新鮮な野菜や果物が販売されています。遊びや体験の後は、無料の足湯や隣接する「湯来ロッジ」の温泉12歳以上570円で家族みんなでリラックスできるのでおすすめです。

☎0829-40-6016　おでかけMAP P177-F2
住広島県広島市佐伯区湯来町多田2563-1
営9:00～18:00、特産品市場館8:30～17:00
休月曜(祝日の場合は翌平日)、8/6
料無料　P120台
交中国自動車道戸河内ICから約25分

公式HP

廿日市市

[はーとあどべんちゃーせんたー]

ハートアドベンチャーセンター

シーカヤックの上で大鳥居を眺める

所要時間 60分

のんびりと海上さんぽを楽しもう

シーカヤックが1時間弱で体験できるショートツアーは観光客や初心者に最適だ。カヤックやパドルなど、体験に必要な装備はすべて用意されているのでとても安心。厳島神社を海上から望み、満潮の鳥居をバックに記念撮影と貴重な体験ができる。親子でシーカヤックを楽しもう。

パパ・ママの声
集合場所は町屋を改装した風情ある建物で看板犬の花ちゃんがお出迎え。海上から見る宮島の風景はすばらしい。タオルと着替えは持参で、Tシャツや短パン、サンダルも貸し出しがあります。

☎090-4149-3541　おでかけMAP P177-G3
住広島県廿日市市宮島町南大西町58 すみれぐさ　営潮位により異なる、電話受付9:00～19:00(メールからも受付可)　休不定
料大人4000円～※体験料金込み、子ども3500円～※体験料金込み、幼児体験不可　P1台　交JR宮島口駅から徒歩5分の宮島口桟橋からフェリーで約10分、宮島桟橋下船後、徒歩20分

公式HP

廿日市市

[みやじまでんとうさんぎょうかいかん みやじまんこうぼう]

宮島伝統産業会館
みやじまん工房

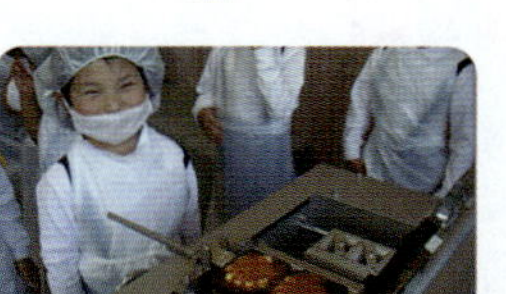

できたてのもみじ饅頭

パパ・ママの声
もみじ饅頭手焼き体験では、生地をもみじ型に流し込むところから始めます。手焼き用具で焼き、フィルムで包装する工程を体験できますよ。焼きたての味は格別。ぜひ親子で体験してみて。

宮島の伝統工芸を作って楽しむ

所要時間 60分

杓子など宮島の工芸品の展示や販売だけでなく、宮島にまつわる名産品の手作り体験もできる工房。江戸時代から続く宮島の伝統工芸・宮島彫り・杓子づくりや、もみじ饅頭の手焼き体験は子どもも気軽に挑戦できるとあって観光客にも人気だ(要予約)。大人数でワイワイと楽しめる。

もみじ饅頭手焼き体験の様子。プロのスタッフが丁寧に指導してくれる

伝統産業会館
宮島桟橋からすぐのところにある伝統産業会館

販売コーナー
伝統工芸品は展示だけでなく、販売も行っている

杓子づくり体験
杓子を磨き、仕上げに焼印を押して完成だ

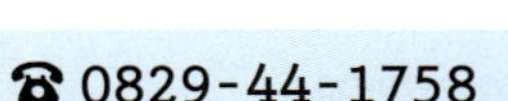

☎0829-44-1758　おでかけMAP P177-G3
住広島県廿日市市宮島町1165-9(宮島桟橋前)
営8:30～17:00　休月曜(祝日の場合は翌日)
料大人無料、子ども無料、幼児無料(各種体験は有料)
Pなし　交JR宮島口駅から徒歩5分の宮島口桟橋からフェリーで10分、宮島桟橋下船後、徒歩1分

公式HP

廿日市市

クーポンあり

[ななせがわけいりゅうつりば]

七瀬川渓流釣場

初心者向け渓流釣り堀(夏季限定)

パパ・ママの声
バーベキューハウスでは1人300円の場所代で、バーベキューが楽しめます。持ち込みは自由ですが、日曜・祝日は混み合うので予約が必要です。子どもが喜ぶこと間違いなしです。

釣り上げた魚はバーベキューで調理

所要時間 1日

中国地方で唯一自然の川をそのまま利用した管理釣り場。ルアーやフライで、アマゴ、ニジマス、広島サーモン、イワナなどが釣れる。また、初心者には餌釣り池があり、釣り上げた魚(アマゴ)は1匹300円で買え、バーベキューハウスで食べられる。正月やGWなどにはさまざまなイベントを開催。

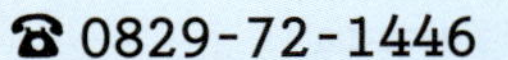

☎0829-72-1446　おでかけMAP P177-F3
住広島県廿日市市虫所山508
営8:00～17:00　休火曜
料大人無料、子ども無料、幼児無料　P50台
交中国自動車道吉和ICから約20分、または山陽自動車道廿日市ICから約30分

公式HP

安芸郡

クーポンあり

[ふでのさとこうぼう]

筆の里工房

世界に1本の自分の筆を作ろう

パパ・ママの声
ショップには書筆だけではなく画筆や化粧筆も豊富にあります。肌触りが優しい化粧筆は女性へのお土産としても喜ばれますよ。体験は予約が必要なものがあるので事前に確認しておくと良いです。

筆の世界を見て知って体験

所要時間 60分

日本一の筆の生産地、熊野町にある全国でも珍しい「筆」をテーマにした博物館。世界一の大筆をはじめ、筆と文化の関わりや発展を常設展示し、著名人の展覧会も開催している。毎日、伝統工芸士による筆づくりも見学可能。平成30年11月5日～翌年4月下旬まで施設改修工事のため臨時休館予定。

☎082-855-3010　おでかけMAP P178-A3
住広島県安芸郡熊野町中溝5-17-1　営10:00～17:00(入館は～16:30)　休月曜(祝日の場合は翌日)※臨時休館あり
料大人600円、子ども250円(小・中・高校生)、幼児無料(展示内容により変更あり)　P84台　交東広島呉自動車道黒瀬ICから約15分、または山陽自動車道広島東ICから約30分

公式HP

安芸郡

クーポンあり

［くらいむせんたー せろ］

クライムセンター CERO

登りきる達成感はクセになりそう

誰でも何歳からでも登りきる喜びをぜひ

所要時間 半日

ロープを付けずに登るボルダリングとロープを付けて登るロープクライミングが体験できる施設。インストラクターの指導のもと、レベルに合わせて色分けされた目印を目標にして少しずつ登っていく。力よりもバランス感覚や身のこなしが重要なので、男女・年齢・スポーツ経験を問わず楽しめる。

パパ・ママの声

課題をクリアしたときの達成感がたまりません。小学生以下の子と親が初参加する際は体をロープでつないで安全に楽しく体験できます。初回登録料も1000円と安めなのが嬉しいです。

☎ 082-236-8401 おでかけMAP P178-A3

住広島県安芸郡府中町茂陰1-13-46 営14:00～22:00、土・日曜、祝日10:00～20:00 休月曜（祝日の場合は翌日休み） 料大人2060円（60歳以上は1650円）、子ども1650円（大学、専門学生）、1030円（高校生以下）、幼児1030円 P15台 交JR天神川駅から徒歩約8分

公式HP

福山市

［とものうら たいしょうのさと あもちんみほんしゃ］

鞆の浦 鯛匠の郷 阿藻珍味本社

コース別で鯛ちくわが作れる

魚のすり身を付けて鯛ちくわを作ろう

所要時間 30分

鯛ちくわなどの練り物や珍味などの製造元。尾道ラーメンが食べられる食事コーナーも併設され、鞆の浦の味覚が並ぶお土産売り場もある。鯛ちくわ、鯛せんべ、ふりかけなどの手作り体験も可能な施設が整い、風光明媚な鞆の浦の景色とともに忘れられない思い出作りができるようになった。

パパ・ママの声

鯛ちくわの手焼き体験は焼き上がりまでを体験できます。お土産には鯛ちくわ（1本280円～）、天ぷら（175円～）、尾道ラーメン（2食入617円）など、鞆の浦ならではのものがおすすめ。

☎ 084-982-3333 おでかけMAP P178-D3

住広島県福山市鞆町後地1567-1
営10:00～16:00（体験の場合は～15:30に入館）
休平日 料大人無料、子ども無料、幼児無料 P30台
交山陽自動車道福山西ICから約30分、または福山東ICから約40分

神石郡

［とよまつかみひこーき・たわー］

とよまつ紙ヒコーキ・タワー

展望室は360度大パノラマが展開

東京タワーより高い展望室から飛ばそう

所要時間 60分

標高663m、豊松富士ともいわれる米見山の山頂にある高さ26mのタワー。ビル5階の高さに位置する展望室からは、遠くに伯耆大山を望めるほか、紙ヒコーキを飛ばす人の聖地にもなっている。ヒコーキに使う紙は、土に返りやすくリサイクルもできサトウキビの糖汁の搾りカスで作られている。

パパ・ママの声

売店では、広島東洋カープとコラボレーションした紙飛行機用の公認デザイン用紙（A4サイズ3種×2枚、500円）を販売しています。カープ坊やと鯉のデザインがとてもかわいいです。

☎ 0847-84-2000 おでかけMAP P178-D1

住広島県神石郡神石高原町下豊松381米見山山頂公園
営10:00～18:00（10・11・3月は～17:00） 休月・水・金曜（夏休み、GWはなし） 料大人300円、子ども300円（小学生以上）、幼児無料 P30台 交山陽自動車道福山東ICから約60分、または中国自動車道東城ICから約40分

尾道市

［こうぼうおのみちはんぷ］

工房おのみち帆布

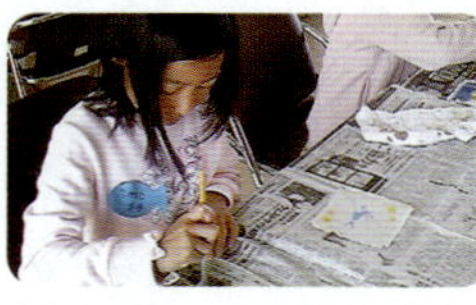

人気のステンシルコースター作り

帆布を使った昔ながらの製造

所要時間 30分

帆船の帆に使われていた帆布を使った、バッグやポーチ、ブックカバーなどを製造・販売する工房。製作現場を見ることができるほか、2階はギャラリーとなっている。帆布の良さを知ってもらうために、創作体験を行っており、小さな子どもでも楽しく体験できる充実の内容になっている。

パパ・ママの声

帆布のもととなる木綿は、綿からとれる繊維で天然素材なので、優しい肌触りです。種をもらった後に綿を自分で栽培・収穫し、工房へ持っていけば帆布のコースターと交換してもらえます。

☎ 0848-24-0807 おでかけMAP P178-C3

住広島県尾道市土堂2-1-16
営10:00～18:00 休木曜（要問い合わせ）
料大人無料、子ども無料、幼児無料※体験は有料 Pなし
交山陽自動車道尾道ICから約20分、またはJR尾道駅から徒歩15分

公式HP

竹原市

[あをはた じゃむでっき]

アヲハタ ジャムデッキ

2018年春のデザインのビン

甘い香りに包まれてジャムづくりに挑戦

所要時間 150分

瀬戸内海が目の前に広がる自然豊かな場所に位置するジャム工場。2012年4月に旧工場を改装し、工場見学やジャムづくり体験ができる「アヲハタ ジャムデッキ」として生まれ変わった。ほかにも、アヲハタの歴史や取り組みを紹介するコーナーなども設置。おいしいジャムの秘密に迫ろう!

パパ・ママの声

「ジャムづくり体験」では、イチゴやブルーベリー、オレンジマーマレードのうち1種を選んでつくることができますよ。時期ごとに異なるかわいい印刷ビンに詰めて持ち帰ることができます。

☎ 0846-26-1550　おでかけMAP P178-C3

住広島県竹原市忠海中町1-2-43　営工場見学コース 9:30～10:30、13:00～15:00　ジャムづくり体験&工場見学コース 9:30～、13:30～　休日・月曜、祝日ほか　料工場見学コースは大人無料、子ども無料、幼児無料、ジャムづくり体験は1セット800円　P7台　交JR呉線忠海駅より徒歩5分

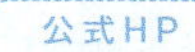

青空にとけこむような、爽やかなスカイブルーの建物が目印

商品
ジャムデッキ限定販売の旗道園ジャムは各500円

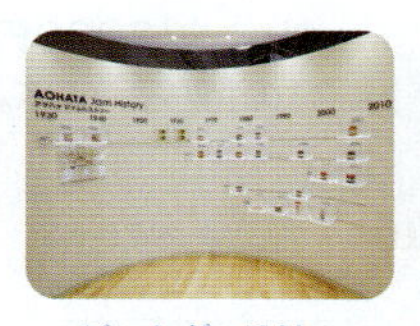

ジャムギャラリー
創業以来からのアヲハタ商品が並ぶ

ジャムショップ
ここでしか買えないジャムもあるので必見だ

1日2回開催される「ジャムづくり体験」では、実際に工場で使われている原料をつかってジャムづくりが体験できる

包装工程ではジャムにラベルを貼り、箱詰めしていく

ガラス越しに、ジャムが作られる様子を見学

東広島市

クーポンあり

[しいちゃんのもり]

しいちゃんの森

かわいい看板が目印

森の中で楽しむ しいたけ狩り

所要時間 半日

自然豊かな安芸津の「ほら山」一帯に造られた農園。しいたけ狩りのほかハイキングや清流での水遊びも体験できる。園内のレストランでは、収穫されたしいたけを使った日替わり定食や、バーベキューが楽しめる。日帰りのデイキャンプ2000円(予約制)は、食材の持ち込みOK。

パパ・ママの声

大自然の中で都会の暮らしでは味わえない体験ができるのが楽しい。遊びに夢中の子どもを見ながら、大人もゆっくり過ごせます。シャワートイレやシャワールームが完備されているのも嬉しいですね。

しいたけ狩りは一年中楽しめる。採った後はバーベキューコーナーで採りたての味を楽しもう

ヤマメ釣り(要予約)
簡単に釣れるので、小さな子どもも楽しめる

ドッグラン
犬の足に優しいウッドチップが敷かれている

バーベキュー(要予約)
器具はレンタルできるので手ぶらで楽しめる

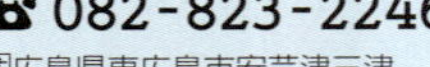

☎ 082-823-2246　おでかけMAP P178-B3
住広島県東広島市安芸津三津
営10:00〜17:00　休月〜金曜、12月1日〜3月20日
料大人無料、子ども無料、幼児無料※しいたけ狩り、バーベキュー施設の利用などの体験は別途有料　P20台
交山陽自動車道西条ICより約40分

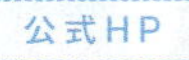

尾道市

[やゆうじんくらぶ]

野遊人倶楽部

滅多に見れない海上の景色は最高

シーカヤックで 無人島まで行こう

所要時間 120分

シーカヤックでしまなみ海道を望みつつ海上散歩を楽しもう。安定感のあるカヤックと装備一式が用意され、乗り方も教えてくれるので初心者も安心。ぬれてもいい服を着て、着替えとタオル、帽子、ぬれてもいい靴(足指が出ないもの)を持参。アウトドアクッキングではたき火料理が体験できる。

パパ・ママの声

気軽にたっぷりシーカヤックが体験できてお得。美しい島々をめざしてこいでいき、島周辺の探索をして冒険気分が味わえます。たき火料理ではアウトドアの楽しみ方を伝授してもらえました。

☎ 0848-24-1830　おでかけMAP P178-C3
住広島県尾道市向島町(シーカヤック体験場所)干汐海岸(砂浜)中心　営予約制　休予約制
料大人シーカヤック5000円(高校生以上)、子どもシーカヤック4000円(小·中学生)、幼児体験不可
Pなし　交西瀬戸自動車道向島ICから約10分

廿日市市

[はつかいちしもくざいりようせんたー]

廿日市市木材利用センター

所要時間 120分

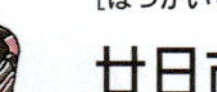

おでかけMAP P177-G3

けん玉発祥の地である廿日市市。けん玉だけではなく木工体験なども楽しめる。5月下旬頃には、木工まつりを開催。

☎ 0829-32-2393
住広島県廿日市市木材港北5-95
営9:30〜16:30　休月曜、祝日
料無料(一部体験メニュー有料)　P15台
交広島岩国道路廿日市ICから約5分、またはJR、広島電鉄廿日市駅から徒歩20分

広島市

[ひろしましせいぶりさいくるぷらざ]

広島市西部リサイクルプラザ

所要時間 120分

おでかけMAP P177-G3

ごみ減量とリサイクル推進の拠点として1997年4月に整備されたリサイクル施設。再生自転車の販売も行われている。

☎ 082-501-2600
住広島県広島市西区商工センター7-7-2
営9:00〜17:00(入館は〜16:30)　休木曜、祝日の翌日(土·日曜の場合は月曜休み)、8/6
料大人無料、子ども無料、幼児無料　P70台
交山陽自動車道五日市ICから約10分

安芸郡

[まつだみゅーじあむ]

マツダミュージアム

広島が世界に誇る
マツダの歴史と未来

所要時間 90分

マツダの歴史や開発した車を紹介

生産工程やヒストリックカーを見学できるなど、マツダ車の魅力をあますことなく体感できるミュージアム。マツダブランドが提示する「Zoom-Zoom」は、子どもの時に感じた"動くことへの感動"を表現している。子どもはもちろんのこと、大人もワクワクさせる、まさに車のテーマパーク!

パパ・ママの声

第59回のル・マン24時間耐久レースで優勝した「マツダ787B」など、ここでしか見られない車に出合えます。エンジンの動きが一目で分かる展示など子どもでも分かりやすく、親子で楽しめます。

生産工場とミュージアムが併設しているのは、国内メーカーでマツダだけ

ミュージアムショップ
エントランスの一角でオリジナルグッズなどを販売

RE展示
歴代のRE(ロータリーエンジン)を展示している

歴史展示
1935年のTCS型三輪トラックなどを紹介

マツダ(株)提供

☎ 082-252-5050 おでかけMAP P177-G3

住 広島県安芸郡府中町新地3-1 マツダ本社内
営13:30～(個人の場合) ※団体の場合はWeb予約システムで要確認 休土・日曜、GW
料大人無料、子ども無料、幼児無料 Pなし 交JR向洋駅から徒歩5分 ※見学受付方法/電話、HPで要予約

公式HP

東広島市

[かぶしきがいしゃ さたけ]

株式会社 サタケ

精米加工などの
最先端技術が集結

所要時間 90分

世界の約250種の穀物を展示

世界トップの食品加工機総合メーカー。精米機をはじめ、選別機や製粉など幅広い分野で活躍している。見学では、世界の米や穀物のサンプル、製品ショールーム、精米機の歴史展示、ヤシ園などを見ることができる。さらに小・中学生が対象の食育プログラム「お米の学校」も開催している。

パパ・ママの声

受付で「マジックライス」などの非常食やパックごはんの販売や、近隣に直営のおむすび店もあります。2代目社長が研究した世界各国のヤシのコレクションが育つヤシ園も見ごたえ十分です。

☎ 082-420-8501 おでかけMAP P178-B2

住広島県東広島市西条西本町2-30
営9:00～17:00 休土・日曜、祝日
料大人無料、子ども無料、幼児無料
P5台 交山陽自動車道西条ICから約15分、またはJR西条駅から徒歩15分

公式HP

広島市

[ふくとめはむかぶしきがいしゃ ひろしまこうじょう]

福留ハム株式会社 広島工場

ウインナーなど
できたてを試食

所要時間 120分

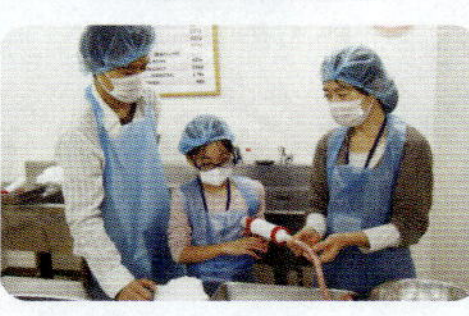

70cmのウインナーができ上がる

1919年創業。桜の花の形をした「花ソーセージ」が有名な福留ハムは、DLG国際食品品質コンテストでも2005年から連続で金メダルを受賞。そんなおいしいものを作り続ける秘密を垣間見ることができるのが、工場見学と手造りウインナー体験教室。作りたてを試食できるのがうれしい。

パパ・ママの声

手造りウインナー体験教室では、約70cmのウインナーを作ることができます。手造りウインナーや焼き豚などの試食もあります。工場見学・体験教室ともに1週間前までの要予約なので注意して下さい。

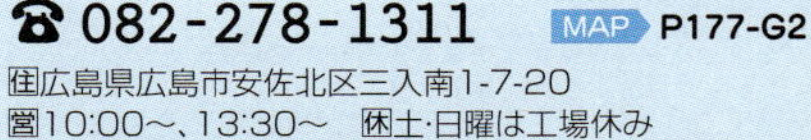

☎ 082-278-1311 おでかけMAP P177-G2

住広島県広島市安佐北区三入南1-7-20
営10:00～、13:30～ 休土・日曜は工場休み
料大人無料、子ども無料、幼児無料 ※体験教室は有料
P9台
交山陽自動車道広島ICから約20分

公式HP

広島

広島市

［おたふくそーすかぶしきがいしゃ うっどえっぐおこのみやきかん］

オタフクソース株式会社 Wood Egg お好み焼館

まずは記念撮影からスタート

見学から体験まで お好み焼三昧

所要時間 90分

広島の食文化の1つ、お好み焼に欠かせない「お好みソース」ができるまでの流れのほか、お好み焼の歴史や文化まで学ぶことができる複合施設。予約すれば、近隣のオタフクソース本社工場の見学も楽しめる。また、お好み焼の体験教室も実施しているので、おいしい広島お好み焼を作ってみよう。

パパ・ママの声

お好み焼教室では、先生が目の前で手順を教えてくれるので安心してチャレンジできます。お好みソースに欠かせない果実"デーツ"の実やヘラなどを併設のショップで購入することもできます。

☎ 082-277-7116　おでかけMAP P177-G3

住広島県広島市西区商工センター7-4-5
営9:00～17:00　休土・日曜、祝日
料見学は無料、教室は有料（要予約・幼児要問い合わせ）
P要予約　交広島高速3号線（広島南道路）商工センター出口から約5分または、広島電鉄井口駅から徒歩10分

公式HP

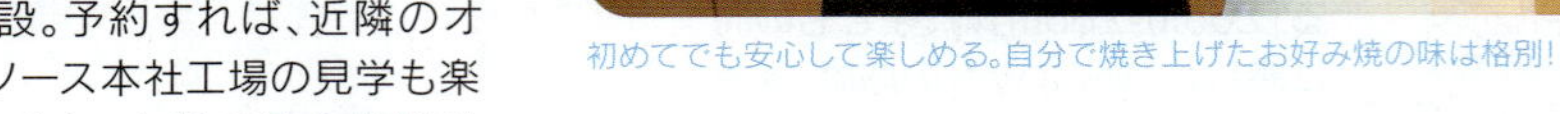
初めてでも安心して楽しめる。自分で焼き上げたお好み焼の味は格別!

おこのミュージアム
広島お好み焼の歴史と文化をダイナミックに展示

お好み焼教室
本格的な広島お好み焼作りが体験できる

オタフクソース本社工場
ガラス越しに充填ラインを見学。速さに驚き

包装工程を経たソースは箱詰めにされた後、キリンやゾウ、ゴリラが描かれたロボットたちによって積み上げられる

ミュージアムではお好み焼の歴史やソースの材料を紹介

ソースは、辛口な味や広島限定などたくさんの種類がある

広島市

［にしきどうほんてん］

にしき堂本店

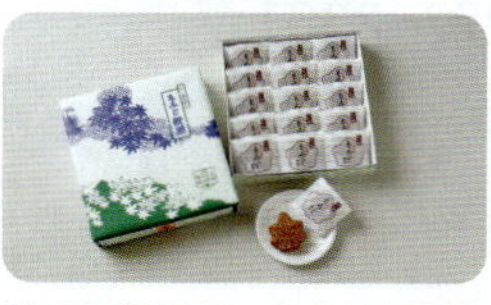

「もみじ饅頭（15コ入り）」1390円

もみじまんじゅうの製造工程を見学

所要時間 90分

広島の代表銘菓・もみじ饅頭をはじめ、さまざまな和菓子の製造工程を見学できる。見学時には、食品衛生の実地体験と解説も行われ、広島県食品自主衛生管理認定工場ならではの、安全な食に関する徹底したこだわりを体感。また、焼きたてのもみじ饅頭の試食もお楽しみに。

パパ・ママの声
見学は午前のみなので早めの予約がおすすめです。試食もできますよ。もみじ饅頭はあんだけでなく、チーズや抹茶など変り種がそろっているので、いろいろな味を食べ比べてみよう。

☎082-262-3131　おでかけMAP P177-G3
住広島県広島市東区光町1-13-23
営8:00～20:00　休なし
料大人無料、子ども無料、幼児無料　P5台
交山陽自動車道広島東ICから約15分、またはJR広島駅新幹線口から徒歩3分

公式HP

広島市

［どくりつぎょうせいほうじん ぞうへいきょくひろしましきょく］

独立行政法人 造幣局広島支局

貨幣の製造工程の見学（予約制）

貨幣ができる工程を見学しよう

所要時間 90分

国内唯一の貨幣一貫工場。貨幣の材料となる銅やニッケルなどの金属を溶かす最初の工程から、コインの模様をプレスする最後の工程までを、ガイドの分かりやすい説明を聞きながら見学できる。造幣局製品の販売所もあり、貨幣工場ならではの貨幣セットやブックマーカーなどの土産が人気だ。

パパ・ママの声
展示室には珍しい貨幣など約1000点が展示されています。また体験コーナーでは貨幣袋の重さ体験ができます。春は期間限定で公開される「花のまわりみち」と呼ばれる美しい桜並木が人気。

☎082-922-1597　おでかけMAP P177-G3
住広島県広島市佐伯区五日市中央6-3-1　営9:30～16:00（展示室および販売所）　休土・日曜、祝日　料大人無料、子ども無料、幼児無料　P4台　交山陽自動車道五日市ICまたは廿日市ICから約15分、または佐伯区民文化センター前バス停から徒歩10分

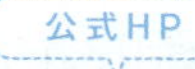

尾道市

［まんだはっこうかぶしきがいしゃ］

万田発酵株式会社

スタッフが丁寧に案内してくれる

発酵の力にびっくり 野菜や果物の試食も

所要時間 60分

「万田酵素」の発酵熟成樽を実際に見ることができる工場見学のほか、「万田酵素」の試食はもちろん、「植物用万田酵素」で育った旬の農作物を試食できるのもうれしい。※収穫時期により異なる。健康に関心のある人、お花・野菜づくりに興味のある人はぜひ目で見て肌で感じてみよう。

パパ・ママの声
試験農場に育つ巨大植物が見もの。夏は5mを超えるヒマワリ、冬は重さ30kgのジャンボ大根などが登場。植物用万田酵素のおかげで味もよくなるらしく、植物の可能性を体感できました。

☎0120-85-1589　おでかけMAP P178-C3
住広島県尾道市因島重井町5800-95　営見学8:45～17:00（要予約）　休なし　料大人無料、子ども無料、幼児無料　P13台　交西瀬戸自動車道因島北ICから約10分、またはJR三原駅から徒歩10分の中央桟橋から高速船で15分、重井西港で下船後、車で約3分

公式HP

三次市

［ひろしまみよしわいなりー］

広島三次ワイナリー

赤ワイン色の屋根が目印の建物

豊かな自然の恵み ワインや料理を堪能

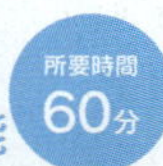

清らかな水に恵まれた土地でつくられるワインは県内外で人気が高い。ここではワインはもちろんのこと県北地域の物産や銘菓がそろい、ワイン物産館には無料の試飲コーナーもある。また、バーベキューガーデンやカフェヴァインでは地元の野菜を使った料理がワインとともに楽しめる。

パパ・ママの声
ガラス越しにワインの製造ラインが見学できます。三次市内で栽培されたブドウ100％で造る「TOMOEワイン」が美味。ピオーネソフトクリームもピオーネの味がしっかりあり、子どもが喜びます。

☎0824-64-0200　おでかけMAP P178-B1
住広島県三次市東酒屋町10445-3　営ワイン物産館9:30～18:00、バーベキューガーデン11:00～18:00（LO17:30）、カフェヴァイン8:00～17:00（LO16:30）
休1～3月の第2水曜　料大人無料、子ども無料、幼児無料
P100台　交中国自動車道三次ICから約3分

広島市

［えぬえいちけいひろしまほうそうきょく］

NHK広島放送局

アナウンサー体験が可能

放送の仕組みを楽しみながら学ぼう

所要時間 60分

NHK広島放送局のハートプラザには無料の見学コースがある。子どもから大人までがテレビ放送の仕組みや番組ができるまでを楽しく学べる。おすすめはアナウンサーやお天気キャスターを体験できる「バーチャルスタジオ」や過去に放送した番組を視聴できる「番組公開ライブラリー」。

パパ・ママの声

3Fの番組公開ライブラリーではNHKが過去に放送した番組を無料で観ることができます。1万本以上の作品があり、アニメやドキュメンタリーなどがあるので老若男女幅広い人が楽しめます。

☎ 082-504-5111 おでかけMAP P177-G3

住広島県広島市中区大手町2-11-10
営9:30～18:00（土・日曜、祝日は～17:30）
休なし
料大人無料、子ども無料、幼児無料 Pなし
交広島電鉄袋町電停から徒歩3分

公式HP

福山市

［えふぴこ ふくやまりさいくるこうじょう］

エフピコ 福山リサイクル工場

所要時間 90分

おでかけMAP P178-D2

簡易食品容器（食品トレー）のトップメーカー。工場では、「エコトレー」の原料となるペレットに再生する工程が見学できる。

☎ 084-957-2301

住広島県福山市箕沖町127-2
営9:00～16:00
休土・日曜、祝日
料入場無料
P10台
交山陽自動車道福山東ICから約20分

福山市

［へいせいいろはまる］

平成いろは丸

所要時間 5分

おでかけMAP P178-D3

坂本龍馬率いる海援隊が乗り込んだ蒸気船「いろは丸」を模した「平成いろは丸」。黒い船体と3本のマストが特徴。

☎ 084-982-2115（市営渡船場）

住広島県福山市鞆町623-5 営7:10～21:30
休なし（悪天候の場合欠航あり） 料大人240円、子ども120円（小学生）、幼児は大人1人につき1人無料、2人目から子ども料金 P35台（8:00～17:00·100円/30分、17時～翌8時·100円/60分） 交山陽自動車道福山西ICまたは福山東ICから約40分

広島市

［ひろしまかんこうるーぷばす「ひろしま めいぷる～ぷ」］

ひろしま観光ループバス「ひろしま めいぷる～ぷ」

モミジのマークと色の車体が目印

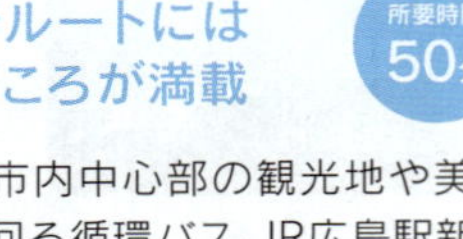

運行ルートには見どころが満載

所要時間 50分

広島市内中心部の観光地や美術館を回る循環バス。JR広島駅新幹線口を起終点としたルートは3つ。オレンジルートは広島城と3つの美術館を経由。レモンルートは広島城と2つの美術館を、グリーンルートは並木通り・本通経由で世界遺産「原爆ドーム」と平和公園を経由する。

パパ・ママの声

広島市内に泊まるなら、めいぷる～ぷ1日乗車券に観光施設の割引などが受けられる優待券が付いた「広島おもてなしパス」がお得なのでおすすめです。ホテル・旅館の窓口で購入できますよ。

☎ 0570-010-666（年中無休） おでかけMAP P177-G3

住広島県広島市内
営JR広島駅新幹線口乗り場9:00発～最終便17:45発
料大人200円、子ども100円（小学生）、幼児100円（大人1人に付き1人無料） Pなし 交JR広島駅新幹線口から徒歩2分（JR広島駅新幹線口乗り場）

公式HP

広島市

［にかいだておーぷんばす「めいぷるすかい」］

二階建てオープンバス「めいぷるスカイ」

高さ3.5mから見る景色を楽しんで

オープンバスで広島クルージング!

所要時間 90分

広島市内を観光できる2階建てのオープンバス。「ドライブ車窓コース」では主に広島城、原爆ドーム、平和記念公園を車窓観光し、途中、風光明媚な瀬戸内海の景色も楽しめる。ほか2コースを運行。2階建て特有の目線の高さと屋根のないダイナミックな開放感をおもいっきり堪能しよう。

パパ・ママの声

心地よい風を感じながら広島市内観光ができます。いつもよりも高い車窓から見る景色に子どもも大喜び！ 冬の夜運行している「ひろしまドリミネーション車窓コース」もおすすめです。

☎ 0570-666-012（9:30～18:00） おでかけMAP P177-G3

住広島駅新幹線口 営土～日曜および祝日、GW、夏休みなど（時間はコースにより異なる、要問い合わせ）
休月～金曜 料大人2000円（12歳以上）、子ども1000円（4～11歳）、3歳以下乗車不可
交JR広島駅から徒歩2分

公式HP

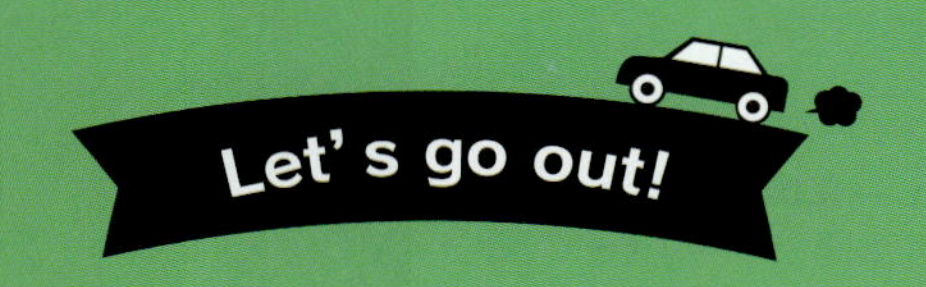

山口県
YAMAGUCHI

岩国市

［ちていおうこく みかわむーばれー］

地底王国 美川ムーバレー

水面に映る光が幻想的な"神秘の湖"

パパ・ママの声

謎解きの内容は毎年変わるので、何度行っても新鮮なところが好きです。オリジナルキャラクターが家族の設定になっていて、とてもかわいらしくてなごみます。家族で、一日中楽しめます。

家族で探検できる鉱山跡テーマパーク

所要時間 120分

全国でも珍しい鉱山跡をステージにした地底空間テーマパーク。メーンアトラクションは全長約1kmの地底空間を、謎解きをしながら巡る探索。石像や神殿、地底湖など次々と現れる異次元空間にワクワク、ドキドキさせられる。家族で力を合わせて、謎を解き明かせば、見事ミッションクリアだ！

☎ 0827-77-0111　おでかけ MAP P177-E3

住山口県岩国市美川町根笠1564-1　営9:30〜18:00(入館は〜17:00)　休水曜(GW、春・夏・冬休み期間はなし)　料大人1500円(中学生以上)、子ども950円(4歳〜小学生)、幼児無料　P270台　交山陽自動車道岩国ICから約35分

公式HP

王国のいたる所に刻まれた謎の文字。謎を解く鍵の可能性も!?

天然石掘り体験

専用ケースにつめ放題！20分700円で楽しめる

ピラミッド型のカレー

「レストランムー」にあるピラミッドカレー700円

ムーのお宝クッキー

1箱(20枚入り)648円 かわいいキャラが目印

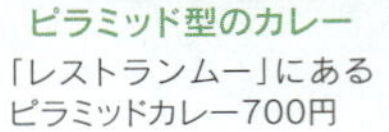

急な坂道を登るといよいよ冒険のスタート！　洞窟内は年間を通じて16〜17℃前後なので、真夏でもひんやりと涼しい

専用の皿で砂金採り。制限時間20分で金が見つかるかな

静かな洞窟内に、ごう音を響かせる"地底の滝"を発見

下関市

[はい!からっとよこちょう]

はい!からっと横丁

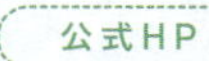

クーポンあり

ファミリー・バナナ・コースター

パパ・ママの声
大観覧車のゴンドラのうち、4台はシースルータイプ。床も透明で、真下の景色を楽しみたい人、ちょっとだけスリルを味わいたい人におすすめ。海洋生物がモチーフのSEAゴーランドも面白いです。

関門海峡を望むテーマパーク

所要時間 半日

下関市立しものせき水族館「海響館」に隣接する遊園地。海がテーマのアトラクションや小さな子どもでも楽しめるジェットコースター、回転ブランコなど12種の楽しい遊具のほか、子どもに人気のあるからあげ店もあり、家族で楽しめる。イチオシは関門海峡の美しい景色が一望できる大観覧車!

約60mの高さから関門海峡を見下ろせる大観覧車

☎083-229-2300
おでかけMAP P176-B4
住山口県下関市あるかぽーと1-40
営11:00～18:00(観覧車は～21:00)、土・日曜、祝日、夏休み10:00～21:00 ※季節により異なる 休水曜
料大人無料、子ども無料、幼児無料(アトラクション別途有料) Pなし 交中国自動車道下関ICから約15分

公式HP

ダウンタウン
縁日のように楽しむことができるエリア

カード迷路「ぐるり森大冒険」
謎解きをしながら、ゴールをめざす巨大な迷路

SEAゴーランド
海洋生物をモチーフにしたメリーゴーラウンド

6人乗りのゴンドラ36台のうち、シースルータイプが4台。夜にはライトアップもあり、昼夜ともに景観を楽しめる

海賊船をイメージした絶叫マシン「ロッキングタグ」

海がテーマのシューティングライド「バトル　オブ　アビス」

山口

[しものせきしりつしものせきすいぞくかん かいきょうかん]

下関市立しものせき水族館
海響館

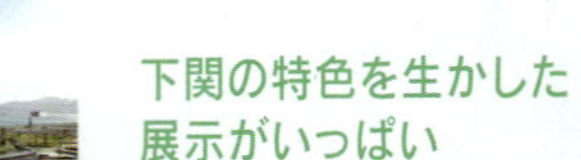

下関の特色を生かした展示がいっぱい

屋根はクジラやイルカをイメージ

パパ・ママの声
ペンギン村の温帯ゾーンでは、1日2回フンボルトペンギンの給餌解説があります。エサやりをしたり、触れ合ったりとペンギンと親しめるイベントも。人数制限があるので要注意!(当日受付・先着順)

関門海峡をイメージした水槽や、世界中のフグの仲間常時100種以上の展示など、約550種5万5000点の生き物が観察できる。国内最大級のペンギン展示施設「ペンギン村」では、5種約140羽が暮らしている。ペンギンプールを水中トンネルから見上げれば、まるで空を飛ぶ鳥のよう。

☎083-228-1100　おでかけMAP P176-B4
住山口県下関市あるかぽーと6-1
営9:30～17:30(最終入館は～17:00)　休なし
料大人2000円(高校生以上)、子ども900円(小・中学生)、幼児400円(3歳以上)　Pなし(近隣の有料駐車場)
交中国自動車道下関ICから約15分

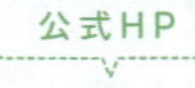

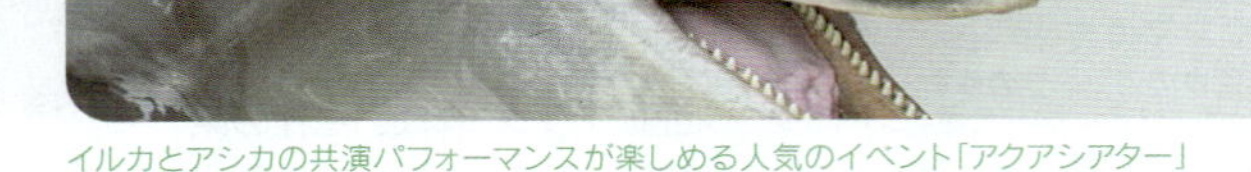

イルカとアシカの共演パフォーマンスが楽しめる人気のイベント「アクアシアター」

トラフグ
フグの仲間たちがそろうフロアは子どもに人気

ペンギンタッチ
フンボルトペンギンと触れ合うことができる

スナメリのプレイングタイム
天使の輪"バブルリング"を披露してくれる

頭の上をイワシの群れがグルグル。関門海峡潮流水槽は、波が打ち寄せる様子がリアルに再現されている

水槽の中からダイバーが海や魚の不思議について紹介

ペンギングッズなどオリジナルグッズがたくさん

美祢市

[あきよしだいしぜんどうぶつこうえんさふぁりらんど]

秋吉台自然動物公園サファリランド

自家用車やバスで動物観察しよう

車で園内をぐるり動物が間近に迫る

所要時間 120分

44haの敷地内に約60種600頭羽が飼育されているサファリランド。ゾウやクマなどが伸び伸びと暮らす「サファリゾーン」、小動物との触れ合いや、遊具で動物の生態が体感できるキッズサファリがある「動物ふれあい広場」からなる。エサやりバスでは、ライオンなどにエサやり体験ができる。

パパ・ママの声

動物のエサ200円を購入すれば、小動物やヤギに自由にエサやりができます。「わくわく探検カー」や「写真専用カー」は完全予約制なので、事前の予約を忘れずに。間近で見る動物たちは迫力満点。

☎08396-2-1000　おでかけMAP P176-C3

住山口県美祢市美東町赤1212　営9:30～17:00(10/1～3/31は～16:30) ※最終受付は閉園の45分前まで
休なし　料大人2400円(中学生以上)、2100円(65歳以上)、子ども1400円(4歳以上)、幼児無料(0～3歳)　P800台
交中国自動車道美祢東JCT経由で絵堂ICから約3分

公式HP

アフリカハゲコウのダイナミックフライト。翼を広げると2.5mある鳥が頭すれすれを飛行

ホワイトライオン
薄ベージュの立派なタテガミを揺らす「シャイン」

ハリネズミの小さな森
ハリネズミを手に乗せて触れ合うことができる

ホワイトタイガー
国内でも20頭しか飼育されていない、幻のトラだ

大島郡

[なぎさすいぞくかん]

なぎさ水族館

タッチングプールは子どもに人気!

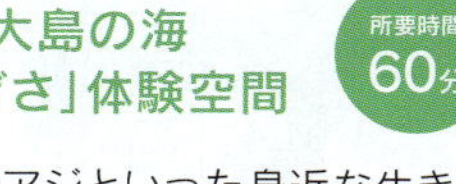

周防大島の海「なぎさ」体験空間

所要時間 60分

タイやアジといった身近な生き物のほか、美しいクラゲや輝くニホンアワサンゴなどここでしか観られない生き物などにも出合える。人気のタッチングプールではナマコやヤドカリ、サメなどに直接触れることができて楽しさ満点! 海の生き物を通じて海への関心や感謝の気持ちを深めよう。

パパ・ママの声

靴を脱いで海の生きものたちと触れ合える「タッチングプール」は、屋内型タッチングプールとしては国内最大級!ドチザメに触れる「鮫肌体験」もできます。サメ独特の質感はクセになるはず。

☎0820-75-1571　おでかけMAP P177-G4

住山口県大島郡周防大島町伊保田2211-3
営9:00～16:30　休なし
料大人210円(高校生以上)、子ども100円(小・中学生)、幼児無料　P100台
交山陽自動車道玖珂ICから約70分

公式HP

周南市

[しゅうなんしとくやまどうぶつえん]

周南市徳山動物園

ヤギの一本橋

動物と触れ合え、より身近に感じる動物園

所要時間 120分

天気や時間を気にすることなく、ウサギやモルモットなどと触れ合える動物園。シバヤギの展示場では、来園者の頭上の一本橋をすいすい渡り、ヤギの本来の動きを見ることができる。またユニフォームを着て、飼育員の仕事体験が楽しめるリアル感満載の「キッズキーパー(有料)」も人気。

パパ・ママの声

日曜、祝日にはレッサーパンダやマレーグマの食事を見学できる「ぱくぱくタイム」などイベントが開催されています。メンフクロウのアイちゃんが正門入口でお出迎えしてくれて、癒やされます。

☎0834-22-8640　おでかけMAP P177-E4

住山口県周南市徳山5846
営9:00～17:00(10/20～2月末は～16:30)
休火曜(祝日の場合は翌日)
料大人600円、小中高生300円、幼児無料
P410台　交山陽自動車道徳山東ICから約10分

公式HP

山口

動物 ミュージアム

山口市

［ふなかたのうじょう］

船方農場

広大な敷地で農業体験ができる

パパ・ママの声
6mの巨大ブランコ"ハイジのブランコ"や草地を走る"ワイバイク"(貸出無料)での爽快感は独り占めしたくなります。また、アユのつかみ取りの体験は子どもに人気です。(有料、要予約)

農業を直接 見て触れて感じる

所要時間 1日

38haの広大な敷地で、動物と触れ合える農場。農業の場を直接「見て、触れて、感じて」ほしいと、ソーセージ作りをはじめ、さまざまな体験教室を用意している。体験後は、新鮮な生乳で作った人気のソフトクリーム310円をぜひ味わって。さらに、園内のヤギやウサギとの触れ合いを楽しもう。

☎083-957-0808　おでかけMAP P176-D3
住山口県山口市阿東徳佐下1450-39
営10:00〜17:00
休なし(バーベキュー施設は火曜、祝日の場合営業)
料大人無料、子ども無料、幼児無料
P300台　交中国自動車道鹿野ICから約40分

公式HP

萩市

［むつみこんちゅうおうこく］

むつみ昆虫王国

所要時間 120分

おでかけMAP P176-D2

世界のめずらしいカブトムシやクワガタを展示。クワガタの館、かぶと虫ドームがあり、昆虫の森では昆虫採集も楽しめる。

☎08388-8-0064
住山口県萩市高佐下2750-202
営9:00〜17:00(7月第2土曜〜8月下旬予定)
休営業期間中はなし
料大人無料、子ども無料、幼児無料(かぶと虫ドームは3歳以上300円)
P150台　交中国自動車道鹿野ICから約60分

大島郡

［ふれあいどうぶつむら］

ふれ愛どうぶつ村

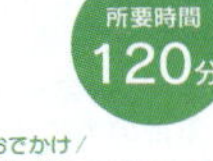

所要時間 120分

おでかけMAP P177-F4

タレント犬やブタ、エミュー、カメなどたくさんの動物が出迎えてくれる。ポニーの乗馬体験300円もおすすめだ。

☎0820-74-3474
住山口県大島郡周防大島町東三蒲93-1
営10:00〜16:00(6〜9月は〜17:00)
休火曜※牧場は土・日曜、祝日のみ営業
料大人500円(中学生以上)、子ども300円、幼児無料(3歳未満)
P50台　交山陽自動車道玖珂ICから約30分

美祢市

［あきよしだいかがくはくぶつかん］

秋吉台科学博物館

秋吉台関連の展示が豊富にそろう

パパ・ママの声
秋吉台に行く前に訪れると、秋吉台ができる成り立ちや歴史について知ることができるので、子どもの勉強にピッタリです。近くに秋芳洞や秋吉台があるので、一緒に行くのがおすすめです。

秋吉台の歴史が 学べる博物館

所要時間 20分

秋吉台の生きものや化石などを展示しているミュージアム。大昔に海で成長したサンゴ礁がこの地に運ばれてきたことがよくわかる資料のほか、秋吉台から出土した縄文、弥生、古墳時代の遺物なども多く展示される。ビデオの上映もあるので、歴史や地底世界について知識を深めることができる。

☎0837-62-0640　おでかけMAP P176-C3
住山口県美祢市秋芳町秋吉1237-938
営9:00〜17:00　休月曜
料大人無料、子ども無料、幼児無料
Pなし
交小郡萩道路秋吉台ICから約10分

公式HP

防府市

［ほうふしせいしょうねんかがくかんそらーる］

防府市青少年科学館ソラール

防府市役所横の銀色の建物

パパ・ママの声
西日本最大級の「六連装太陽望遠鏡」では、土・日曜、祝日の晴れた日にガイドツアーがあります。プロミネンスや黒点を観測できる高性能な望遠鏡で、子どもから大人まで楽しめること間違いなし。

科学の不思議を 遊びながら学ぼう

所要時間 120分

回廊展示室では、3.8mの円形スクリーンやモニターテレビで太陽に関する映像などを上映している。館内では、週末に「たのしい工作」や「サイエンスショー」を開催していて、幼児からでも参加可能。日曜には「ソラールの科学教室」と題し、自然観察教室なども行われていて子どもにも人気だ。

☎0835-26-5050

おでかけMAP P176-D4
住山口県防府市寿町6-41　営9:30〜17:00(入館は〜16:30)　休月曜(祝日の場合は翌平日)、ほか不定あり
料大人300円(高校生以上)、子ども200円(小・中学生)、幼児無料※企画展により変更あり　P70台　交山陽自動車道防府西ICまたは防府東ICから約15分

公式HP

岩国市

[いわくにしろへびのやかた]

岩国シロヘビの館

新施設でシロヘビ博士を目指そう

国の天然記念物を間近に見ることができる

所要時間 30分

岩国の白蛇にまつわる伝承や歴史を紹介している博物館。白蛇の生態が分かるパネルやゲームがあり、子どもから大人まで楽しめる。また施設内には白蛇の生体展示がされており、見どころ満載。お土産コーナーでは、開運アイテムや癒やされる白蛇クッションなどオリジナルグッズも購入できる。

パパ・ママの声

生まれたばかりのピンク色の白蛇の赤ちゃんに合うことができ、シロヘビを間近で観察することができます。シロヘビもの知りクイズ1～5級までのカードがゲットできるので、家族みんなで楽しめます。

金運・恋愛運がUPするという白蛇。シロヘビの館から車で10分の白蛇神社へも行こう

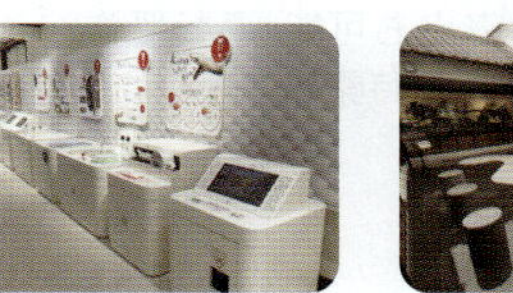

シロヘビの不思議
遊びながらシロヘビのことを学べるゲーム

中庭
中央の通路は、白蛇がモチーフになっている

しろへび万十400円
中はもっちりしたまんじゅう、目などは赤いようかん

☎ 0827-35-5303

おでかけMAP P177-F3

住山口県岩国市横山2-6-52
営9:00～17:00　休なし(保守点検等の臨時休館あり)
料大人(高校生以上)200円、子ども100円(小・中学生)、幼児無料　P40台
交山陽自動車道岩国ICから約10分

公式HP

萩市

[はぎ・めいりんがくしゃ]

萩・明倫学舎

天井裏見学室。昭和初期の技術を見学

文化や志を継承する萩の新たな観光起点

所要時間 120分

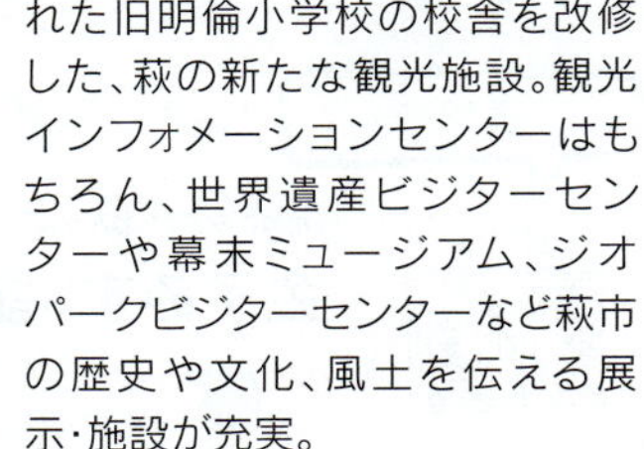

「萩藩校明倫館」の跡地に建設された旧明倫小学校の校舎を改修した、萩の新たな観光施設。観光インフォメーションセンターはもちろん、世界遺産ビジターセンターや幕末ミュージアム、ジオパークビジターセンターなど萩市の歴史や文化、風土を伝える展示・施設が充実。

パパ・ママの声

おじいちゃん・おばあちゃん世代の学び舎で萩の歴史や文化に触れることができ、子どもたちだけでなく、大人も十分に楽しめます。幕末の資料も豊富にそろい、「さすが吉田松陰ゆかりの地!」と感動します。

昭和10年に建設された旧明倫小学校の校舎を保存・活用

カフェ・レストラン萩暦
新鮮な萩の魚や地元の野菜を使った料理が魅力

復元教室
小学校として使われていた教室を忠実に復元

松下村塾セット
吉田松陰の松下村塾をアニメーションで再現

☎ 0838-21-0304

おでかけMAP P176-C3

住山口県萩市江向602番地　営9:00～17:00(レストラン萩暦①11:00～15:00②18:00～21:00②は要予約、カフェ萩暦11:00～17:00)　休なし　料本館:大人無料、子ども無料、幼児無料、2号館:大人300円、子ども200円(高校生)、100円(小・中学生)、幼児無料
P180台(310円／1回)　交小郡萩道路絵堂ICから約20分

公式HP

山口

萩市

[はぎはくぶつかん]

萩博物館

萩の町や歴史を解説する展示

世界遺産の城下町がもっと分かる!

萩の町全体を博物館と捉える「萩まちじゅう博物館」の中核施設。2015年に世界遺産に登録された萩城城下町の歴史や文化をはじめ、萩全域の自然についても知ることができる。そのほかに世界遺産の情報展示もあるので、萩を楽しく学ぶことも可能。高杉晋作の資料展示も常時開催する。

パパ・ママの声
ミュージアムショップでは、オリジナルグッズ、萩ゆかりの吉田松陰や高杉晋作に関する書籍を販売しています。県特産品の夏みかんを使ったお菓子も多くあるのでお土産の購入にぴったりです。

☎ 0838-25-6447　おでかけMAP P176-C3
住山口県萩市堀内355　営9:00～17:00(入館は～16:30)　休なし(年に1回臨時休館あり)　料大人510円、子ども310円(高校・大学生)、100円(小・中学生)、幼児無料　P93台(1日310円)　交中国自動車道美祢東JCT経由小郡萩道路絵堂ICから約25分

公式HP

下関市

[しものせきしりつこうこはくぶつかん]

下関市立考古博物館

クーポンあり

綾羅木郷遺跡貯蔵穴の復元展示

古代の世界をのぞき考古学博士気分

所要時間 60分

国指定史跡の綾羅木郷遺跡に隣接した考古博物館。館内には下関地域を中心とした弥生時代、古墳時代の貴重な考古資料を展示している。また、屋外は広大な遺跡公園になっていて古墳や竪穴住居が復元・整備され、中に入れるようになっているため、当時の生活の様子を知ることができる。

パパ・ママの声
地下1階の体験コーナーには、クイズ方式で学習できるゲームやセラミック製のかめとつぼの破片を接合して、弥生土器を復元する土器ジグソーパズルなど、ここだけの遊びが満載です。

☎ 083-254-3061　おでかけMAP P176-B4
住山口県下関市大字綾羅木字岡454
営9:30～17:00(入館は～16:30)
休月曜(祝日の場合は開館)
料大人無料、子ども無料、幼児無料
P87台　交中国自動車道下関ICから約20分

下関市

[どいがはまいせき・じんるいがくみゅーじあむ]

土井ヶ浜遺跡・人類学ミュージアム

クーポンあり

遺跡を復元した土井ヶ浜ドーム

古代に思いをはせ日本人の起源を探る

弥生人骨が300体以上発掘された土井ヶ浜遺跡では、併設した人類学ミュージアムで人骨とともに出土した装身具や土器を展示している。また弥生シアターでは、船の船尾を模した観客席で3D映像「よみがえる弥生人」が鑑賞できる。土井ヶ浜遺跡の謎や、日本人のルーツについて学ぼう。

パパ・ママの声
館内では自分の骨が縄文人と弥生人のどちらに近いかを判定する「あなたは縄文人?弥生人?」や弥生時代をクイズ形式で紹介するQ&Aコーナーなど楽しみながら学べる施設が充実しています。

☎ 083-788-1841　おでかけMAP P176-B3
住山口県下関市豊北町神田上891-8
営9:00～17:00　休月曜(祝日の場合は翌平日)
料大人200円、大学生・専門学生100円、高校生以下無料
P100台
交中国自動車道美祢ICから約50分

公式HP

山口市

[やまぐちじょうほうげいじゅつせんたー[わいかむ]]

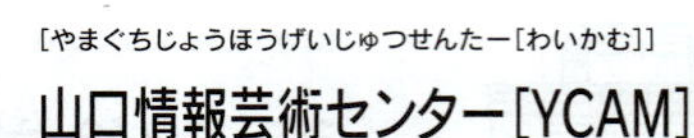

おでかけMAP P176-D3

国内唯一の情報芸術の創造・発信拠点として、メディアアート作品の展示、公演、ワークショップなどのイベントを開催。

☎ 083-901-2222
住山口県山口市中園町7-7
営10:00～20:00(イベント時は～22:00)
休火曜(祝日の場合は翌日)
料大人無料、子ども無料、幼児無料
P157台
交山陽自動車道防府東ICから約30分

長門市

[かねこみすずきねんかん]

金子みすゞ記念館

クーポンあり

おでかけMAP P176-C3

長門市出身、童謡詩人「金子みすゞ」に関する品を展示。みすゞギャラリーでは、みすゞの詩の世界を音と光で体感できる。

☎ 0837-26-5155
住山口県長門市仙崎1308
営9:00～17:00(入場は～16:30)　休なし
料大人350円、子ども150円(小・中・高校生)、幼児無料
P10台
交中国自動車道美祢ICから約45分

周南市

［えいげんざんこうえん］

永源山公園

夏には水遊びができる噴水がある

国内最大級の本格風車がシンボル

所要時間 120分

散策道や広場、ロング滑り台などの遊具が整備された総合公園で、国内最大級の本格的なオランダ風車がシンボル。この「ゆめ風車」の1・2階は開放され、オランダにまつわる資料などを展示する。園内には、周南市郷土美術資料館・尾崎正章記念館があり、貴重な作品が収蔵されている。

パパ・ママの声
ゆめ風車がある丘からは町並みや瀬戸内海が一望でき、絶景が楽しめます！ また園内には青木健作文学碑や古墳などがあり、文化や歴史も感じることができ、遊びだけでなく、学習にもつながります。

永源山公園の西側山頂にある高さ24mもあるゆめ風車。夜にはライトアップされる

古墳
5世紀ごろの石棺が残っていた北3号古墳

周南市郷土美術資料館・尾崎正章記念館
周南市出身の画家・尾崎正章らの作品が並ぶ

ゆめ風車
2階展示室には、オランダの文化が分かる展示物が

☎ 0834-63-7899 おでかけMAP P177-E4
住 山口県周南市大字富田2355-2
営 24時間　休 なし
料 大人無料、子ども無料、幼児無料
P 260台
交 山陽自動車道徳山西ICから約20分

公式HP

周南市

［しゅうなんふれんどぱーく］

周南フレンドパーク

40mのローラー滑り台がある

大型複合遊具が子どもたちに人気

所要時間 半日

周南緑地公園の野球場の北側の6000㎡の広大な敷地にあり、小さな子どもから年配者までが楽しめるよう設計された施設。年齢・目的別に3つのゾーンに分けられている。児童用大型複合遊具は6～12歳、幼児用遊具は3～6歳、多目的広場は年齢を問わず家族で楽しめる空間となっている。

パパ・ママの声
シンボルタワーの周りには、ハンドル回し、ツイストなどの健康遊具があり子どもたちも大満足です。遊び方が書かれた看板が設置されています。ケガをしないように、しっかり確認をして遊びましょう。

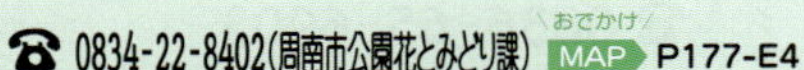
☎ 0834-22-8402（周南市公園花とみどり課） おでかけMAP P177-E4
住 山口県周南市徳山405-1
営 24時間（一部遊具は夜間使用禁止）　休 なし
料 大人無料、子ども無料、幼児無料
P 100台
交 山陽自動車道徳山東ICから約5分

大島郡

クーポンあり

［ぐりーんすていながうら］

グリーンステイながうら

夏にはフラが行われ一層にぎわう

スポーツリゾートはカウアイ島がモデル

所要時間 半日

周防大島の姉妹都市・ハワイ州カウアイ島をイメージした宿泊滞在型スポーツ施設。無料で遊べるこども広場のほかに、マウンテンバイクコース510円やローラースケート場200円、芝広場（無料）など充実したスポーツ施設が人気。潮風呂やログハウスも完備されており、リゾート気分満点だ。

パパ・ママの声
周防大島の郷土料理や施設に合ったロコモコ丼などのハワイアンメニューがおすすめです。オープンテラスのレストランで、のんびりと食事が楽しめます。セットメニューもあり、充実してます。

☎ 0820-79-0021 おでかけMAP P177-F4
住 山口県大島郡周防大島町椋野1144-1
営 9:00～21:00（施設により異なる）
休 火曜（祝日の場合は営業、翌日休み）
料 大人無料、子ども無料、幼児無料
P 78台　交 山陽自動車道玖珂ICから約40分

公式HP

山口

玖珂郡

[はちがみねそうごうこうえん]

蜂ヶ峯総合公園

冒険の森アスレチックが人気

パパ・ママの声

180種4000株のバラが咲くバラ園は山口県最大級の規模。5月中旬～6月上旬が一番の見ごろです。秋は10月中旬から色の濃いバラを咲かせるので、春から秋にかけて家族で楽しめます。

子どもが喜ぶ仕掛けが満載

743mを走るミニSLや、瀬戸内海を一望できる観覧車などに加え、29のアスレチックポイント、恐竜の森など、子どもたちが喜ぶ仕掛けが満載。自衛隊機B-65の展示もあり、直接触ることができる。テニスコートなど、スポーツを楽しみたい人も満足できる設備も。売店は土・日曜、祝日のみ利用可能。

63人乗りのやまびこ号で緑の丘を駆け抜ければ爽快な気分になれて、子どもたちも大満足!

恐竜の森
鳴き声をあげる恐竜は迫力があって子どもに人気

バラ園
色とりどりのバラが咲き誇り、美しさに魅了される

ローラー滑り台
全長255mの滑り台。風をきる爽快感がたまらない

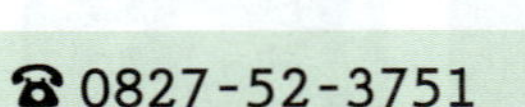

☎ 0827-52-3751

おでかけMAP P177-F3

住山口県玖珂郡和木町瀬田字紺屋作260-1　営9:00～19:00(5/1～8/31)、9:00～17:00(9/1～4/30)
休なし　料入園料無料
P400台　交山陽自動車道岩国IC、または大竹ICから約20分、またはJR和木駅から車で約10分

柳井市

[やないうぇるねすぱーく]

柳井ウェルネスパーク

チューブスライダーがメーン遊具

パパ・ママの声

健康広場では、ウォーキングコースや気軽に利用できる健康遊具、大型遊具があります。無料の人工芝スキー場をソリに乗って滑れば、子どもたちも大喜び。家族で思い切り体を動かせておすすめですよ。

充実の施設で気軽に運動しよう

芝生広場や修景池などが整備され、豊かな自然に囲まれた市民の憩いの場。テニスコートや多目的広場、大型遊具、温水プール・温浴施設がある「アクアヒルやない」など、手軽に運動ができるスポーツの交流拠点としても人気。木々に囲まれた中で、芝スキーができる斜面も整備されている。

☎ 0820-24-0025

おでかけMAP P177-F4

住山口県柳井市新庄1326-1　営テニスコート、多目的広場8:30～21:30、温水利用型健康運動施設10:00～21:00(いずれの施設も日曜・祝日は～18:00)　休月曜(祝日の場合は翌日、テニスコートはなし)　料大人無料、子ども無料、幼児無料(一部有料施設あり)　P300台　交山陽自動車道玖珂ICから約20分

公式HP

下関市

[つのしまとうだい]

角島灯台

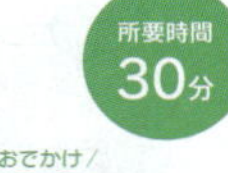

おでかけMAP P176-A3

105段のらせん階段を上った展望台から大パノラマを望む。日本海側最初の石造り灯台で、日本の灯台50選にも選出。

☎ 083-786-0108

住山口県下関市豊北町角島2343-2
営9:30～16:30(10～4月は9:00～16:00)
休なし※荒天時は要問い合わせ　料大人200円(中学生以上)、小学生以下無料
P100台(1日300円)　交中国自動車道美祢ICから約70分

山口市

[やまぐちきららはくきねんこうえん]

山口きらら博記念公園

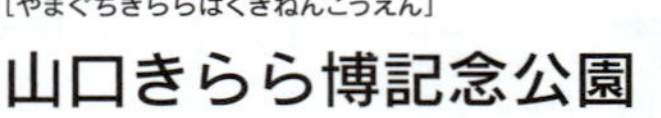

おでかけMAP P176-C4

スポーツやレクリエーションを通し交流や健康づくりができる公園。起伏がある地形を生かしたトリムの広場が人気。

☎ 0836-65-6903

住山口県山口市阿知須509-50
営9:00～22:00　休多目的ドームなどの有料施設は点検などによる休館日があるので要問い合わせ　料大人無料、子ども無料、幼児無料
P900台
交山陽自動車道山口南ICから約20分

宇部市

［ときわこうえん］

ときわ公園

自然に近い姿で観察できる

緑あふれる自然の中で おもいっきり遊ぶ

所要時間 1日

常盤湖を中心に広がる緑と花と彫刻に彩られた総合公園。園内には子どもに人気の遊園地や動物園のほか、2017年4月に、ときわミュージアム「世界を旅する植物館」もリニューアルオープンし、子どもから大人まで楽しめる。園内各所で年間を通じてさまざまなイベントを実施している。

パパ・ママの声
まるで野生動物の生息地に迷い込んだような気分で楽しむことができる動物園や県内屈指の規模を誇る観覧車、小さな子どもも喜ぶ遊具が充実した遊園地です。親子で楽しめる施設がいっぱいです。

☎ 0836-54-0551　おでかけMAP P176-C4

住山口県宇部市則貞3-4-1　営動物園・遊園地・石炭記念館9:30〜17:00、ミュージアム9:00〜17:00、世界を旅する植物館9:30〜17:00（最終入館〜16:30）　休火曜（祝日の場合は翌日）　料大人無料、子ども無料、幼児無料※一部有料施設あり　P1500台（時間制1日200円〜最大500円）　交山口宇部道路宇部南ICから約5分

公式HP

下松市

［くだまつすぽーつこうえん ぼうけんのもり］

下松スポーツ公園 冒険の森

所要時間 半日

おでかけMAP P177-E4

約18万㎡の下松スポーツ公園内にあり、3歳から小学低学年までが対象のアスレチックや、人工芝のソリ滑りなどが人気。

☎ 0833-45-1857（下松市役所都市整備課）

住山口県下松市河内140
営6:00〜日没　休なし
料大人無料、子ども無料、幼児無料
P94台　交山陽自動車道徳山東ICから約10分、またはJR下松駅から防長バス切山行きで約8分、中宮バス停下車徒歩10分

柳井市

クーポンあり

［やまぐちふらわーらんど］

やまぐちフラワーランド

所要時間 90分

おでかけMAP P177-F4

年間500品種45万本の花が21種の花壇に咲き誇る花と緑の庭園。広場では、お弁当持参でピクニック気分が楽しめる。

☎ 0820-24-1187

住山口県柳井市新庄500-1
営9:00〜17:00（入園は〜16:30）
休木曜　料大人（高校生以上）500円、70歳以上・子ども（小・中学生）250円、未就学児無料
P300台
交山陽自動車道玖珂ICから約15分

萩市

クーポンあり

［はぎやきかいかん］

萩焼会館

体験は、絵付け、手びねり、ろくろ

伝統の萩焼が 存分に堪能できる

所要時間 60分

工房1階では陶工が萩焼の製作を行っているので、形成や削りなどの作業の様子を随時見学できるほか、絵付け体験（約30分）、手びねり体験（約60分）などを通して、萩焼に触れることができる。萩焼ギャラリーを兼ねた1階のショップでは、豊富な品ぞろえの中からお気に入りのグッズが探せる。

パパ・ママの声
体験作品は体験終了後約1〜2カ月で自宅に配送してくれます（送料別途）。ショップでは萩焼を販売していて、マグカップや萩焼ビアカップなどはお土産にぴったり。松陰神社も近いので、ぜひ訪れて。

☎ 0838-25-9545　おでかけMAP P176-C2

住山口県萩市椿東新川東区3155
営8:00〜17:00（陶芸受付は〜15:30）
休なし（陶芸は臨時休業あり）　料大人無料、子ども無料、幼児無料※体験は別途有料　P30台
交小郡萩道路絵堂ICから約30分

公式HP

萩市

［くらぶのあみしま］

クラブノア見島

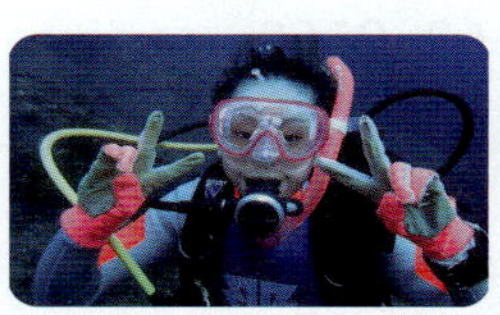

碧くてきれいな見島の海へ潜ろう

見島の海で楽しめる マリンアクティビティー

所要時間 120分

碧く澄み渡り、暖かいと知られる見島の海。海中の散歩ができる体験ダイビングをはじめ、魚が間近で見られるスノーケリングツアーや、カヤックツアーなど、数々のマリンアクティビティーが楽しめる。どのプランもガイドが付くので、初心者でも安心。家族と一緒に海のスポーツを楽しもう。

パパ・ママの声
ダイビングは10歳から体験できます。そのほかの体験は親と一緒であれば小学1年生からでも可能なので、夏休みの思い出ができます。近くにクラブハウスがあるので休むこともできます。

☎ 0838-23-5757　おでかけMAP P176-B1

住山口県萩市見島1834-20
営9:00〜17:00 ※7/19〜9/30のみ　休なし
料大人無料、子ども無料、幼児無料、体験参加別途
P車での入島は不可　交萩フェリーターミナルから高速船「おにようず」で約90分

公式HP

大島郡

[やはたしょうがいがくしゅうのむら]

八幡生涯学習のむら

町衆文化と保存活用を学ぶ

歴史や文化を学び陶芸体験もできる

所要時間 半日

国の重要有形民俗文化財指定の職人の道具を収蔵し、町衆文化の民俗資料の保存・展示や生涯学習を行う施設。一角では陶芸体験ができ、絵付け(30分程度)、手びねり・電動ろくろ(2時間前後)で茶碗やお皿、置き物などが制作可能。作品は後日着払いで発送してくれるので、長距離移動でも安心。

800gの粘土を使い、手びねり、電動ろくろで陶芸体験ができる(体験料金、要問い合わせ)

パパ・ママの声
施設内の久賀歴史民俗資料館は、民俗学者故宮本常一氏の指導を受け、久賀の町衆が収集した民俗資料を江戸期～昭和までそろえて展示しています(入館料大人・高校生以上400円、子ども200円)。

久賀歴史民俗資料館
周防大島久賀の民俗資料約3100点を展示

諸職用具収蔵庫
2707点の国指定重要有形民俗文化財を保存・収蔵

町衆文化伝承の館
生涯学習の拠点として、各種講座、企画展示を行う

☎ 0820-72-2601　おでかけMAP P177-F4

住山口県大島郡周防大島町久賀1102-1
営9:00～17:00(資料館は～16:30)
休月曜(祝日の場合は翌日)
料入場無料(体験・資料館は有料)
P30台　交山陽自動車道玖珂ICから約50分

公式HP

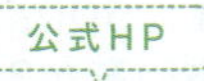

岩国市

クーポンあり

[いわくにしみくろせいぶつかん]

岩国市ミクロ生物館

所要時間 60分

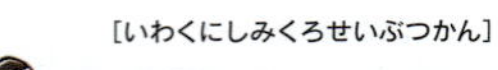

おでかけMAP P177-F4

ゾウリムシやミドリムシなど、肉眼では見ることができないミクロ生物を観察することができる世界初の博物館。

☎ 0827-62-0160

住山口県岩国市由宇町 潮風公園みなとオアシスゆう 交流館内　営9:30～16:30
休火曜(祝日の場合は翌日)
料大人無料、子ども無料、幼児無料
P186台　交山陽自動車道玖珂ICから約20分、またはJR由宇駅から徒歩13分

萩市

クーポンあり

[はぎがらすこうぼう]

萩ガラス工房

所要時間 60分

おでかけMAP P176-C2

地元笠山でのみ採掘される石英玄武岩を使ったガラス制作ができる。自分だけのオリジナル作品を作ろう。(要予約)

☎ 0838-26-2555

住山口県萩市椿東越ヶ浜1189-453
営予約制 ※要問い合わせ
休なし
料大人無料、子ども無料、幼児無料
P30台
交小郡萩道路絵堂ICから約30分

山陽小野田市

[きららがらすみらいかん]

きららガラス未来館

ガラスパーツでキャンドル作り!

絶景の場所でガラス作りを体験

所要時間 30分

「日本の夕日百選」に選ばれたきららビーチ焼野沿いにある施設。ガラス作家のガラス作品の展示だけでなく、プロの作家と専門スタッフからガラスアートを学ぶことができる。エナメル絵付け、サンドブラスト、万華鏡制作体験の各種体験では、世界に一つだけのオリジナルの作品が制作できる。

パパ・ママの声
初心者対象の吹きガラス初級講座(16歳以上で、全15回に毎回参加できる人が対象)もあります。体験はとんぼ玉制作など多彩。予約が必要なものがあるので、問い合わせをするのがおすすめです。

☎ 0836-88-0064　おでかけMAP P176-C4

住山口県山陽小野田市小野田松浜7534-4
営9:00～17:00(各種体験受付は～15:30)
休月・火曜(祝日の場合は営業・翌日臨時休業)
料大人無料、子ども無料、幼児無料
P10台　交山陽自動車道小野田ICから約25分

公式HP

山口市

［ちょうげんのさと］

重源の郷

ハンカチなどが作れる藍染め体験

豊かな自然の中で 各種体験を楽しもう

平安末期、東大寺再建に尽くした重源上人のテーマパーク。豊かな自然に囲まれて、紙すき、機織り、木工竹細工、そば打ちなどの体験ができる。かやぶき屋根の工房が点在する11haの園内には、桜600本、アジサイ5000株、モミジ500本など多くの植物が川のせせらぎに沿って植えられている。

パパ・ママの声
103mもある滑り台やミニSLが子どもたちに人気。売店には徳地らしい特産品が並んでいます。また体験施設が充実しているので、訪れる際は内容を事前に問い合わせるのがいいですよ。

☎0835-52-1250 おでかけMAP P176-D3
住山口県山口市徳地深谷1137
営9:30～17:00（11～4月は～16:30）
休水曜（祝日の場合は翌日） 料大人500円、子ども300円（小・中学生）、幼児無料
P150台 交中国自動車道徳地ICから約10分

公式HP

山口市

［こうぼうありぃ］

工房アリィ

古来から伝わる陶土とうわ薬を使う

訪れた人が 作家になる工房

茶碗、湯飲み、ビアカップなど世界に一つだけの自分の萩焼作品が作れる。手元に届くのは2カ月後。旅の思い出が、忘れたころによみがえるのもうれしい。このほかにも、白きつねの土鈴（どれい）、お面、貯金箱など、オリジナル商品の色付けも楽しめる。オリジナル雑貨の販売にも注目。

パパ・ママの声
手作りガラスの箸置きやかわいい白きつねの雑貨などオリジナル商品を販売するほか、アリィブランドのオリジナルTシャツ2200円～などもあります。萩焼体験をして楽しい思い出を作れますよ。

☎090-8996-9004 おでかけMAP P176-D3
住山口県山口市湯田温泉2-2-13
営10:00～18:00（時間外も相談可）
休火・水曜（当日までの要予約）
料大人無料、子ども無料、幼児無料
P1台 交中国自動車道小郡ICから約10分

美祢市

［もりのえき］

森の駅

クーポンあり

所要時間 半日

おでかけMAP P176-B3

山口県認定の里山マイスターが駅長を務める森林交流施設。人気のバームクーヘン作りは、5人から体験可能（要予約）。

☎0837-52-1644
住山口県美祢市大嶺町三杉3073-2
営9:00～17:00 休不定 ※完全予約制
料大人100円、子ども100円（小学生以上）、幼児無料
P20台
交中国自動車道美祢ICから約15分

［やないにしぐら］

やない西蔵

おでかけMAP P177-F4

大正時代の白壁土蔵造りの建物を生かしたギャラリー。金魚ちょうちん製作は800円～、機織りは300円～体験できる。

☎0820-23-2490
住山口県柳井市柳井3700-8
営9:00～17:00
休火曜（祝日の場合は翌日）
料大人無料、子ども無料、幼児無料（体験は有料）
Pなし 交山陽自動車道玖珂ICから約20分、またはJR柳井駅から徒歩10分

長門市

［ふじみつかぶしきがいしゃ］

フジミツ株式会社

藤光海風堂脇の見学コース（通路）

所要時間 30分

かまぼこ製造機械を じっくり見学しよう

かまぼこの産地、長門市仙崎で生まれたフジミツ株式会社は、創業明治20年の伝統と技術を駆使した総合食品創造企業。通常のかまぼこ（板付もの）を作る工程とは違う、珍しい機械などを見ることができ、見学は随時受け付けている。併設の藤光海風堂（直売店）でかまぼこを土産として購入可能。

パパ・ママの声
製造工程が見学できるチーズころんは、カマンベール仕立てのオリジナルチーズを魚のすり身で包み込んでいます。直売店にはかまぼこのほか、山口県の名産品も並んでいて お土産に喜ばれます。

☎0120-48-2432（月～土曜9:00～17:00） おでかけMAP P176-C3
住山口県長門市東深川2537-1
営8:30～17:30 休日曜、工場停止日（直売店は営業）
料大人無料、子ども無料、幼児無料
P10台
交中国自動車道美祢ICから約40分

公式HP

山口

山口市

クーポンあり

[けいでぃーでぃーあいぱらぼらかん]

KDDIパラボラ館

アリアンロケットが迎えてくれる

パパ・ママの声
東京ドームの3.5倍の敷地に点在する巨大アンテナ群が壮観。映像やクイズなどで通信の世界をより身近に感じられます。衛星通信や海底ケーブル通信の仕組みについても驚きがいっぱいです。

国際通信の仕組みを見て触れて学ぼう

所要時間 60分

巨大パラボラアンテナが並ぶ日本最大級の衛星通信所に隣接する資料館。人工衛星や通信衛星用ロケットの模型、実物のパラボラアンテナが展示、大画面のシアターやTVモニタで国際通信について学ぶことができる。いこいの広場からはパラボラアンテナ群を見渡すことができる。

目の前に広がる巨大なパラボラアンテナ群は珍しく、貴重な景観で一見の価値あり

衛星通信コーナー
実物のパラボラアンテナや人工衛星の模型で紹介

シアタールーム
国際通信がテーマの迫力ある映像が体験できる

デジタルサイネージ
テレビモニタを設置し、画像と音声ガイドで紹介

☎ 083-929-1400  おでかけMAP P176-D3
住山口県山口市仁保中郷123　KDDI山口衛星通信所
営9:30～16:30(入館は～16:15)　休月曜(祝日の場合は翌日)　料大人無料、子ども無料、幼児無料
P12台(うち4台バス用)　交中国自動車道山口IC、またはJR山口駅から車で約15分

美祢市

[あきよしだい]

秋吉台

雄大な自然を感じてリフレッシュ

パパ・ママの声
秋吉台カルスト展望台からは絶景が望めます。また、3～11月までの土・日曜、祝日は「秋吉台観光案内ボランティアの会」が秋吉台、秋芳洞の見どころを案内してくれるサービスがあります。

いつ行っても旬のカルスト台地

所要時間 60分

約3億5千万年前にサンゴ礁として誕生した秋吉台。その後、ドリーネや鍾乳洞が発達した石灰岩のカルスト台地となった。石灰岩の中にはかつて海であったことがわかるサンゴ、ウミユリなどの化石も。春はオキナグサ、夏はキキョウにオニユリ、秋はリンドウなど四季折々の自然を楽しめる。

日本最大級のカルスト台地で、のんびり散策やピクニックをしよう

カルストロード
10.7kmも続く観光道路は、ドライブに最適

散策道
緑の中をゆっくり歩いて自然と触れ合おう

秋吉台カルスト展望台
360度のパノラマなので、秋吉台が一望できる

☎ 0837-62-0115(美祢市観光協会) おでかけMAP P176-C3
住山口県美祢市秋芳町秋吉台山
営24時間　休なし
料大人無料、子ども無料、幼児無料
P周辺に200台
交小郡萩道路秋吉台ICから約10分

美祢市

[あきよしどう]

秋芳洞

500枚以上。石灰華段丘の百枚皿

パパ・ママの声

秋芳洞では、黒谷人工隧道の壁面140mの両側が光るドラマティックアートパネルを設置(3億年のタイムトンネル)。黒谷入口から道内へ向け地球誕生の歴史をさかのぼることができます。

世界有数の自然美に圧倒

所要時間 60分

秋吉台の地下100mにある日本屈指の大鍾乳洞。総延長10.7kmのうち洞内の観光コースは約1kmで、温度は四季を通じて17℃で一定しており、夏は涼しく冬は温かい。百枚皿、黄金柱など、不思議な自然の造形美はまさに感動のひとこと。時間を忘れて子どもからお年寄りまでが楽しめる。

☎0837-62-0305(秋吉台観光交流センター) おでかけMAP P176-C3

住山口県美祢市秋芳町秋吉3506-2 営8:30～17:30(3～11月)、～16:30(12～2月)※秋芳洞 休なし 料大人1200円(高校生以上)、子ども中学生950円、小学生600円、幼児無料 P555台(市営駐車場1日400円) 交小郡萩道路秋吉台ICから約5分

酸性の雨水の浸食でつくられた地下約100mにある洞窟は、約30万年の時をかけて形成

百枚皿
流水の成分が少しずつ固まり、皿の形に

洞内富士
頂上が雲に突っ込んだ山のよう

石筍(巌窟王)
甲冑姿の武士に見える、高さ8mの岩

約3億年前から現代までの秋吉台の歴史を絵画で教えてくれる

高さ15m、幅4mの存在感を放つ黄金柱

入口は3カ所ある。写真はメーンの正面入口

山口

岩国市

［にしきがわてつどうかぶしきがいしゃ とことことれいん］

錦川鉄道株式会社 とことこトレイン

幻想的な壁画が描かれたトンネル

蛍光石の壁画は一見の価値あり

所要時間 120分

錦川清流線の錦町駅と寂地山の麓に湧出する雙津峡温泉（そうづきょうおんせん）とを結ぶトロッコ遊覧車。車両は愛・地球博で使われた電気自動車。トンネルに描かれた蛍光石の壁画が不思議な世界へと誘う。3月下旬～11月までの土・日曜、祝日と、春休み、GW、夏休みに運行。

パパ・ママの声

片道約40分かけて運行し、終点の雙津峡温泉（そうづきょうおんせん）駅では、日帰り入浴が楽しめます。「世界屈指のラドン含有量」と評価される名湯を家族で堪能して、レジャーの疲れを癒やして。

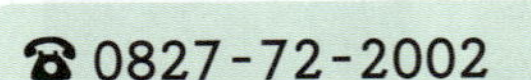

☎0827-72-2002　おでかけMAP P177-E3

住山口県岩国市錦町広瀬7873-9　営錦町駅発10:00、12:30、14:10　休平日（夏・春休み・GWを除く）※食事処は不定　料大人片道650円（中学生以上）、子ども片道300円（4歳以上）、幼児無料（席がいらない場合）　P20台（錦町駅駐車場）　交中国自動車道六日市ICから約20分、錦川鉄道錦川清流線錦町駅

公式HP

下関市

クーポンあり

［かいきょうゆめたわー］

海峡ゆめタワー

市内と関門海峡が見渡せる

恋人の聖地は360度一大パノラマ

所要時間 30分

展望室からは、瀬戸内海から関門海峡、巌流島、九州の連山、響灘（日本海）と360度の雄大なパノラマが一望できる。29階のカフェからの眺めも最高。海峡ゆめタワーの28階には、恋人の聖地として写真撮影コーナーと縁結び神社がある。ハート型の南京錠ラブロック500円が大人気。

パパ・ママの声

海響館との共通チケット（大人2400円、小・中学生1100円）を購入すると、お得に一日中楽しめます。夜になると夜景を眺められるほか、タワー自体がライトアップされ、きれいですよ。

☎083-231-5877　おでかけMAP P176-B4

住山口県下関市豊前田町3-3-1
営9:30～21:30（入館は～21:00）　休1月の第4土曜
料大人600円、子ども300円（小・中学生）、幼児無料
P150台（タワー入館者は5時間まで無料、以降30分100円）　交中国自動車道下関ICから約15分

公式HP

下関市

［からといちば］

唐戸市場

買物後は、関門海峡を眺めよう

会話が楽しめる活き活きした魚市場

所要時間 半日

会話のある買い物が楽しめる魚市場として、終日大勢の人でにぎわっている。1階が魚関連の店舗（約100店）、2階は市場直送の鮮度満点の魚が味わえる飲食店などが並び、休日には列ができることも。農産物の直売所もあり、漁業者や農業者が軒を並べて販売する形態は全国でもめずらしい。

パパ・ママの声

魚食普及を目的に、魚を気軽に食べてもらうための飲食イベント「活きいき馬関街」が金～日曜、祝日のみ開催されています。新鮮な海の幸がその場で味わえるとあって観光客にも人気ですよ。

☎083-231-0001　おでかけMAP P176-B4

住山口県下関市唐戸町5-50　営市場 5:00～、日曜・祝日8:00～（各15:00まで、店舗により異なる）、活きいき馬関街 金・土曜10:00～、日曜・祝日8:00～（各15:00まで）
休不定　料大人無料、子ども無料、幼児無料　P528台（30分120円）　交中国自動車道下関ICから約15分

公式HP

朝早くから多くの人でにぎわう。旬の魚介がズラリと並ぶので要チェック

海転からと市場寿司

市場の新鮮な魚介が味わえると人気の寿司店

福招金（ふくまねきん）

シンボル像の「福招金」は記念写真の撮影スポット

オープンな市場

唐戸市場は360度どこからでも入場できる

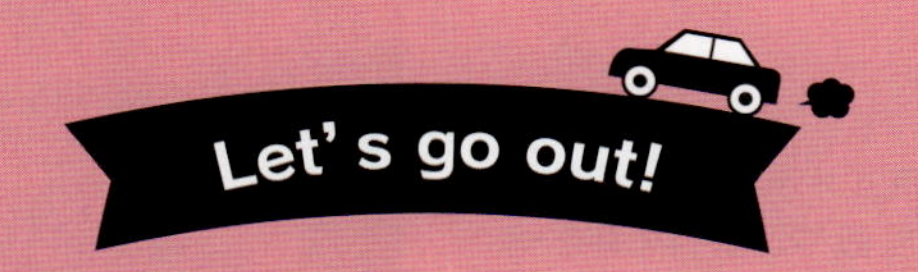

岡山県
OKAYAMA

倉敷市

クーポンあり

[ぶらじりあんぱーく わしゅうざんはいらんど]

ブラジリアンパーク
鷲羽山ハイランド

子どもも楽しめるジャングリング

パパ・ママの声

名物のブラジリアンサンバのショーは他ではなかなか見られないので貴重です。小学生も楽しめるアトラクションや絶叫マシーンもあるので、家族連れにはおすすめのスポットですよ。

新スポットがもりだくさん!

ジャングルをイメージした屋内ボルダリング施設や、瀬戸内海を一望できるレストラン、おしゃれなカフェやドッグランなど4施設が新たにオープン。その他にも、体験型リアル謎解きアトラクションや、ブラジルを身近に感じられるイベントも随時開催しているのでぜひ参加してみよう。

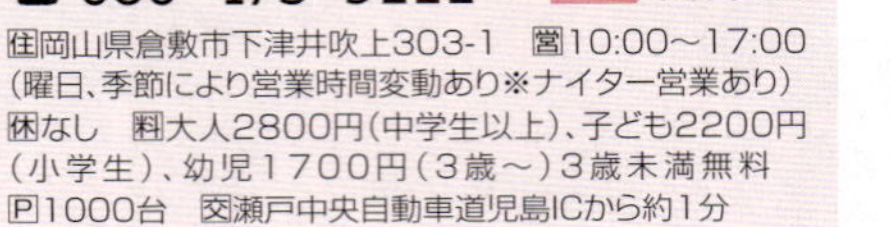

☎086-473-5111 おでかけMAP P179-E2

住岡山県倉敷市下津井吹上303-1　営10:00～17:00(曜日、季節により営業時間変動あり※ナイター営業あり)　休なし　料大人2800円(中学生以上)、子ども2200円(小学生)、幼児1700円(3歳～)3歳未満無料　P1000台　交瀬戸中央自動車道児島ICから約1分

公式HP

ふれあい動物園では、触れ合うほかエサやり体験(エサ代200円)などができる

オリジナルグッズ
Tシャツを着て親子でチューピーになりきろう

グーニーズ
リニューアルしたステーキ&ハンバーグレストラン

リアル大冒険
巨大ジャングルから脱出できるかはあなた次第!

子どもたちに人気の全長50mの屋外プールなどがある「スパイラルスライダープール」は無料

瀬戸内海を一望できる巨大観覧車「レインボーワープ」

上空で自転車をこぐスカイサイクル(身長130cm以上)

赤磐市

クーポンあり

［おかやまのうぎょうこうえん どいつのもり くろーねんべるく］

岡山農業公園 ドイツの森 クローネンベルク

咲き誇る花は欧風の建物とマッチ

ドイツ風の町並みで花や動物と親しもう

所要時間 1日

自然いっぱいのドイツの田園地帯をイメージしたテーマパーク。季節の花々や乗り物遊び、クラフト体験が楽しめるほか、ウサギやヒツジなどの動物と触れ合えるコーナーもある。自家製ソーセージやクラフトビールなどのグルメも見逃せない。園内にはドッグランがあるので愛犬もOK。

パパ・ママの声

キッズたちに人気のゴーカート、チューチュートレイン、足こぎスワンボートなどに乗れる、「乗物とくとくチケット」1000円はお得です。入園ゲートや自転車ランドで買えます。

☎086-958-2111　おでかけMAP P179-F1

住岡山県赤磐市仁堀中2006　営9:30～17:00(季節・曜日により異なる)　休木曜(3月～11月※春・夏休みGW・祝日を除く)、水・木曜(12月～2月※年末年始を除く)　料大人1000円、シニア(65歳以上)・子ども(4歳～小学生)600円、幼児無料(3歳以下)、犬300円　P2000台(無料)　交山陽自動車道山陽ICから約30分

公式HP

展示／17050004／登録年月日H19・4・11／有効期限H34・4・10／動物取扱責任者・松本朝生

おとぎ話にでてくるような木組みの家やドイツの田舎町を彷彿とさせる石畳広場

レストラン クローネ
ドイツ風料理が楽しめる創作バイキングレストラン

ショップ ブリュッケ
ドイツをはじめ欧米からの輸入菓子などが買える

クラフト体験教室
プチオカリナの絵付けやジェルキャンドルなどを体験

季節ごとに咲き誇る花が目の前に広がる！　花と洋風の建物をバックに記念撮影をしてみよう

園内を一周するチューチュートレイン「クローネン号」

足こぎスワンボートは3人乗りと4人乗りの2種類がある

岡山

玉野市

[「おもちゃ」のてーまぱーく おもちゃおうこく]

「おもちゃ」のテーマパーク おもちゃ王国

人気の「こどもスタジオ」

おもちゃ王国の王様と仲間たち。今日は誰に会えるかな

©おもちゃ王国CO.LTD.

ファミリーに人気のテーマパーク

所要時間 1日

おすすめは、新パビリオン「こどもスタジオ NHKキッズキャラクター大集合!」。NHK Eテレの人気番組「いないいないばあっ!」「おかあさんといっしょ」「みいつけた!」の世界観が楽しめる遊びのコーナーがある。NHKのいろいろな番組のキャラクター商品を取りそろえたショップも併設している。

パパ・ママの声
雨でも遊べる室内のおもちゃパビリオンは、種類がたくさんで目移りしてしまいます。アトラクションも小さな子どもから乗れるものや小学生でも満足の機種まであり、年齢にあわせて楽しめます。

トミカ・プラレールランド
広いプレイコーナーで思う存分あそぼう!

メルちゃんのおうち
お世話遊びが楽しめ、小さなお子様におすすめ!

チボリコースター
てんとう虫の形のかわいいジェットコースター!

☎0863-71-4488　おでかけ MAP P179-F2
住岡山県玉野市滝1640-1　営10:00～17:00(入園は～16:45)　休火曜(祝日、春・夏・冬休みは開園)　料大人800円(中学生以上)、子ども600円(2歳～小学生)
※「こどもスタジオ」は、入場料別途 0歳から1人400円
P1500台　交瀬戸中央自動車道児島ICから約25分

公式HP

岡山市

[やすとみぼくじょうふぁみーゆ]

安富牧場ファミーユ

大きな牛を間近で見られる

ポニーやウサギと自由に触れ合える

所要時間 半日

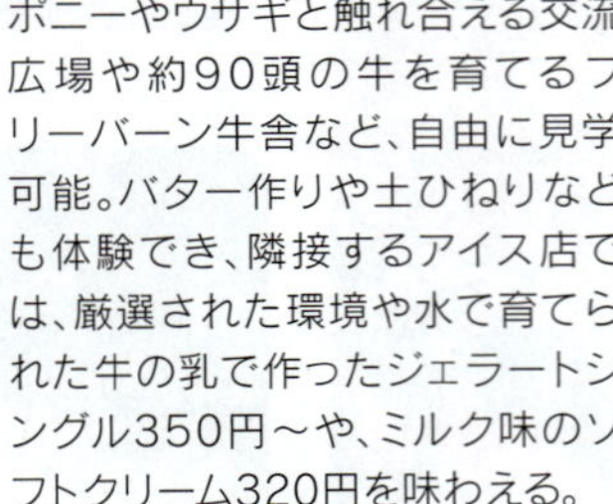

ポニーやウサギと触れ合える交流広場や約90頭の牛を育てるフリーバーン牛舎など、自由に見学可能。バター作りや土ひねりなども体験でき、隣接するアイス店では、厳選された環境や水で育てられた牛の乳で作ったジェラートシングル350円～や、ミルク味のソフトクリーム320円を味わえる。

パパ・ママの声
バーベキューができるスペースがあり、レンタル料はテーブル1台につき2000円。牧場では年3回ファーム祭が開催されており、地元野菜の販売なども催されるのでぜひ参加してみよう。

☎086-295-0394　おでかけ MAP P179-E1
住岡山県岡山市北区下足守402-3
営10:00～18:00(11～2月は～17:00)
休なし(1・2月のみ水曜)
料大人無料、子ども無料、幼児無料
P70台　交岡山自動車道岡山総社ICから約10分

公式HP

玉野市

[しりつ たまのかいようはくぶつかん(しぶかわまりんすいぞくかん)]

市立 玉野海洋博物館(渋川マリン水族館)

瀬戸内海を代表する生き物を展示

全国でも珍しい瀬戸内海の魚を展示

所要時間 60分

瀬戸内海に春を告げる魚イカナゴや、ままかりの名でおなじみの標準和名サッパなど、瀬戸内海を代表する魚を飼育展示している。これらの魚種の展示は全国でも大変珍しいので見る価値あり。屋外にはキタオットセイ・ゴマフアザラシといった海獣類や海洋機器などの実物を展示している。

パパ・ママの声
7～11月には子どもたちに人気のカメのエサやりができます。エサは1皿50円で、売り切れ次第終了。エサを食べている姿のかわいらしさに子どもも喜んでおり、新たな魅力を見つけちゃいました。

☎0863-81-8111　おでかけ MAP P179-F2
住岡山県玉野市渋川2-6-1　営9:00～17:00(入館は～16:30)　休水曜(祝日の場合は翌日)
料大人500円、子ども250円(5歳～中学生)、幼児無料
P1000台(海水浴シーズンのみ普通車1000円)
交瀬戸中央自動車道児島ICから約25分

公式HP

岡山市

クーポンあり

［いけだどうぶつえん］

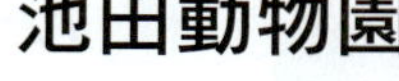

池田動物園

大きなエゾヒグマは迫力満点！

パパ・ママの声

春はお花見、夏はナイト・ズー、秋はハロウィンナイト、冬はクリスマスといったイベントや、エサやり体験も楽しめます。人気のフラミンゴの散歩は日曜・祝日の13時から開始されます。

ライオンやウサギ110種類が勢ぞろい

所要時間 120分

ほ乳類、鳥類、両生類と110種類以上の動物を飼育。動物の観察はもちろん、日替りでできるエサやり体験やヤギやウサギなど小動物と遊べるふれあい広場、毎月行われるさまざまなイベントなど、楽しみどころ満載。夏の夜に開催されるナイト・ズーは、日ごろ見られない動物の姿が観察できる。

☎ 086-252-2131

おでかけ MAP P179-F2

住岡山県岡山市北区京山2-5-1　営9:30～17:00（11～3月は～16:30、入園は閉園の1時間前まで）　休5/21～7/20の水曜・11/21～2/20の水曜（祝日、冬休みは除く）　料大人1080円、864円（高校生）、子ども648円（小・中学生）、幼児324円（3歳以上）　P220台（500円）　交山陽自動車道岡山ICから約15分

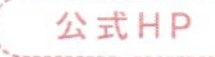

フラミンゴのピーちゃんたちとの散歩は大人気。かわいい姿を見ることができる

食堂
ランチタイムは食堂で。池田ラーメンが人気メニュー。

レッサーパンダ
愛らしい表情がたまらないレッサーパンダ

ホワイトライオン
世界で400頭しかいないホワイトライオン「ハタリ」

ふれあい広場ではかわいいモルモットやヒヨコたちに合え、触れ合うことができる

夏に開催されるナイト・ズーは必見。

エサやり体験（500円）ではアミメキリンに大接近！

岡山

玉野市

クーポンあり

［しぶかわどうぶつこうえん］

渋川動物公園

アルダブラゾウガメなどに会える

動物との距離0cm! 思い切り触れ合おう

所要時間 120分

自然のままの野山を生かした3万坪の園内には、入口で出迎えてくれるサルのコモンマーモセットをはじめ、約80種600頭羽もの動物たちが暮らしている。土道での乗馬や犬のお散歩体験、エサやり体験など、普段はできない動物たちとの触れ合いの時間をおもいっきり楽しむことができる。

パパ・ママの声

園内にいる約15頭の「おさんぽわんこ」の中から好きな犬を選んで、1日のんびり園内で過ごせます。乗馬体験は2歳から大人まで楽しめます。自分で手綱を持っての外乗コースもおすすめ。

☎0863-81-3030　おでかけMAP P179-F2

住岡山県玉野市渋川3-1077-1
営9:00～17:00(入館は～16:30)　休なし
料大人1000円、子ども700円(小・中学生)、幼児500円(2歳以上)　P100台
交瀬戸中央自動車道児島ICから約20分

公式HP

岡山市

［るーらるかぷりのうじょう］

ルーラルカプリ農場

赤ちゃんヤギに癒やされよう

ヤギのチーズを使った料理に舌つづみ

所要時間 120分

豊かな緑に囲まれた農場内でヤギたちと、たっぷりと触れ合うことができるヤギ牧場。栄養豊富で消化吸収のいいヤギミルクはもちろん、新鮮なヤギミルクから作られたヨーグルトやチーズ、ソフトクリーム、カフェラテのほかにヤギのチーズを使ったパニーノなどの料理が食べられる。

パパ・ママの声

ヤギミルクで作られたスイーツやチーズをお土産にぜひ。バーベキュー(大人3780円、中・高校生2700円、小学生1080円、小学生未満無料)は予約がおすすめ。詳しくは問い合わせてみて。

☎086-297-5864　おでかけMAP P179-F1

住岡山県岡山市東区草ヶ部1346-1
営10:00～17:00　休なし
料大人無料、子ども無料、幼児無料
P20台
交山陽自動車道山陽ICから約10分

公式HP

岡山市

［おかやましりつおりえんとびじゅつかん］

岡山市立オリエント美術館

展示物「有翼鷲頭精霊像浮彫」

人類最古の文明から近世までの芸術作品

所要時間 60分

イラン、イラク、シリアなどオリエント(西アジアやエジプト)の出土品を収蔵。旧約聖書に記されたアッシリアの都ニムルドの宮殿出土のレリーフをはじめ、陶器やガラス細工、モザイクなど貴重な考古美術品が多数並ぶ。館内に太陽光を取り込み、その明暗を生かした印象的な建築構造にも注目。

パパ・ママの声

神秘的かつ新鮮なデザインが多くて魅了されます。お皿などの日用品から古代の暮らしが想像できました。民族衣装の試着も可能。香辛料の効いたアラビックコーヒーが名物の喫茶室もあります。

☎086-232-3636　おでかけMAP P179-F2

住岡山県岡山市北区天神町9-31　営9:00～17:00(入館は～16:30)　休月曜(祝日の場合は翌平日)、展示替え期間
料大人300円(65歳以上無料)、子ども200円(高・大学生)、100円(小・中学生)、幼児無料　Pなし(市営天神町Pの割引あり)
交JR岡山駅から市内電車で5分、城下電停下車後、徒歩すぐ

公式HP

倉敷市

［ほしのせんいちきねんかん］

星野仙一記念館

野球好きの親子なら、なお楽しめる

記念品に刻まれた燃える男の野球人生

所要時間 30分

倉敷市出身の星野仙一氏の記念館。少年時代に母から買ってもらったグローブをはじめ、現役・監督時代のユニフォーム、野球用具など思い出の品々を450点以上展示している。また、ビデオルームでは、幼少より現在までを振り返る貴重な映像が鑑賞できる。施設のオリジナル商品も充実。

パパ・ママの声

館長は星野氏の友人でもあるので、昔の貴重な話が聞けるかも。星野氏が書いた「夢」という字がプリントされたオリジナルグッズや記念館でしか買うことのできないお土産も手に入ります。

☎086-426-1001　おでかけMAP P179-E2

住岡山県倉敷市中央1-10-11 ヒルトップビルC棟2F
営10:00～17:00　休なし(臨時休館あり)　料中学生以上500円(団体10名以上400円)、子ども200円(小学生)、幼児無料　Pなし　交山陽自動車道倉敷ICから約30分、またはJR倉敷駅から徒歩15分

公式HP

倉敷市

［らいふぱーくくらしきかがくせんたー］

ライフパーク倉敷科学センター

宇宙の夢と創造性を科学館で育もう

所要時間 半日

星を美しく再現したプラネタリウム

約100点の科学展示が設置された科学体験空間、ライフパーク倉敷科学センター。館内では、幾何学パズルや毛糸でお絵かきができる壁、偉人たちの残した発明の歴史に触れることができ、楽しく科学を学ぶことができる。週末には、科学展示室内でサイエンスショーも行われ、家族連れに好評だ。

パパ・ママの声

中国地方最大級、直径21mのドームを誇るプラネタリウムでは、忠実に再現された星空が広がり、見応えがあります。科学の面白さを体験できる実験もあり、楽しみながら勉強することができます。

☎ 086-454-0300　おでかけMAP P179-E2

住岡山県倉敷市福田町古新田940　営9:00～17:15（入館は～16:45）　休月曜（祝日の場合は翌日）　料大人410円、子ども100円（高校生以下）、未就学児無料　P430台　交瀬戸中央自動車道水島ICから約15分※リニューアル工事のためH30.9.3～H31.3.31（予定）まで休演、科学展示室は営業

公式HP

美作市

クーポンあり

［げんだいがんぐはくぶつかん・おるごーるゆめかん］

現代玩具博物館・オルゴール夢館

コンサートなど毎日の催しに注目

所要時間 90分

館内にはたくさんのおもちゃが

世界のおもちゃや、100年以上前から人々に感動を与えてきたオルゴールなどを収蔵する博物館。パフォーマンスを交えながら行われるおもちゃの紹介もあり、子どもも大人も楽しめる家族のおでかけにぴったりの施設だ。工作体験ができる2号館（開館日問い合わせ）にも足を運んでみよう。

パパ・ママの声

おもちゃやオルゴール、同館のオリジナルグッズが並ぶミュージアムショップは、世界的にも有名な商品が多くそろい、おもちゃの宝箱のよう。出産祝いや誕生日などの贈り物にぴったりです。

☎ 0868-72-0003　おでかけMAP P181-G4

住岡山県美作市湯郷319-2
営9:30～17:00（最終入館は～16:30）
休水曜（祝日、春・夏・冬休み期間は開館）
料大人700円（中学生以上）、子ども300円（4歳以上）、幼児無料　P30台　交中国自動車道美作ICから約10分

公式HP

浅口市

［おかやまてんもんはくぶつかん］

岡山天文博物館

宇宙の神秘を感じその魅力を体験

所要時間 120分

2018年3月にリニューアルオープン！

古くから天体観測適地とされる標高約350mの竹林寺山に建つ博物館。2018年3月にリニューアルし最新式のプラネタリウムを導入した。敷地内には国内最大級の口径188cmの反射望遠鏡を備えた国立天文台や、アジア最大級となるせいめい望遠鏡（京大3.8m望遠鏡）も2018年夏完成予定だ。

パパ・ママの声

博物館からは瀬戸大橋、四国連山まで見渡せます。冬の晴れた日には、北に大山が見えることも。近隣の国立天文台の見学もおすすめ。ガラス越しに188cm反射望遠鏡が見られます。

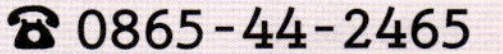

☎ 0865-44-2465　おでかけMAP P179-E2

住岡山県浅口市鴨方町本庄3037-5
営9:00～16:30　休月曜（祝日・振替休日の場合は翌日）、その他館の定める日　料大人100円、子ども100円（高校生）、50円（小・中学生）、幼児無料
P29台　交山陽自動車道鴨方ICから約10分

公式HP

井原市

［びせいてんもんだい］

美星天文台

最高の星空を最高の条件で観測

所要時間 60分

大型望遠鏡による天体観測に興奮

県内最大規模の公開天文台。夜間は口径1mの望遠鏡で、いろいろな天体を観察できる。美星スペースガードセンター展示館では、小惑星の衝突や宇宙のゴミの脅威から地球を守るスペースガードについて紹介されている。昼間は宇宙の立体映像システム（上映時間は要確認）や展示が楽しめる。

パパ・ママの声

歴史公園「中世夢が原」大人500円、小学生300円が隣接し、両施設で昔の日本の暮らしや宇宙の神秘を学べます。ミュージアムショップの星型ストラップ100円がかわいくてお土産にぴったり！

☎ 0866-87-4222　おでかけMAP P179-E2

住岡山県井原市美星町大倉1723-70
営18:00～22:00、9:30～16:00（火・水曜）
休木曜、祝日の翌日　料大人、子ども（小学生以上）300円、幼児無料　P29台
交山陽自動車道笠岡ICから約30分

公式HP

倉敷市

［おおはらびじゅつかん］

大原美術館

ギリシャ神殿風の外観とヨハネ像

モネやピカソなどの傑作を見て楽しんで

所要時間 90分

敷地内には、さまざまな様相を成す展示館が立ち並ぶ。そのコレクション数は膨大で約3000点あり、本館では印象派を中心とした欧米作品、分館には日本の作品が並ぶ。東洋や中近東の古代美術品も展示され、世界の美術を一度に楽しめる。気軽に参加できる「フレンドリートーク」が人気。

パパ・ママの声

土・日曜のギャラリーツアーでは、スタッフと作品の感想などを話し合う「フレンドリートーク」や学芸スタッフが大原美術館の歴史や作品について説明してくれるガイドなどが実施されます。

画家・児島虎次郎が収集したヨーロッパの近代美術を中心に常設展示している本館

分館の前庭
ロダンやムーアの彫刻品が展示されている

工芸・東洋館中庭
モネのアトリエから株分けされたスイレンが咲く

ミュージアムショップ
作品図録や複製画などのグッズが購入できる

☎ 086-422-0005

おでかけMAP P179-E2

住岡山県倉敷市中央1-1-15　営9:00～17:00(入館は～16:30)　休月曜(祝日、7月下旬～8月、10月はなし)
料大人1300円、800円(大学生)、子ども500円(小·中·高校生)、幼児無料
Pなし　交山陽自動車道倉敷ICから約20分

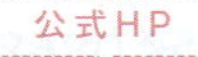

公式HP

倉敷市

［くらしきしりつしぜんしはくぶつかん］

倉敷市立自然史博物館

母ゾウの「ナウママ」と子ゾウの「パオ」

自然界の神秘を探検できる博物館

所要時間 60分

入るとすぐに出迎えてくれるのは、約2万年前まで日本に生息していたナウマンゾウの動き鳴く模型。展示室では、地学・植物・昆虫・動物の多数の標本や精巧に作られたレプリカなどを活用して、岡山県内の自然を中心に紹介している。また、自然観察会や特別展なども開催している。

パパ・ママの声

月に1回くらいで、地元でとれた自然素材を使って工作を楽しむ「手作り教室」が開催されています。参加費無料なので、家族みんなで気軽に参加でき、よい思い出作りとなります(要問い合わせ)。

☎ 086-425-6037

おでかけMAP P179-E2

住岡山県倉敷市中央2-6-1　営9:00～17:15(入館は～16:45)　休月曜(祝日の場合は翌日)、臨時休館日
料大人150円(大学生50円、65歳以上無料)、子ども無料(高校生以下)、幼児無料　P176台(30分100円)
交山陽自動車道倉敷ICから約10分

公式HP

勝田郡

［なぎびかりあみゅーじあむ］

なぎビカリアミュージアム

発掘体験(1時間200円)で化石を採集

化石発見ができる体験型ミュージアム

所要時間 120分

発掘された化石を保護・展示し、自然科学と親しめる施設。屋外展示エリアには、1600万年前の実物の地層壁で、化石が露頭した保存コーナーがある。また発掘体験は玄関前の駐車場の横で、岩石から化石を探す体験ができる。太古時代を体感できるので、時間を忘れさせてくれる博物館だ。

パパ・ママの声

現在は絶滅したビカリアや、カキなど、いろいろな種類の化石を発掘することができるので、子どもも大喜び！　家族で発掘体験をするのもおすすめです。レアな化石を発掘できるかも。

☎ 0868-36-3977

おでかけMAP P181-G4

住岡山県勝田郡奈義町柿1875
営9:00～17:00　休月曜、祝日の翌日
料大人300円(高校生以上)、子ども150円(小·中学生)、幼児·75才以上無料無料
P50台　交中国自動車道美作ICから約15分

公式HP

倉敷市

クーポンあり

［いがらしゆみこびじゅつかん］

いがらしゆみこ美術館

＋1000円でお姫さまに変身

愛と元気に再会できる美術館

所要時間 60分

少女漫画界の巨匠いがらしゆみこの作品を多数展示。館内にはライブラリーやミュージアムショップなどがあり、1日中楽しめる。新しくオープンした主人公型体験カフェレストラン「カフェプリンセス」では、お姫さまドレスを着てお茶や食事が可能。豪華な貴族席で優雅なひとときを過ごそう。

パパ・ママの声

いがらしゆみこ先生が描くようなドレスを着て記念撮影ができる「お姫さま体験」は、大人・子ども用ともたくさんのドレスから選べ、ウィッグなども無料で貸し出してくれるので娘と一緒に楽しめました。

美術館3階からは、倉敷市の有名な観光スポットの「美観地区」が一望できる

プリンセスピンクカレー
プリンセスのためにつくられたピンク色のカレー

大人気！大人さまランチ
少しずつをたくさん食べたいプリンセス向け

豪華な貴族席
お姫さまドレスを着てお茶や食事ができる

☎ 086-426-1919　おでかけMAP P179-E2

住岡山県倉敷市本町9-30　営10:00～17:00（GW・夏休みは9:00～18:00）　休なし　料大人600円、子ども400円（中・高校生）、300円（小学生以下）、幼児無料（3歳以下）　P4台　交山陽自動車道倉敷ICから約15分、またはJR倉敷駅から徒歩20分

公式HP

苫田郡

［ようせいのもりがらすびじゅつかん］

妖精の森ガラス美術館

制作体験も可（土・日曜、祝日のみ）

国内で唯一ウランガラスを制作

所要時間 60分

19世紀中ごろ、ボヘミアから世界に広がり、近年復活したウランガラス。国内では同館に隣接するガラス工房だけが国産のウランガラスを作っている。展示室では歴史的なガラス作品を紹介するほか、ショップでガラス器やアクセサリーなどの販売も。工房での制作の様子も見学できる。

パパ・ママの声

リューター体験ではガラス皿に小型電動やすりで絵を彫込み、サンドブラストではガラス器に砂を吹き付けて模様を作ります。常設展示室には19～20世紀のウランガラスを展示しています。

☎ 0868-44-7888　おでかけMAP P181-F3

住岡山県苫田郡鏡野町上齋原666-5
営9:30～17:00（入館は～16:30）　休火曜
料大人500円、子ども400円（高校生）、300円（小・中学生）、幼児無料　P40台
交中国自動車道院庄ICから約40分

公式HP

高梁市

クーポンあり

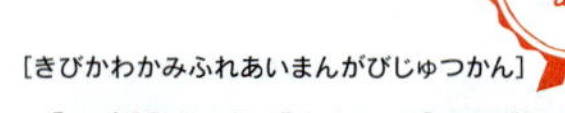

［きびかわかみふれあいまんがびじゅつかん］

吉備川上ふれあい漫画美術館

上から見るとアンモナイトの形

漫画文化の町を代表充実の漫画美術館

所要時間 半日

全国から寄贈された漫画蔵書約12万冊のうち常時6万冊の漫画単行本を閲覧展示しており、館内で自由に読める。最新コミックから復刻本、歴史漫画、外国漫画、絵本までそろう。昭和30年代後半に出版された「赤本」と呼ばれる貴重な単行本を読むことができる漫画好きにはたまらない施設だ。

パパ・ママの声

「富永一朗漫画廊」には、高梁市名誉市民で、人気TV番組「お笑いマンガ道場」で活躍した漫画家・富永一朗さんの色鉛筆彩色の原画「かわかみ・雲海」などが展示されているので、ぜひ見てみて。

☎ 0866-48-3664　おでかけMAP P178-D1

住岡山県高梁市川上町地頭1834-1　営9:00～17:00
休金曜（祝日の場合は前日）　料大人400円（市内在住で65歳以上の方無料）、子ども300円（高校・大学生）、200円（小・中学生）、幼児無料　P50台　交岡山自動車道賀陽IC、または山陽自動車道笠岡ICから約60分

ミュージアム
公園

瀬戸内市

［びぜんおさふねとうけんのさと びぜんおさふねとうけんはくぶつかん］

備前おさふね刀剣の里 備前長船刀剣博物館

歴史を学び刀言葉クイズに挑戦

情熱と伝統が生きる日本刀の世界へ

所要時間 60分

日本刀を専門に展示する、全国でも珍しい博物館。日本刀の種類や各部の名称を学べ、実際に職方（しょくかた）が作業する様子も一般公開されている。工芸製作講座もあり、家族で刀剣造りが体験できる。ふれあい物産館では刀剣の里ゆかりの作品を展示販売。毎月第2日曜には、古式鍛錬を公開！

パパ・ママの声

備前長船刀剣工房では、刀剣職方の作業風景を間近で見学できます。日曜、祝日は研師（とぎし）・柄巻師（つかまきし）、第2日曜は鞘師（さやし）が来場し、実演を公開しているので見どころ満載です。

☎0869-66-7767　おでかけMAP P179-F1

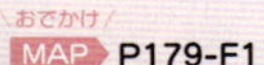

住岡山県瀬戸内市長船町長船966　営9:00～17:00（入場は～16:30）　休月曜（祝日の場合は翌日）、祝日の翌日、展示入れ替えの時　料大人500円、300円（高校·大学生、要学生証）、中学生以下無料　P40台　交山陽自動車道山陽ICから約30分または、JR香登駅から徒歩20分

笠岡市

［かさおかしりつかぶとがにはくぶつかん］

笠岡市立 カブトガニ博物館

生きたカブトガニを観察できる

世界で唯一のカブトガニがテーマの博物館

所要時間 60分

国指定天然記念物·カブトガニの繁殖地に臨む博物館。アンモナイトなどの貴重な化石に触れるタッチコーナーが人気。成体のカブトガニはエントランスと大水槽で、幼生は飼育展示室で見ることができる。運が良ければ春から秋にかけて、カブトガニの赤ちゃんを見ることができる。

パパ・ママの声

博物館に隣接する「恐竜公園」では、子どもに人気のティラノサウルスをはじめ、7種8体の実物大の恐竜が展示されています。タイムスリップをしたような気分になれるので、子ども連れに人気です。

☎0865-67-2477　おでかけMAP P178-D2

住岡山県笠岡市横島1946-2
営9:00～17:00（入館は～16:30）　休月曜（祝日の場合は翌日、夏休み期間はなし）　料大人520円、子ども210円（小·中学生）、310円（高校生）、幼児無料
P120台　交山陽自動車道笠岡ICから約30分

公式HP

倉敷市

クーポンあり

［ももたろうのからくりはくぶつかん］

桃太郎のからくり博物館

所要時間 30分

おでかけMAP P179-E2

桃太郎のモデルは実在したのか、なぜ犬·サル·キジが家来になったのか、などの桃太郎に関わる謎に迫る博物館。

☎086-423-2008
住岡山県倉敷市本町5-11
営10:00～17:00
休なし　料大人600円、子ども400円（小·中·高校生）、幼児100円（5歳以上）、無料（4歳以下）
Pなし　交山陽自動車道倉敷ICから約15分、またはJR倉敷駅から徒歩15分

井原市

［きょうがまるぐりーんぱーく］

経ヶ丸グリーンパーク

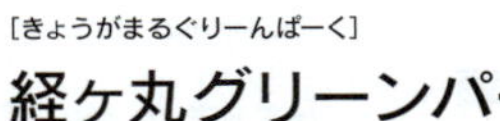

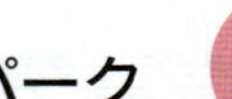

所要時間 半日

おでかけMAP P178-D2

ファミリー向けの体験型アミューズメントパーク。80mのロング滑り台など、子どもから大人までが楽しめる施設だ。

☎0866-67-3511
住岡山県井原市笹賀町1682-1
営8:30～17:30（4～9月～18:00）
休火曜（キャンプ場は除く）
料入場料無料（一部有料施設あり）
P127台　交山陽自動車道笠岡ICまたは福山東ICから約40分

岡山市

［おかやましてぃみゅーじあむ］

岡山シティミュージアム

所要時間 60分

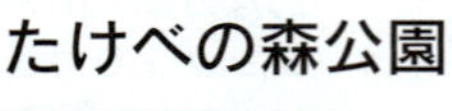

おでかけMAP P179-F2

岡山の歴史や今、誇りを展示発信し、次世代へ引き継ぐ博物館。地元岡山に焦点を当てた展覧会を開催している。

☎086-898-3000
住岡山県岡山市北区駅元町15-1（旧岡山市デジタルミュージアム）　営10:00～18:00　休月曜（祝日の場合は翌日）、展示替日　料大人300円（65歳以上無料）、子ども200円（高校·大学生）、無料（中学生以下）、幼児無料　Pなし　交山陽自動車道岡山ICから約15分、またはJR岡山駅から徒歩2分

岡山市

［たけべのもりこうえん］

たけべの森公園

所要時間 120分

おでかけMAP P179-F1

100種以上の桜を植栽しており、3月下旬から4月下旬までの1カ月間、華麗に咲き競う風景は一見の価値あり。

☎086-722-3111
住岡山県岡山市北区建部町田地子1571-40
営9:00～17:00
休月曜（桜の季節と夏休み期間中はなし、要問い合わせ）　料大人300円（高校生以上）、子ども200円（小·中学生）、幼児無料　P650台
交山陽自動車道岡山ICから約40分

赤磐市

[くまやまえいこくていえん]

熊山英国庭園

ガゼボに絡むドロシーは美しい

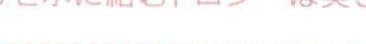

華麗に咲き誇るバラやハーブたち

所要時間 60分

廃校になった小学校を利用して造られており、花を観賞しながら、花作りについても学べるイングリッシュガーデン。イングリッシュローズやオールドローズなど約250種800本のバラが、5月中旬から6月上旬に見ごろを迎える。体験棟ではアロマ教室やワークショップが不定期で開催されている。

パパ・ママの声
毎年GWには英国庭園まつりを開催。ミニコンサートでは、毎年さまざまなジャンルの音楽が披露され、まつりを盛り上げてくれます。また、手作り品などを販売するフリーマーケットが人気です。

☎ 086-995-9300　おでかけMAP P179-F1
住岡山県赤磐市殿谷170-1
営9:00～18:00(10～2月は～17:00)
休水曜(祝日の場合は翌日)　料大人無料、子ども無料、幼児無料　P80台
交山陽自動車道山陽IC、または和気ICから約20分

倉敷市

[くらしきすぽーつこうえん]

倉敷スポーツ公園

スカイロープに乗って遊ぼう!

本格スポーツと自然観察を満喫

所要時間 30分

3万人収容のマスカットスタジアムをはじめ、テニスコートやトレーニングジムなど屋内外のスポーツ施設が充実。本格スポーツがまだ難しいちびっこもわんぱく広場の吊り橋、スカイロープなどのアスレチック遊具で楽しめる。スポーツの後は、水生植物池で自然を体感するのもおすすめだ。

パパ・ママの声
公園内のマスカットスタジアムではプロ野球の試合が開催されています。また、スポーツ展示室には地元出身の野球選手たちのユニフォームなどが展示されており、野球好きの男の子は必見です。

☎ 086-463-7070　おでかけMAP P179-E2
住岡山県倉敷市中庄3250-1
営6:30～21:00
休12月中旬に約2日間(要問い合わせ)
料大人無料、子ども無料、幼児無料(施設利用は有料)
P600台　交JR中庄駅から徒歩8分

公式HP

倉敷市

[くらしきみらいこうえん]

倉敷みらい公園

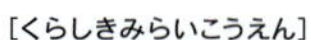

所要時間 60分　おでかけMAP P179-E2

緑道と芝生広場を備えた緑地からなる水と自然が豊かな公園。園内は約350本の樹木や四季の花に彩られている。

☎ 086-426-3495
住岡山県倉敷市寿町12-1
営24時間
休なし
料大人無料、子ども無料、幼児無料
Pなし
交JR倉敷駅から徒歩4分

真庭市

[ひるぜんはーぶがーでん・はーびる]

蒜山ハーブガーデン・ハービル

所要時間 50分　おでかけMAP P181-E3

3つの山が連なる蒜山三座を望む雄大な大地のもと、四季折々のハーブや草花が咲き誇る空中庭園は一見の価値あり。

☎ 0867-66-4533
住岡山県真庭市蒜山西茅部1480-64
営9:00～17:00(季節により変更あり)
休4～11月はなし、12～3月は休園
料大人300円、子ども200円(中・高校生)、小学生以下無料、幼児無料
P80台　交米子自動車道蒜山ICから約5分

岡山市

[おかやましにちおうじしぜんのもりすぽーつひろば]

岡山市日応寺自然の森スポーツ広場

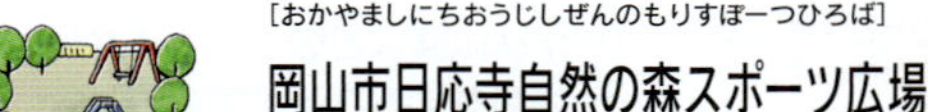

所要時間 半日　おでかけMAP P179-F1

緑豊かな環境でレクリエーションやさまざまな自然体験ができる施設。子どもからお年寄りまで三世代で楽しめる。

☎ 086-294-4670
住岡山県岡山市北区日応寺200
営9:00～17:00
休月曜(祝日の場合は翌日)
料大人無料、子ども無料、幼児無料
P125台
交山陽自動車道岡山ICから約20分

赤磐市

[さんようふれあいこうえん]

山陽ふれあい公園

所要時間 120分　おでかけMAP P179-F1

広大な敷地に体育館、屋内プール、自然豊かな森、バーベキューのできる休憩所など無料の施設がそろっている。

☎ 086-955-4432
住岡山県赤磐市正崎1368
営9:00～21:00(日曜、祝日は～17:00)
休月曜、祝日の翌日
料大人無料、子ども無料、幼児無料
P484台
交山陽自動車道山陽ICから約10分

岡山

玉野市

［みやまこうえん］

みやま公園

ミニパターゴルフも体験できる

自然がいっぱいの広大な都市公園

所要時間 半日

約200haの広さを誇る広大な園内には5つの池が点在し、緑に囲まれて散策できる遊歩道やサイクリングロードもあり四季折々の植物が楽しめる。プレイゾーンではミニパターゴルフ大人500円、中学生以下300円ができるほか、遊具のあるわんぱく広場がある。ドッグランも人気。

パパ・ママの声
園内にはイギリス人ガーデン・デザイナー、ピーター・サーマン氏の設計による深山イギリス庭園があり、伝統を重んじた本格派のイングリッシュガーデンが観賞できる。バラ園も隣接しています。

☎0863-21-2860　おでかけMAP P179-F2
住岡山県玉野市田井2-4490
営24時間（事務所8:30～17:15）
休なし、事務所・有料施設は水曜（祝日の場合は翌日）
料入園無料（一部有料施設あり）
P1000台　交瀬戸中央自動車道水島ICから約30分

公式HP

倉敷市

［にょちくどう］

如竹堂

マスキングテープで紙袋を作ろう

マスキングテープでオリジナル作品を

所要時間 10分

倉敷の和紙製品にこだわり、カモ井加工紙の「mt」、倉敷意匠計画室や倉敷町家テープ制作委員会の作品などを販売する。店の奥に小さな机が置かれ、訪れた人がマスキングテープを使って自分の好みに合わせてオリジナルの紙袋を作ることができる。また、全国から集めた紙風船や便箋なども販売。

パパ・ママの声
オリジナル紙袋と同じようにうちわにマスキングテープを貼って、世界に1つしかないオリジナル作品を作ることもできます。一度にたくさんのマスキングテープを選ぶことができ、とても楽しいです。

☎086-422-2666　おでかけMAP P179-E2
住岡山県倉敷市本町14-5
営10:00～17:30　休なし
料大人無料、子ども無料、幼児無料
Pなし　交山陽自動車道倉敷ICから約15分、またはJR倉敷駅から徒歩20分

公式HP

瀬戸内市

クーポンあり

［さぶかぜとうげいかいかん］

寒風陶芸会館

茶碗や湯飲みなどが作れる

陶芸の技を磨く豊富なコース

所要時間 90分

備前焼のルーツといわれる「須恵器」の焼かれていた史跡を抱く寒風陶芸の里の中心的施設。寒風、備前焼（期間限定）、呉須絵付け、色絵付けのカテゴリーの中に数種類の体験コースが用意されている。陶芸の技にさらに磨きをかけたい人は、豊富なコースの中から自分にぴったりのものを探そう。

パパ・ママの声
自分で作った作品を思い通りに窯で焼いて仕上げられる貸し登り窯があります。利用料金は1回10万円で、期間は2週間以内。本格的に陶芸にチャレンジしたい人はぜひ挑戦してみて。

☎0869-34-5680　おでかけMAP P179-G2
住岡山県瀬戸内市牛窓町長浜5092
営9:00～17:00（体験受付は～15:00）
休月曜（祝日の場合は営業）、祝日の翌日
料大人無料、子ども無料、幼児無料※体験コースは900円～　P30台　交岡山ブルーライン邑久ICから約7分

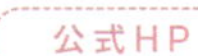
公式HP

高梁市

［びっちゅううじいろどりのやまざと のうそんこうえん］

備中宇治彩りの山里 農村公園

体験メニューで人気のピザ作り

さまざまな農村体験ができる施設

所要時間 半日

2万㎡以上を誇る広大な自然の中に、特色豊かな公園と村が点在する、どこか懐かしさを感じることができる農村公園。施設内ではこんにゃく作り体験やいなかとうふ作り体験などのさまざまないなか体験をすることができるとあって、個人、団体問わず多くの体験者で賑っている。

パパ・ママの声
ピザは生地から作るので、もちもちした食感が美味しいです。生地にのせる具材は、地元の旬の野菜が中心で、たっぷりトッピング！　熱々のピザを食べながら笑顔で交流できました。

☎0866-29-2001　おでかけMAP P178-D1
住岡山県高梁市宇治町穴田3487-3
営10:00～16:00（要予約）　休不定
料大人無料、子ども無料、幼児無料、手作り体験メニューは有料　P20台
交岡山自動車道賀陽ICから約50分

公式HP

公園体験

美作市

クーポンあり

[みまさかしあいのむらぱーく]

美作市
愛の村パーク

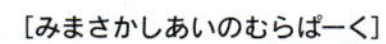

こんにゃく作り体験は520円

自然の素材を使った数々の手作り体験

所要時間 120分

自然いっぱいのロケーションが魅力のリラクゼーション施設。絶景が望める展望露天風呂、ローラー滑り台などを備えた遊具広場など、盛りだくさん。里山ならではのハーブ石けん作りやこんにゃく作り（要予約）も体験できる。家族やグループで宿泊できるコテージ（要予約）も人気。

パパ・ママの声
こんにゃくやハーブなど自然の素材を使った手作り体験が人気。期間限定のものは予約が必要。入り口付近で行われている特産品の販売も見逃せません。地元の野菜なども販売しています。

手作り体験工房やレストラン、天然温泉施設があるミレットハウス

おかずバイキング
自然の恵みが盛りだくさんなヘルシーバイキング

レストラン ベール・ドゥ
地元でとれた新鮮な食材を使った和・洋食が味わえる

ゆらりあ
天然露天風呂ゆらりあは月ごとにハーブの湯が変わる

☎ 0868-78-0202　おでかけMAP P181-H3

住岡山県美作市後山1872
営10:00～17:00（体験は14:00～16:00）
休水曜（祝日の場合は翌日）
料入場無料　P300台
交鳥取自動車道大原ICから約15分

公式HP

井原市

[ちゅうせいゆめがはら]

中世夢が原

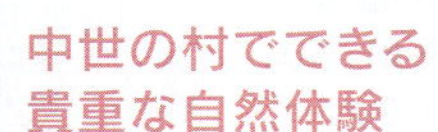

タイムスリップしたような風景

中世の村でできる貴重な自然体験

所要時間 60分

鎌倉から室町時代にかけての吉備高原一帯の様子を再現した施設で、農家、館、山城や農具などを展示している。自然を散策しながら竹とんぼ作り150円や、ハンカチの藍染め800円、そば打ち体験650円、ラベンダーの小物作り200円、田舎汁作り500円などが体験できる（要予約）。

パパ・ママの声
中世の町並みが再現され、中世時代を知ることができます。また藍染めや遊びなどを体験することも。刀鍛冶や炭焼き職人の力強い技にも注目です。季節ごとのイベントを狙っていくのもおすすめ。

☎ 0866-87-3914　おでかけMAP P179-E2

住岡山県井原市美星町三山5007
営9:30～16:00　休木曜、祝日の翌日
料大人500円（中学生以上）、子ども300円（小学生）、幼児無料　P300台
交山陽自動車道笠岡ICから約30分

公式HP

小田郡

[すいしゃのさと ふるーつとぴあ]

水車の里フルーツトピア

うどんは大きな窯でつくられる

フルーツ農園でうどん作り体験

所要時間 半日

直径5mの巨大水車が目印の観光農園では、ナシ、ブドウ、イチゴなどをその場で味わったり、芋掘りやナシ・ブドウの袋かけをしたりと、農業体験が楽しめる。また、地元で古くから作られていたうどん作りの体験（8人以上）もできる。農業体験は季節によって内容が異なるので、事前に連絡をしてみよう。

パパ・ママの声
10月上旬～下旬に行う芋掘り700円は、1人1袋持ち帰れます。3日前までに予約を。ピザ作り1枚1000円や手打ちうどん1000円は年中体験できるので、いつでも楽しめますよ（7日前までの要予約）。

☎ 0866-83-3423　おでかけMAP P179-E2

住岡山県小田郡矢掛町東三成3974-20
営9:00～17:00（体験は9:00～16:00）　休なし
料大人無料、子ども無料、幼児無料、体験有料（要予約）
P100台
交山陽自動車道鴨方ICから約20分

公式HP

岡山

体験

倉敷市

クーポンあり

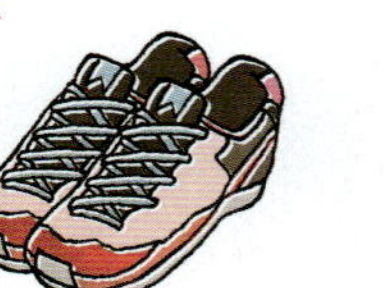

［きっこうどう びかんちくてん］

橘香堂 美観地区店

むらすゞめを自分で焼けば味も◎

ふっくら作りたて 焼く香りも楽しめる

所要時間 5分

岡山県内に6つの直営店を構える老舗和菓子店。美観地区店には、登録商標がされている銘菓「むらすゞめ」の体験工房があり、店舗で申し込めば手焼き体験ができると人気を集める。新鮮な卵と小麦粉を使用した生地を高温の鉄板でクレープ状に焼き、小豆あんを包んで出来上がり。喫茶コーナーも。

パパ・ママの声
案外難しいですが、自分で焼くからよりおいしく感じます。ジャンボサイズはあんの中に白玉団子が入りおどろきのサイズです。手焼き体験でしか味わえません。小学生以上の人は体験してみましょう!

☎ 086-424-5725

おでかけMAP P179-E2

住岡山県倉敷市阿知2-22-13 営9:00～18:00(手焼き体験は10:00～16:00) 休なし 料入館無料、手焼体験(普通サイズ3個600円※小学生以上、身長120cm以上) Pなし 交山陽自動車道倉敷ICから約15分、またはJR倉敷駅から徒歩10分

公式HP

玉野市

［えきひがしそうこ ぎゃらりー みなと］

駅東創庫 Gallery Minato

もの作り体験ができる(要予約)

体験と見学ができるアートスペース

所要時間 120分

染色、木工、陶芸、彫刻、立体造型、絵画、手工芸など、多岐にわたるジャンルの作家が集まった総合アトリエ。要予約で体験教室や工房見学ができる(オープンアトリエは毎月第1日曜のみ)。各工房では、発泡スチロール工作、抽象絵画ワークショップや型染め体験をはじめ、造形体験ができる。

パパ・ママの声
ここに来れば、作品展示ブースや制作風景などを見学することができます。作家の方がいるときは、時に指導をしてもらえるチャンスがあるかも。作品づくりを始めようという人におすすめのスポット。

☎ 0863-32-0081

おでかけMAP P179-F2

住岡山県玉野市築港5-4-1 営10:00～17:00 休火曜 料大人無料、子ども無料、幼児無料(体験は有料) P30台 交瀬戸中央自動車道水島ICから約30分、またはJR宇野駅から徒歩2分

公式HP

瀬戸内市

［おかやまいこいのむら］

岡山いこいの村

所要時間 半日

おでかけMAP P179-G2

瀬戸内の多島美が望める自然いっぱいの体験リゾート施設。日帰りで手軽にできる体験や宿泊プランも多数ある。

☎ 0869-25-0686
住岡山県瀬戸内市邑久町虫明大平山5652-11
営24時間(体験は11:00～16:00※要予約)
休なし
料大人無料、子ども無料、幼児無料
P100台
交ブルーライン自動車道大平山ICから約5分

勝田郡

［おかやまふぁーまーず・まーけっと のーすゔぃれっじ］

おかやまファーマーズ・マーケット ノースヴィレッジ

所要時間 半日

おでかけMAP P181-G4

岡山県北部の緑豊かな中山間地の農業が盛んな勝央町にある、農業をテーマとした交流体験型の農業公園で売店もある。

☎ 0868-38-1234
住岡山県勝田郡勝央町岡1100
営9:00～17:00
休水曜(12～2月は火・水曜)※春・夏休み期間中はなし
料大人無料、子ども無料、幼児無料
P600台 交中国自動車道美作ICから約5分

和気郡

クーポンあり

［わけうつくしいもり］

和気美しい森

所要時間 90分

おでかけMAP P179-F1

古い面影を残す集落が点在する里山地域にあり、戦国時代の歴史的な雰囲気を感じながらアウトドア体験が可能。

☎ 0869-92-0670
住岡山県和気郡和気町木倉2605
営9:00～16:00
休水曜(祝日の場合は営業)
料大人無料、子ども無料、幼児無料、キャンプ・宿泊施設は有料
P74台 交山陽自動車道和気ICから約20分

岡山市

クーポンあり

［あしもりぷらざとうげい、もっこうたいけん］

足守プラザ陶芸、木工体験

所要時間 90分

おでかけMAP P179-E1

足守は江戸時代の陣屋として栄え現在も当時の街並みを残す。足守プラザはその一角にある手ごろに体験ができる工房。

☎ 086-295-0001
住岡山県岡山市北区足守979 営9:00～16:30(体験受付は9:30～15:00、レストランは9:00～15:30) 休月曜(祝日の場合は翌平日)、木工芸体験は土曜のみ 料大人無料、子ども無料、幼児無料、体験は1020円～ P17台
交岡山自動車道岡山総社ICから約15分

倉敷市

クーポンあり

［くらしきあいびーすくえあ あいびこうぼう］

倉敷アイビースクエア 愛美工房

美しい中庭広場でのんびりしよう

多様な体験を楽しめる文化施設

所要時間 120分

赤煉瓦の壁に蔦がからまる印象的な外観の倉敷美観地区を代表する複合文化施設。ホテルやレストラン、土産物屋をはじめ、文化やレジャーを満喫できる施設が充実している。絵付けや手びねり体験ができる陶芸教室のほか倉敷紡績の歴史を展示した倉紡記念館など家族みんなで楽しめる。

パパ・ママの声

蔦が彩る赤煉瓦の建物がすてきです！　広場には池やベンチがあり、ゆっくりすることができますよ。オルゴールや地元工芸品などいろんなショップがあるので、お土産選びが楽しかったです。

☎ 086-424-0517

おでかけMAP P179-E2

住 岡山県倉敷市本町7-2
営 9:00〜17:30　休 なし
料 大人無料、子ども無料、幼児無料（体験は有料）
P 120台（30分200円〜）
交 山陽自動車道倉敷ICから約15分

公式HP

呉須（ゴス）という絵の具や陶芸用のカラーパステルを使った絵付け体験は1100円〜2530円

愛美工房売店
倉敷特産の商品を数多く取りそろえるショップ

マスキングテープ
カラフルで種類も豊富なマスキングテープ

京遊印本舗
リンゴの木や嵯峨竹の形を生かしたオリジナル印

世界に1つだけのオリジナルの器が作れる、手びねり体験2200円、備前焼体験3500円。焼き上げて約2カ月後に完成！

絵付けや手びねり体験はしっかり教えてくれるので安心

引っ掻いて模様を描く、「掻き落とし体験」1500円

岡山

岡山市

［かばやらいぶらりー］

カバヤライブラリー

フルーツを描いた窓

パパ・ママの声

見学をした記念に「ジューC」がもらえました。1978年から発売されて伝説となった「ビッグワンガム」のおまけのプラモデルは必見です。自動車や飛行機などのスケールモデルがすばらしいです。

お菓子を通して夢を届けてくれる

所要時間 60分

「さくさくぱんだ」「塩分チャージタブレッツ」などの菓子を製造・販売するカバヤ食品の見学施設。キャンディ製造ラインおよび包装・袋詰めの工程が見られる見学ルートと、カバヤの歴史を伝える資料が展開されている。懐かしいポスターやおまけが並ぶコーナーは大人のほうがくぎづけに。

☎ 086-724-4300

おでかけMAP P179-F1

住岡山県岡山市北区御津野々口1100
営見学実施9:30～11:30（問い合わせは9:00～12:00、13:00～17:00） 休土・日曜、祝日、夏季休暇
料大人無料、子ども無料、幼児無料
P10台 交JR津山線野々口駅から徒歩5分

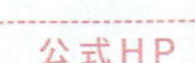

1978年に販売開始の「ビッグワンガム」のおまけを展示したスペースは大人気

包装ライン

1分間に140袋という速さで機械が1箱ずつこん包

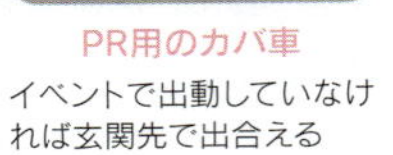

PR用のカバ車

イベントで出動していなければ玄関先で出合える

エントランス

昭和20年代の貴重な資料が並ぶ

温度を調整しながら飴のかたまりをシート状に引き延ばしていく作業の様子を見学することができる

カバヤのお菓子がひと目で分かるディスプレー

エントランスではカバのぬいぐるみや置物が迎えてくれる

倉敷市

［くらしきかわぶねながし］

くらしき川舟流し

ゆったりと進む舟で景色を楽しめる

白壁や柳並木を舟上から風流に見物

所要時間 20分

倉敷美観地区は江戸時代には米の積出地として栄え、倉敷川は物資を積んだ川舟の往来でにぎわった。のんびり進む舟の上から、普段の散策とは違う目線でゆっくりと白壁の町並みを眺められる。チケットは舟着場近くのチケット売場で販売。ウェディングでの貸切も可能。(前日までに要予約)

パパ・ママの声

船頭さんの説明を聞きながら、両岸に立ち並ぶ昔ながらの白壁の蔵が望めます。情緒豊かな風景が旅の思い出になりました。倉敷駅前観光案内所で川舟きりえのうちわ300円～(数量限定)も販売。

舟流しの舟は中橋の南側の舟着き場から30分おきに出航している

すげ笠

三角形をした「すげ笠」を被り、風情を味わえる

倉敷館観光案内所

大正6年築の洋風木造建築。現在は休館中

船頭さんのガイド付き

江戸時代の面影が残る町並みを眺められる

☎ 086-422-0542(倉敷物語館臨時観光案内所) おでかけMAP P179-E2

住岡山県倉敷市阿知2-23-18(倉敷物語館臨時観光案内所) 営9:30～最終便17:00 休第2月曜(祝日は除く)、12～2月は月～金曜(祝日は除く) 料大人500円、子ども250円(5歳～小学生以下)、幼児無料 交山陽自動車道倉敷ICから約15分、またはJR倉敷駅から徒歩15分

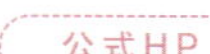

公式HP

真庭市

クーポンあり

［じんりきしゃまつもと］

人力車まつもと

情緒あふれる町並みを楽しむ

美しい町並みを人力車でお散歩

所要時間 15分

2人乗りの人力車は、美しい町並み大賞を受賞した勝山地区を運行。運行は不定期で、3日前までの予約となっている。フーテンの寅さんの最終作のロケ地ともなっている情緒あふれる町並みを眺めながら、ゆっくりと進む。基本料金が1000円という安価な料金設定でリピーターも多い。

パパ・ママの声

中国勝山駅から旧真庭市役所前を中心に案内。のれんの町並みをバックにした記念写真撮影や無料ガイドとの楽しいトークがとっておきの旅の思い出に。普段と違う乗り物に子どもたちも喜ぶはず。

勝山・町並み保存地区を人力車に乗って散策

勝山・町並み保存地区

人力車は情緒あふれる町並みにぴったり

記念撮影

乗車した後は記念撮影をするのがオススメ

石畳の上を走る

石畳の上を走るので心地よい振動が伝わってくる

☎ 090-4800-5023 おでかけMAP P181-F4

住岡山県真庭市勝山440 営10:00～16:00(3日前までに要予約) 休なし 料大人1000円(中学生以上)、子ども700円(4歳～小学生)、幼児無料 P10台 交中国自動車道落合ICから約16分、またはJR中国勝山駅から徒歩5分

岡山

岡山市

［おかやまこうらくえん］

岡山後楽園

美しい庭とともに、岡山城が望める

日本三名園の一つで世界に誇る特別名勝

所要時間 60分

江戸時代に造られた壮大な大名庭園。芝生地や池、築山、茶畑などが道や水路で結ばれ、巡り歩くことで景色の変化が楽しめる。周囲の山が風景に取り入れられ、一層空間に広がりが生まれている。春の桜やツツジ、夏はハス、秋は紅葉、冬のツバキといった四季折々の花木も見どころ。

パパ・ママの声

どこから見ても絵になる風景。唯心山からは園内が一望できるので、ぜひ登ってみて。鶴舎には美しいタンチョウの姿が見られます。季節や天候によっても印象が違って何度も訪れたくなります。

☎086-272-1148　おでかけMAP P179-F2

住岡山県岡山市北区後楽園1-5　営3/20～9/30は7:30～18:00、10/1～3/19は8:00～17:00　休なし　料大人400円(15歳以上)、子ども無料(高校生以下、H31/3/31まで)、幼児無料
P570台(1時間100円)　交山陽自動車道岡山ICから約20分、またはJR岡山駅から直通バスで約10分、後楽園前バス停から徒歩すぐ

公式HP

真庭市

クーポンあり

［きゅうかむら ひるぜんこうげん］

休暇村 蒜山高原

蒜山三座の標高500mに建つ宿

遊んで食べて家族で楽しめる

所要時間 1日

高原に佇むリゾートホテル。自慢の「天然ラドン温泉」は弱アルカリ性のお湯でよく温まり、展望大浴場からの景色も見事だ。日帰り入浴は11:00～14:30、18:30～20:30。レンタサイクルやテニスなどのアクティビティーも楽しめる。隣接するレストハウス「白樺の丘」ではランチ営業もある。

パパ・ママの声

蒜山高原を一望できる天然ラドン温泉があり、のんびりとした時間が過ごせます。普通に宿泊するよりもお得になる宿泊プランがHPで紹介されているので、事前にぜひチェックしてみて。

☎0867-66-2501　おでかけMAP P181-E3

住岡山県真庭市蒜山上福田1205-281
営7:00～21:00　休なし(日帰り入浴はメンテナンス日あり、要問い合わせ)　料大人無料、子ども無料、幼児無料、宿泊と日帰り温泉は有料
P150台　交米子自動車道蒜山ICから約10分

公式HP

倉敷市

［べてぃすみす じーんずみゅーじあむにごうかん］

ベティスミス ジーンズミュージアム2号館

児島ジーンズなどを展示

さまざまな視点から国産ジーンズを追求

所要時間 45分

1970年代に稼働していた洗い工場をリノベーションした、ジーンズミュージアムの2号館。児島で生まれた国産ブランドの各時代の製品や懐かしいポスター、デニム専用の大型洗濯機やミシンなど、児島ジーンズにまつわるさまざまなものを展示。また、ジーンズ作りの工程の一部が体験できる。

パパ・ママの声

ミュージアムはジーンズをテーマにしたアミューズメントエリアの中にあって、ほかにも工場やオリジナルジーンズが作れる体験工場、アウトレットショップなどがあるので、家族で楽しめますよ。

☎086-473-4460　おでかけMAP P179-E2

住岡山県倉敷市児島下の町5-2-70
営9:00～18:00　休なし
料大人無料、子ども無料、幼児無料
P10台
交瀬戸中央自動車道児島ICから約15分

公式HP

総社市

クーポンあり

［きびじもてなしのやかた］

吉備路もてなしの館

吉備路おこわなどを堪能

吉備の見所が分かる観光案内所

所要時間 30分

吉備路風土記の丘県立自然公園内にある観光案内所。北側正面には国分寺五重塔が見える。敷地内には休憩コーナー・展示ギャラリー・特産品コーナーなどを設置した館も。木材の香りや温かみが感じられ、バリアフリーを考慮した設計が心地いい。また、吉備路の風が感じられる東屋もある。

パパ・ママの声

もてなしの館の目玉のミルクソフトクリーム350円は岡山市足守にある安富牧場「ファミーユ」のオリジナル商品。新鮮な牛乳をふんだんに使った優しい味わいが大人気で、病みつきになります。

☎0866-94-1048　おでかけMAP P179-E2

住岡山県総社市宿418
営10:00～17:00　休なし
料大人無料、子ども無料、幼児無料
P200台
交岡山自動車道岡山総社ICから約10分

公式HP

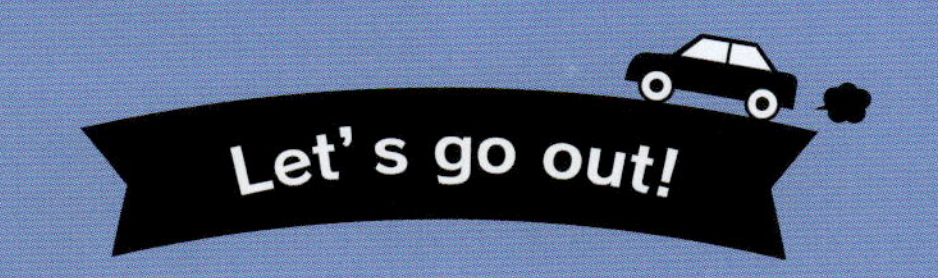

島根県

SHIMANE

［おくいずもやまなみふぁーむ］

奥出雲やまなみファーム

人懐っこいポニーがお出迎え

パパ・ママの声

普通の馬だともっと迫力がありますが、ポニーなので子どもも怖がらず、気軽にふれあいが楽しめました。ポニーたちの優しい目、ポクポク歩く姿を見ているだけでも心が和みますよ。

かわいいポニーとふれあえる牧場

所要時間 120分

2018年4月オープンのポニー5頭がいる小さな牧場。馬との交流を通して心身が癒やされる「ホースセラピー」が体感できる。乗馬体験をはじめ、奥出雲町の自然を満喫できるロケーションでポニーたちとのふれあいを楽しんで。遊具が充実した「みなり遊園地」からも近く、ファミリーにおすすめ。

☎ 090-3378-4613　おでかけMAP P180-C3

住島根県仁多郡奥出雲町三沢布屋
営土・日曜・祝日の10:00～16:00　休月～金曜
料中学生以上500円、3歳以上300円
P30台　交松江自動車道三刀屋木次ICから約30分、または中国自動車道三次東ICから約60分

ポニー乗馬体験、5歳～小学生まで1000円。馬場内の半分を2周する

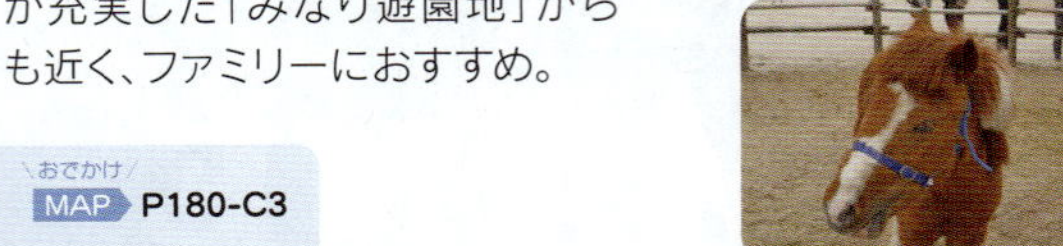

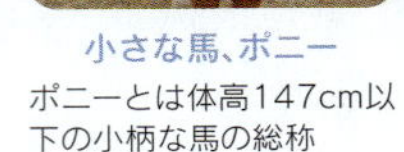

小さな馬、ポニー

ポニーとは体高147cm以下の小柄な馬の総称

周囲に広がる自然

木々に囲まれた牧場で心穏やかなひとときを

小さな子どもでも安心

ポニーなら小型なので乗馬も安心して楽しめる

餌やり体験200円。カップ1杯の野菜を食べさせることができる。ポニーがもぐもぐ食べる姿はとってもキュート

子どもから大人まで楽しめ、子連れファミリーに人気

ポニーたちがのんびり過ごす様子を間近で見られる

浜田市

[しまねけんりつしまねかいようかんあくあす]

島根県立 しまね海洋館アクアス

ガラス一面の魚たちは大迫力

パパ・ママの声
パフォーマンスイベントは時期によって、時間帯が異なるので、事前に確認しておくと良いですよ！　幻想的にライトアップされた水槽や美しいサンゴが広がるコーラルリーフなど見どころ満載です。

イルカやペンギンなど多彩な技にビックリ！

所要時間 半日

中四国エリア最大級の水族館。約400種1万点の海の生き物に出合える。西日本で唯一見られるシロイルカをはじめ、ペンギン、アザラシなど至近距離でのパフォーマンスイベントや食事タイムが人気。シロイルカパフォーマンス再開。国内初となるシロイルカ兄妹によるバブルリングは必見。

☎0855-28-3900　おでかけMAP P177-F1

住島根県浜田市久代町1117-2　営9:00～17:00(夏休み期間中は～18:00)　休火曜(祝日の場合は翌日)、春・夏・冬休み、GW中はなし　料大人1540円、子ども510円(小・中・高校生)、幼児無料　P2000台　交山陰自動車道浜田東ICから約5分

まるで水中を散歩しているかのような海底トンネル。サメやエイが悠々と泳ぐ姿は圧巻

ダイオウグソクムシ
約40cmもある世界最大級のダンゴムシ

クラゲ
季節ごとに種類が変わる幻想的なクラゲの水槽

コーラルリーフ
美しいサンゴ礁と周辺の小型魚が観察できる

シロイルカプールも新たにリフレッシュオープン。日本初の兄妹2頭によるパフォーマンスは必見

キッズルームは、乳幼児に大人気

土産に最適なオリジナル商品やグッズが多彩にそろう

島根

松江市

[まつえふぉーげるぱーく]

松江フォーゲルパーク

クーポンあり

かわいいペンギンと緑の中で出合える!

所要時間 半日

国内最大級の室内ガーデン。センターハウスには、一年を通してベゴニアやフクシアなど世界の花が咲き乱れる。熱帯鳥温室と水鳥温室の二つの温室など園内各所でさまざまな鳥や動物と出合える。手乗せ体験、エサやり体験のほか、フクロウの飛行ショー、ペンギンのお散歩なども行われる。

バードショーも見どころ

パパ・ママの声
バードショーが毎日13:30から芝生広場で開催されます(雨や強風などの悪天候の場合は温室にて)。タカやハヤブサによるダイナミックなショーを見ることができて子どもも大満足です。

☎0852-88-9800　おでかけMAP P180-C2
住島根県松江市大垣町52
営9:00〜17:30(10〜3月は〜17:00)　休なし
料大人1540円、子ども770円(小・中学生)、幼児無料
P250台(2時間無料、以降1時間ごとに200円)
交山陰自動車道松江西ランプから約25分

公式HP

大きなくちばしのオニオオハシなど5種の鳥たちが暮らすパラダイスホール

ウォーターフォールエイビアリー
バラエティー豊かな水鳥たちが暮らす大温室

フォーゲル牧場
ヒツジやエミューたちにも出合える

トロピカルエイビアリー
かわいく着飾ったペンギンたちが園内をお散歩

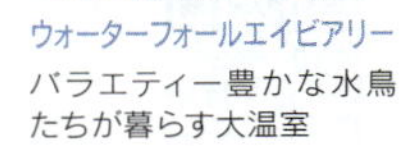

約8000㎡の広さを誇るセンターハウスには、ベゴニア、フクシア、コリウスなど世界各地の品種約1万株を常時展示

「ふくろうハウス」では、間近でふくろうと触れ合える

きれいなお花に囲まれて、まるでお姫様になった気分

邑智郡

[みゅーいのもりぼくじょう]

ミューイの森牧場

全国でも珍しい牛舎のない牧場へ

所要時間 60分

自然な甘さとすっきりした味わい

365日24時間放牧を行う牧場。自然の草花を食べて伸び伸びと育った牛からとれる牛乳を使ったメニューがある。牧場から車で40分離れた「ジェラテリアカフェ・mui」では、さっぱりと甘く、季節ごとに味や香りの違いが楽しめる牛乳を使ったアイスクリームなどがいただけて、人気のスポットだ。

パパ・ママの声
ソフトクリームは牛乳の風味、コク、まろやかさ、食感などすべてが絶妙で驚くほど美味しかったです。カーナビでは対応してない場合があるので、横の「香木の森公園」で検索するのがベスト!

☎ 0855-95-0118　おでかけMAP P177-G1

住島根県邑智郡邑南町矢上3119-3 ミルク工房四季内
営10:30～18:00(夏期延長営業あり)
休不定　料大人無料、子ども無料、幼児無料
P40台
交浜田自動車道瑞穂ICから約20分

公式HP

出雲市

[しまねけんりつ しんじこしぜんかんごびうす]

島根県立 宍道湖自然館ゴビウス

島根の水辺をまるごと楽しもう

所要時間 60分

解説「お魚のお食事拝見!」

水の中にいる気分を味わえるヘルメット型水槽など、子どもから大人まで楽しめる体験学習型水族館。ラムサール条約登録湿地である宍道湖・中海や島根の河川に生息する生きもの約200種1万点を展示。愛嬌のあるハゼ類や渓流の王様ゴギなど島根の川や湖に生息する生きものが見られる。

パパ・ママの声
「だんだんタッチプール」では水中の生きものに触れることができます。また「あそびっ湖まなびっ湖ひろば」にはイスや手洗い場、トイレも近くにあり安心してゆっくりと過ごせるのでおすすめです。

☎ 0853-63-7100　おでかけMAP P180-C3

住島根県出雲市園町1659-5
営9:30～17:00(入館は～16:30)
休火曜(祝日の場合は翌平日)　料大人500円、子ども200円(小・中・高校生)、幼児無料
P100台　交山陰自動車道宍道ICから約15分

公式HP

大田市

クーポンあり

[しまねけんりつ さんべしぜんかんさひめる]

島根県立 三瓶自然館サヒメル

緑に囲まれた自然系博物館

所要時間 90分

毎週土曜に定期天体観察会を開催

島根の自然や環日本海の生い立ちを学べる自然を感じられる博物館。三瓶山の自然に関する情報も満載で、一歩外に踏み出せば大自然に触れることができる。学んだことを実際に見て確かめよう。ビジュアルドームでは、大型ドームスクリーンで星空を映し出すプラネタリウムの体験が可能だ。

パパ・ママの声
北の原草原では四季折々の草花や昆虫、さらに野鳥など自然とふんだんに触れ合うことができます。予約をすれば植物や昆虫、動物、天体、地形、地質などの観察会も体験することができます。

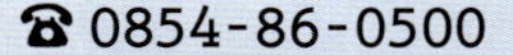

☎ 0854-86-0500　おでかけMAP P180-B4

住島根県大田市三瓶町多根1121-8　営9:30～17:00(4～9月の土曜は～18:00)　休火曜(祝日の場合は翌平日)、夏休み期間中はなし　料大人400円、子ども200円(高校生以下)企画展開催中は別料金、幼児無料　P150台
交松江自動車道吉田掛合ICから約35分

公式HP

広大な緑が広がる北の原草原では、自然観察をめいっぱい楽しもう

三瓶自然館
工夫を凝らした展示と自然学習ができるミュージアム

プラネタリウム
直径20mの大型ドームスクリーンは迫力がある

展示
島根の自然の歴史を化石等で紹介している

島根

松江市

［こくほう まつえじょう］

国宝

松江城

優美で荘厳な城は松江のシンボル

所要時間 90分

国宝である松江城天守は日本に現存する12天守の一つ。千鳥が羽を広げたような入母屋破風の屋根が見事なことから、「千鳥城」とも呼ばれる。桐の階段や戦闘用の石落としなどが約400年前の築城時の姿を物語る。最上階の望楼からは360度のパノラマで宍道湖まで望める。

展望台からは松江市が一望できる

パパ・ママの声

さすが国宝だけあって歴史のある貴重なものが多いですね。最上階の眺めも良く、子どもも喜んでくれました。まつえ若武者隊の案内も分かりやすくて楽しかったですよ。見どころ満載です！

☎0852-21-4030　おでかけ MAP P180-D2

住島根県松江市殿町1-5　営8:30～18:30（10～3月は～17:00、登閣受付は30分前）　休なし　料大人560円（高校生以上）、子ども280円（小・中学生）、幼児無料、外国の方は280円。障害者手帳、療育手帳などの所持者および介護者1名は無料、2018年8/1～大人670円、外国人340円　P大手前Ⓟ67台（1時間未満300円）　交JR松江駅から「ぐるっと松江レイクライン」バスで10分、国宝松江城大手前バス停下車、徒歩すぐ

国宝・松江城は日本で数少ない、江戸時代に築城された天守がそのまま現存する歴史

松江水燈路

9～10月末に行われるライトアップイベント

祈祷札

松江城の築城時期が記された祈祷札

松平直政公初陣の像

松江城の松平初代藩主直政の像

「日本の桜名所100選」に選ばれた松江城の桜

石垣を登ってくる敵に四角い穴から石を落として攻撃

土・日曜、祝日は松江城を訪れる人をおもてなし ※不在の場合あり

松江市

［しまねけんりつびじゅつかん］

島根県立美術館

水との調和をテーマにした美術館

芸術と絶景が望める気軽で楽しい美術館

所要時間 60分

宍道湖畔という絶好の立地。「水」を主題とした国内外の絵画のほか、彫刻、工芸、写真などを常設展示。芸術鑑賞はもちろん、自慢の景色を眺めたり、野外彫刻と一緒に写真を撮ったりと多彩に楽しめる。本格イタリアンが味わえるレストランも併設。駐車場が3時間無料でのんびり過ごせる。

パパ・ママの声

毎週木曜の10〜12時は「かぞくの時間」として小さな子ども連れでも気兼ねなく作品鑑賞ができる時間があります。子どもが多少大きな声を出してもOK。家族で楽しめるミニミニアート体験も。

「日本の夕陽百選」にも選ばれた宍道湖の夕日が眺められるスポット

エントランスロビー

湖方向が全面ガラス張り。無料開放されている

ロビーからの夕景

刻々と表情を変える、宍道湖の美しい夕景は必見！

宍道湖うさぎ

前から2番目のうさぎに触ると幸せになれるかも

☎0852-55-4700

おでかけMAP P180-C2

住島根県松江市袖師町1-5
営10:00〜18:30（3〜9月は10:00〜日没後30分）
※展示室への入場は閉館30分前まで　休火曜　料入館無料、コレクション展・企画展観覧料は別途有料
P230台　交山陰自動車道松江西ランプから約5分

公式HP

出雲市

［いずもかがくかん］

出雲科学館

触れて動かして科学の不思議を体感

見て触れて作る体験型科学館

所要時間 120分

太陽光発電や雨水利用など環境に配慮した館内には、竜巻の謎に迫る「たつまき発生装置」、万華鏡の中に入ったような「鏡の部屋」など約40の常設展示装置がある。予約なしで参加できるもの作り教室や科学実験教室、プラネタリウム、立体映画上映は週末や夏休みなどの長期休暇期間に開催。

パパ・ママの声

長期休暇期間中（夏休み、GWなど）は大型企画展や子どもたちに人気な各種教室があります。詳しくはHPでチェックしてみて。またリカムショップでは太陽系のパズルや宇宙食などが人気です。

☎0853-25-1500

おでかけMAP P180-C3

住島根県出雲市今市町1900-2　営9:30〜17:30
休月曜（祝日の場合は翌日、夏休み期間はなし）
料大人無料、子ども無料、幼児無料
P125台　交一畑電鉄出雲科学館パークタウン前駅から徒歩5分、またはJR出雲市駅から徒歩12分

公式HP

出雲市

［こうじんだにはくぶつかん］

荒神谷博物館

所要時間 60分

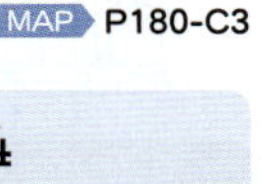

おでかけMAP P180-C3

日本一の青銅器出土数を誇る遺跡・荒神谷遺跡に隣接。最新機器を使った分かりやすい展示で遺跡が学べる。

☎0853-72-9044

住島根県出雲市斐川町神庭873-8
営9:00〜17:00（入館は〜16:30）
休火曜（展示室内のみ）　料大人205円、子ども102円（高校・大学生）、51円（小・中学生）、幼児無料※特別展・企画展期間は変動あり　P190台
交山陰自動車道斐川ICから約5分

大田市

クーポンあり

［すなはくぶつかん にまさんどみゅーじあむ］

砂博物館

仁摩サンドミュージアム

所要時間 60分

おでかけMAP P180-A4

歩くとキュッキュッと琴の音のように鳴る、鳴り砂の浜として知られる琴ヶ浜近くに位置。ガラス工芸体験も人気。

☎0854-88-3776

住島根県大田市仁摩町天河内975
営9:00〜17:00（入館は〜16:30※時期により変更あり）　休水曜（夏休み期間中、2019年1月2日は営業）　料大人700円（高校生以上）、子ども350円（小・中学生）、幼児無料　P200台
交山陰自動車道江津ICから約30分

島根

益田市

［しまねけんげいじゅつぶんかせんたー「ぐらんとわ」］

島根県芸術文化センター「グラントワ」

来館者がくつろげる「きんさい広場」

珍しい複合施設で芸術と文化に触れる

所要時間 120分

美術館と劇場が一体となった全国でも珍しい施設は、石州瓦が壁材としてもふんだんに使われ、建物だけでも一見の価値あり。島根県立石見美術館と島根県立いわみ芸術劇場の双方で、美術・音楽・演劇・映画など、世界レベルの公演が年間を通して行われ、芸術愛好家たちの注目を集めている。

パパ・ママの声
グラントワとは、フランス語で「大きい屋根」の意味だそうです。館内レストラン「Pony」はフランス料理を基本とし、益田産のはまぐりなど地元食材を生かした季節感のある料理が楽しめます。

☎0856-31-1860

おでかけ MAP P177-E2

住島根県益田市有明町5-15　営石見美術館10:00～18:30、いわみ芸術劇場9:00～22:00　休石見美術館火曜、いわみ芸術劇場第2・4火曜　料大人無料、子ども無料、幼児無料　P200台　交中国自動車道戸河内ICから約90分

公式HP

出雲市

クーポンあり

［しまねけんりつ こだいいずもれきしはくぶつかん］

島根県立 古代出雲歴史博物館

平安時代出雲大社の10分の1模型

謎と不思議の古代出雲に迫る

所要時間 60分

出雲大社に隣接し、国宝の青銅器419点を一堂に展示するほか、古代の出雲大社御本殿を支えていた巨大柱（宇豆柱／うづばしら）や平安時代には高さが48mあったとされる出雲大社の10分の1模型など貴重な資料を展示。触って楽しめる展示コーナーや、神話を題材としたシアターも人気。

パパ・ママの声
館内にある「情報交流室」には、さまざまな書物やパンフレットが置いてあります。インターネット検索も無料で使用でき、展示資料や所蔵資料がパソコンで閲覧できて情報収集に便利です。

☎0853-53-8600　おでかけ MAP P180-B3

住島根県出雲市大社町杵築東99-4（出雲大社東隣り）
営9:00～18:00（11～2月は～17:00）
休第3火曜（変更の場合有り）　料大人610円、410円（大学生）、子ども200円（小・中・高校生）、幼児無料
P244台　交山陰自動車道出雲ICから約20分

公式HP

松江市

クーポンあり

［まつえれきしかん］

松江歴史館

城下町・松江の歴史が分かる展示

松江の旅はここからはじまる

所要時間 60分

国宝松江城に隣接した博物館。城下町・松江の成り立ちや藩政、庶民の暮らしなどを紹介した基本展示のほか、企画展も年数回開催。街歩きの前の「学習」の場として最適。甲冑着付体験や火縄銃演武などのイベントをすることも。季節の和菓子を楽しめる喫茶や日本庭園を望む大広間は入館無料。

パパ・ママの声
ソファに寝て天井の映像を見るなど、趣向を凝らした展示が楽しいです。「喫茶きはる」で現代の名工・伊丹二夫氏が実演する創作上生菓子が味わえます。庭園を眺めながら心のぜいたくを堪能。

☎0852-32-1607

おでかけ MAP P180-D2

住島根県松江市殿町279　営8:30～18:30（10～3月は～17:00）　休第3木曜（祝日の場合は翌日）　料入館無料、観覧料大人510円（高校生以上）、子ども250円（小・中学生）、幼児無料 ※企画展示は別途有料　P10台　交JR松江駅から「ぐるっと松江レイクライン」で約15分、堀川遊覧船乗場・歴史館前から徒歩3分

公式HP

安来市

クーポンあり

［やすぎぶしえんげいかん］

安来節演芸館

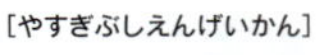

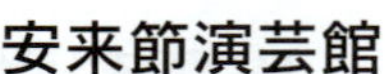

所要時間 60分

おでかけ MAP P180-D3

安来節発祥の地である島根県安来市にある安来節演芸館。桟敷席をイメージしたホールで、生の安来節が楽しめる。

☎0854-28-9500
住島根県安来市古川町534
営10:00～17:00　休水曜（祝日の場合は営業、5・10・11月は第1水曜のみ）
料大人安来節観賞料600円、子ども安来節観賞料300円（小・中学生）、幼児安来節観賞料無料
P115台　交山陰自動車道安来ICから約15分

安来市

［わこうはくぶつかん］

和鋼博物館

所要時間 60分

おでかけ MAP P180-D3

砂鉄と木炭を用いる日本古来の製鉄法「たたら」の歴史と技術、製鉄にまつわる文化を紹介している博物館。

☎0854-23-2500
住島根県安来市安来町1058
営9:00～17:00（最終入館は～16:30）
休水曜（祝日の場合は翌日）　料大人300円、子ども200円（高校生）、無料（中学生以下）
P80台　交山陰自動車道安来ICから約10分または、JR安来駅から徒歩15分

鹿足郡

クーポンあり

[つわのちょうりつ あんのみつまさびじゅつかん]

津和野町立 安野光雅美術館

安野氏のナレーションは必聴だ

空想と想像が広がる津和野の美術館

所要時間 30分

国際アンデルセン賞を受賞した津和野町出身の画家・安野光雅氏の作品を収蔵展示する美術館。酒蔵を思わせる和風建築の館内には、絵本や風景画、装丁画など幅広い分野で活躍する安野氏の作品が見られる展示室がある。また、プラネタリウムでは、四季折々の津和野の星空を楽しめる。

パパ・ママの声
学習棟には、懐かしい昭和初期の木造教室を再現した「昔の教室」があります。その隣にある図書室では、安野作品の画集のほか、世界の絵本や美術書などが閲覧できるので、ぜひ覗いてみてください。

☎0856-72-4155　おでかけMAP P177-E2

住島根県鹿足郡津和野町後田イ60-1
営9:00～17:00(入館は～16:45)
休3･6･9･12月の第2木曜　料大人800円、子ども400円(中･高校生)、250円(小学生)、幼児無料
P10台　交中国自動車道六日市ICから約60分

公式HP

浜田市

[はまだしせかいこどもびじゅつかん]

浜田市世界こども美術館

伸び伸びと創作活動を楽しめる

豊かな感性を養う子ども向けの美術館

所要時間 120分

次代を担う子どもたちのための美術館として誕生したのが、浜田市世界こども美術館。「みること」「つくること」を幼いころから体験させ、美術に触れ合うことで創造力･感性を養うことを目的にしている。週末の創作活動は予約不要。親子で参加でき、週替わりでいろいろな創作が楽しめる。

パパ・ママの声
美術館の3階にある多目的ホールからは、四季折々の変化を見せる雄大な日本海と浜田港を望むことができ、ゆったりと休憩できます。創作活動の休憩がてらに寄ってみてはいかがでしょうか。

☎0855-23-8451　おでかけMAP P177-F1

住島根県浜田市野原町859-1
営9:30～17:00(入館は～16:30)
休月曜(祝日の場合は翌日)、展示替の期間　料大人展覧会によって異なる、子ども展覧会によって異なる、幼児無料
P200台　交浜田自動車道浜田ICから約10分

公式HP

鹿足郡

クーポンあり

[つわのちょうりつ にちはらてんもんだい]

津和野町立 日原天文台

ロマンチックな時間を過ごそう

美しい星たちと科学の魅力に出合う

所要時間 60分

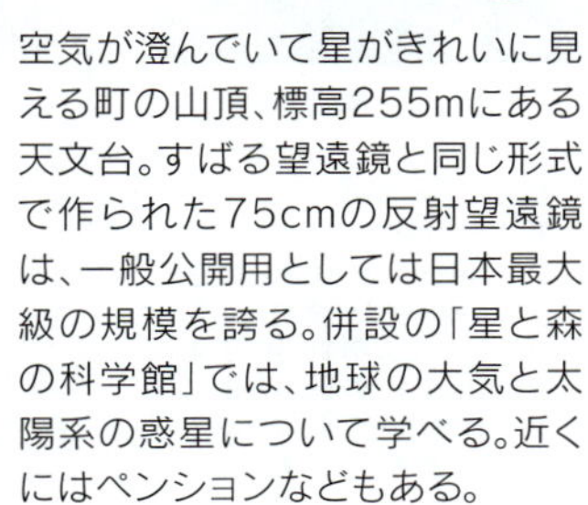

空気が澄んでいて星がきれいに見える町の山頂、標高255mにある天文台。すばる望遠鏡と同じ形式で作られた75cmの反射望遠鏡は、一般公開用としては日本最大級の規模を誇る。併設の「星と森の科学館」では、地球の大気と太陽系の惑星について学べる。近くにはペンションなどもある。

パパ・ママの声
昼から夕方にかけての太陽観測では金星や一等星が見えることも。夜は輝く天の川などが観測できます。空いっぱいに広がる星を見ていると、童心に戻ったようで子どもたちとの会話もはずみます。

☎0856-74-1646　おでかけMAP P177-E2

住島根県鹿足郡津和野町枕瀬806-1　営天文台19:00～22:00、星と森の科学館13:30～21:00(説明付きの見学は～17:00)
休火･水曜(祝日の場合は翌日)　料大人500円、子ども400円(高校生以下)、未就学児は大人1名につき1名無料(2人目からは子ども料金)　P40台　交中国自動車道六日市ICから約45分

公式HP

仁多郡

クーポンあり

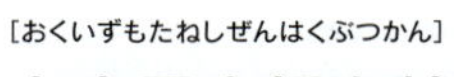

[おくいずもたねしぜんはくぶつかん]

奥出雲多根自然博物館

所要時間 40分

おでかけMAP P180-C3

宿泊できるミュージアム。館内で、アロサウルス･ティラノサウルス･エウロプロケファルスなどの数多くの恐竜を展示。

☎0854-54-0003

住島根県仁多郡奥出雲町佐白236-1
営9:30～17:00　休火曜(祝日の場合は翌日)
料大人500円、300円(高校･大学生)、子ども200円(中学生以下)、幼児無料(小学生未満)
P25台　交松江自動車道三刀屋木次ICから約20分または、高野ICから約40分

松江市

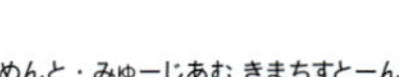
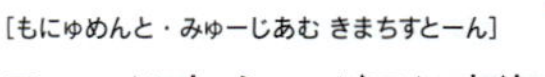

クーポンあり

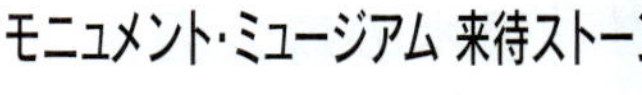

[もにゅめんと・みゅーじあむ きまちすとーん]

モニュメント・ミュージアム 来待ストーン

所要時間 120分

おでかけMAP P180-C3

宍道町来待地区周辺でしか産出されない「来待石」の歴史と文化を映像などで紹介している。彫刻や陶芸体験もできる。

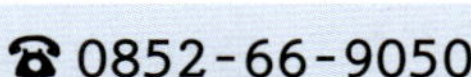

☎0852-66-9050

住島根県松江市宍道町東来待1574-1
営9:00～17:00
休火曜(祝日の場合は翌日)
料大人390円、子ども190円(中学生以下)、幼児無料　P80台
交山陰自動車道松江玉造ICから約15分

仁多郡

［みなりゆうえんち］

みなり遊園地

自然に囲まれた公園で遊ぼう

大型遊具で おもいっきり遊ぼう

所要時間 半日

たたらやトロッコ列車「奥出雲おろち号」など、奥出雲にゆかりのある遊具を集めた公園。中でも大渓谷「鬼の舌震」をイメージした「OROCHI LAND」は80mのローラー滑り台付き大型複合遊具で、子どもに大人気。屋内休憩所など、疲れたときに休める施設も充実しているため、思い切り遊べる。

パパ・ママの声
ローラー滑り台のほかに、砂場もあり子どもたちに人気です。砂まみれになってしまっても、手洗い場や休憩所があるので安心です！　着替えやタオルを持って行って家族みんなで楽しもう。

☎ 0854-52-2675（奥出雲町役場建設課）

P180-C3

住島根県仁多郡奥出雲町三成1641-1
営24時間（トイレは9:00〜18:00、12〜2月末は閉鎖）
休なし
料大人無料、子ども無料、幼児無料
P50台　交JR出雲三成駅から車で約5分

松江市

［まつえいんぐりっしゅがーでん］

松江イングリッシュガーデン

19〜20世紀の有名な庭園を再現

宍道湖を望む 華やかな庭園

日本有数の本格的英国式庭園。四季折々の美しい花の色彩を楽しむだけでなく、庭の中に入って身近に植物と接することができるのもうれしい。宍道湖を望む眺めのいいレストランやカフェで、ゆったりとくつろぐのも人気。ショップでは季節ごとのバラやおしゃれな雑貨も販売されている。

パパ・ママの声
館内ではコンサートや展示会・展示即売会などイングリッシュガーデンを体感できるイベントや生花教室（要予約）などが多数開催されています。HPに詳細が掲載されているのでチェックしてみて。

☎ 0852-36-3030　おでかけMAP P180-C2

住島根県松江市西浜佐陀町330-1　営9:00〜17:30（10〜3月は〜16:30）　休なし　料大人無料、子ども無料、幼児無料　P280台（1時間200円〜※2時間まで無料）　交国道9号松江バイパス（松江道路）松江西ランプから約20分、または一畑電鉄松江イングリッシュガーデン駅から徒歩3分

出雲市

［しまねはなのさと］

しまね花の郷

おでかけMAP P180-B3

四季折々の花や展示会（不定期）を見ることができる。弁当を持ち込んで、ピクニックをすることも可能で親子で楽しめる。

☎ 0853-20-1187

住島根県出雲市西新町2-1101-1　営9:30〜17:00（12〜2月は〜16:30）　休12〜2月は火曜、祝日の場合は翌日　料大人200円、子ども100円（小・中・高校生）、幼児無料　P160台　交山陰自動車道出雲ICから約5分、またはJR西出雲駅から徒歩10分

邑智郡

［こうほくのもりこうえん］

香木の森公園

おでかけMAP P177-G1

四季折々の自然を、ハーブの香りと楽しめる施設。摘み取り体験のほか、クラフト、ガーデニングの体験メニューも豊富。

☎ 0855-95-3505

住島根県邑智郡邑南町矢上7154-10
営香木の森クラフト館10:00〜17:00、いわみ温泉10:00〜21:00　休香木の森クラフト館火曜、いわみ温泉第2火曜　料大人無料、子ども無料、幼児無料 ※温泉は別途有料　P80台
交浜田自動車道瑞穂ICから約10分

松江市

［みちのえき あいかなぎさこうえん］

道の駅 秋鹿なぎさ公園

マリンスポーツの指導は無料

道の駅で楽しむ マリンスポーツ

4〜10月の時期に、初心者でも安心してヨットやカヌー、ペダルボートなどが楽しめるマリンスポーツパーク。炊事棟を完備しているので、道具持ち込みや、レンタルでデイキャンプのほかバーベキューができる。道の駅コーナーには、休憩所のほか、健康ベンチや足裏のツボ刺激コーナーなどもある。

パパ・ママの声
手ブラで行っても、道具レンタル（1セット2000円、前日までに要予約）や食材セット（1セット・2人前1650円、1週間前までに要予約）がありBBQも楽しめます。マリンスポーツもおすすめです。

☎ 0852-88-3700　おでかけMAP P180-C2

住島根県松江市岡本町1048-1　営9:00〜21:00（レストランは〜18:00）　休火曜（夏休み期間中は公園無休、レストランは休み）　料大人無料、子ども無料、幼児無料　P42台　交山陰自動車道宍道ICから約30分、または山陰自動車道松江西ICから約20分

公式HP

松江市

［からころこうぼう］

カラコロ工房

市民に親しまれる歴史的建造物

匠の館で楽しむ手作り体験

所要時間 40分

旧日本銀行をリニューアルしたレトロ＆モダンなしゃれた雰囲気の建物。館内には、「匠」をテーマに14店舗が軒を並べ、手作り体験や教室を開催しているだけでなく、ギャラリー・教室などをレンタルすることもできる。事務局主催の和菓子の老舗・彩雲堂の職人指導による和菓子作りも楽しいと人気。

パパ・ママの声

お土産品が充実しており、素朴でぬくもりがある松江の民芸品の八雲塗や松江和紙手まりなどが人気。喫茶スペースもあり、休憩にもぴったりです。ガーデンテラスにあるピンク色のポストは必見。

和菓子職人の指導で作る2種の和菓子（1350円、水曜休み、11:00～、14:00～で開催）

あとりえgtp
カラフルなアクセサリー作りを楽しみ身につけよう

勾玉作り
勾玉1050円～やお香作り1296円ができる

― Stone Factry ― さきたま
天然石を使って自分好みのアクセサリーを作ろう

☎ 0852-20-7000　おでかけMAP P180-D2

住島根県松江市殿町43
営9:30～18:30（レストランは11:00～22:00）
休なし（店舗によっては一部定休日あり）　料大人無料、子ども無料、幼児無料（体験は有料）
P10台　交山陰自動車道松江玉造ICから約10分

公式HP

邑智郡

クーポンあり

［かぬーのさとおおち］

カヌーの里おおち

ライフジャケットを着て講習

カヤック教室を開催 初心者も愛犬もOK

所要時間 半日

初心者から参加可能なカヤック教室を常時開催。修了すればカヌーツーリングに参加できる。流れに乗って移り変わる景色を眺めつつ約5kmの川下りがおすすめ。ペットの入場もOKなので、カヌーを愛犬と一緒に楽しむことも可能。トレーラーハウスの宿泊施設やオートキャンプ場も併設する。

パパ・ママの声

世界遺産の石見銀山や三瓶山・サヒメルへのアクセスもよく、観光に便利です。カヌー工房ではオリジナルのカナディアンカヌーが制作できますよ。自然に囲まれた江の川のカヌーツーリングは爽快！

☎ 0855-75-1860　おでかけMAP P180-B4

住島根県邑智郡美郷町亀村54-1
営9:00～16:00
休火曜（祝日の場合は翌日）
料大人200円、子ども100円（小・中学生）、幼児無料
P30台　交中国自動車道三次ICから約60分

公式HP

出雲市

［てびきがおかこうえん かぜのこがくしゅうかん］

手引ヶ丘公園 風の子楽習館

体験学習では指導員が丁寧に指導

体験プログラムや展示で自然を学ぶ

所要時間 半日

手引ヶ丘公園内にある体験学習施設。展示パネルで自然エネルギーについて学べる。また夜にはホタルやモリアオガエルの産卵の観察会を行っている。山野草のてんぷら会やそば打ち、焼き芋など親子で参加できるイベントも開催。太陽や風を利用した環境にやさしい設備にも注目。

パパ・ママの声

カッコウフクロウ笛やアニマルカスタネット、ラメ入りスライムなど体験学習は多様なラインアップが魅力です。公園からは日本海を見渡すことができ、すがすがしいひとときを家族で過ごせます。

☎ 0853-86-3644　おでかけMAP P180-B3

住島根県出雲市多伎町口田儀458-1手引ヶ丘公園内
営9:00～18:00（6～8月は～19:00、11～2月は～17:00）　休火曜（祝日の場合は翌日）
料大人無料、子ども無料、幼児無料、体験学習50円～
P130台　交山陰自動車道出雲ICから約20分

公式HP

島根

大田市

クーポンあり

[さんべこもれびのひろば もっこうかん]

三瓶こもれびの広場 木工館

糸のこや金づちで作品を作ろう

自然に囲まれて 親子で作る木工作品

所要時間 90分

三瓶の自然に囲まれた、木の香りとぬくもりあふれる木工館。子どもから大人まで楽しめるカンタン木工体験では、木を好きな形に切ったり、穴をあけたりしてキーホルダーや写真立てなどオリジナル作品を作ることができる。また屋根付きのバーベキューハウスもあり、雨が降っても家族で楽しめる。

パパ・ママの声
三瓶の豊かな緑の中で、のんびりと写真立て制作などさまざまな体験をすることができます。オリジナル作品作りでは、子どもの真剣なまなざしと出来上がったときの達成感の表情がたまりません！

☎ 0854-86-0182

住島根県大田市山口町山口1638-1
営9:30～17:00(木工体験受付は～15:00)
休火曜(祝日の場合は翌日)
料大人無料、子ども無料、幼児無料
P30台　交松江自動車道吉田掛合ICから約40分

公式HP

松江市

[やくもふるさとかん]

八雲ふるさと館

子どもたちには新鮮な体験

テーマは「ふるさと」 親子でそば打ち体験

所要時間 90分

自然散策や農作業、昔遊びなど「ふるさと」をテーマにした体験施設。人気なのが、熊野地区のそば愛好家に習うそば打ち。戦前の教科書や勉強机が並ぶ教室で、その香りに包まれながら親子一緒に楽しめる。体験のラストは、窓の外に広がる田園風景を眺めながらの試食タイムが待っている。

パパ・ママの声
そば打ち体験は、地元のそば打ち愛好家が丁寧に打ち方を教えてくれます。体験施設から南へ約100mのところに火の発祥の神社として知られる「熊野大社」があり、体験後参拝に行くのもおすすめ。

☎ 0852-54-2041

おでかけ MAP P180-D3

住島根県松江市八雲町熊野809
営9:00～15:00　休火曜
料大人無料、子ども無料、幼児無料、そば打ち体験(1鉢4人前～)大人510円、子ども510円、幼児510円
P30台　交山陰自動車道東出雲ICから約20分

浜田市

[ふるさとたいけんむら]

ふるさと体験村

おでかけ MAP P177-F1

自然豊かな里山にある体験施設。古民家やログハウスなどの宿泊施設、バーベキューができるBBQ施設がある。

☎ 0855-48-2612

住島根県浜田市弥栄町三里ハ159
営10:00～20:00
休火曜
料入場無料※体験料金は要問い合わせ
P100台
交浜田自動車道浜田ICから約30分

安来市

[やすぎぶしや]

安来節屋

所要時間 40分

ひょうきんな表情と微妙な腰の動きが特徴の安来節を、プロに習いながらみんなで楽しむことができる。

☎ 0854-28-6788

住島根県安来市古川町467-5
営9:00～17:00　休不定
料小学生以上一律5000円、小学生未満不可、1人増えるごとに1000円プラス
P10台
交山陰自動車道安来ICから約15分

松江市

クーポンあり

[いずもまがたまのさと でんしょうかん]

いずもまがたまの里 伝承館

思い出に自分だけの勾玉を作ろう

めのう細工の実演や 勾玉作りで思い出を

所要時間 60分

伝統工芸・めのう細工を受け継ぐ全国唯一の施設。めのう細工職人の指導による勾玉作りや、水槽の砂利の中から宝石を見つける宝石探しなどが楽しめる。施設内の「勾玉ミュージアム」では、勾玉の歴史や天然石の奥深さを学ぼう。2階には宍道湖を一望することができるレストランもある。

パパ・ママの声
自分で作った勾玉は、別途料金のひもやビーズを付けてネックレスにもできます。好きな石を選んでオリジナルアクセサリーを作るのは楽しいです。多彩な天然石のアクセサリー商品も充実しています。

☎ 0852-62-2288

おでかけ MAP P180-C3

住島根県松江市玉湯町湯町1755-1
営8:00～17:30(体験受付は～16:00)
休なし　料大人無料、子ども無料、幼児無料
P40台　交山陰自動車道松江玉造ICから約10分、またはJR玉造温泉駅から徒歩5分

公式HP

松江市

クーポンあり

［いずもかんべのさと］

出雲かんべの里

出雲地方の民話や伝統工芸に親しめる

所要時間 120分

工芸館で、機織りに挑戦してみよう

出雲に伝わる民話・神話や伝統工芸を体験できる。民話館ではいろりを囲んで語り部の話が聞けたり、松江ゆかりの小泉八雲のマジックビジョンや出雲神話のパネル展示を見たりできる。工芸館では松江藩籐細工、木工、機織り、陶芸、松江和紙てまりの制作見学や体験が楽しめるので挑戦してみて。

パパ・ママの声

自然の森は自然散策が楽しめ、展望台からは大山・中海を一望できます。金～日曜はランチ営業をしています。数量限定なので予約がおすすめ。休憩室は弁当持ち込み可能で、ひと休みにピッタリ。

☎0852-28-0040　おでかけMAP P180-D3

住島根県松江市大庭町1614
営9:00～17:00(民話館入館受付は～16:30)
休火曜(祝日の場合は翌日)　料民話館 大人260円、子ども130円(小・中学生)、幼児無料、工芸館 入館無料
P30台　交松江道路矢田ランプから約8分

公式HP

鹿足郡

［そまのさとよこみち］

そまの里よこみち

旧学校で体験する昔ながらの製法

所要時間 120分

そば打ちの工程を体験

旧横道小学校を利用した、懐かしい雰囲気が漂う宿泊・体験施設。島根県の最高峰・安蔵寺山の麓に位置し、大自然に囲まれたロケーションで大人と子どもが一緒に遊べると好評だ。体験は、豆腐作り、こんにゃく作り、そば打ちの3つ(要予約)。敷地内には山小屋風のケビンを備えている。

パパ・ママの声

そば打ち体験で打ったそばは、その場で試食しても持ち帰ってもOK。杣の里秘伝のそばつゆで味わう打ちたてのそばは絶品です。前回はそば打ちをしたので、次回はこんにゃくを作ろうと思います。

☎0856-76-0004　おでかけMAP P177-E2

住島根県鹿足郡津和野町左鐙37
営10:00～17:00　休なし
料5人前(500g)4320円～
P30台
交中国自動車道六日市ICから約45分

公式HP

出雲市

［ぼくじょうのぱんやさん かうべる］

牧場のパン屋さん カウベル

自然に囲まれたパン工房で牧場体験

所要時間 120分

ペットボトルを振ってバター作り

豊かな自然に囲まれ、170頭近くの牛を飼育する伊藤牧場。敷地内にある米粉専門のパン工房では、牧場でとれた新鮮な牛乳を使うバター作り体験や石窯ピザ焼き体験などが楽しめる。ペットボトルを使うバター作りは、幼児でも挑戦できる。完成したバターは焼き立てパンにつけて味わえる。

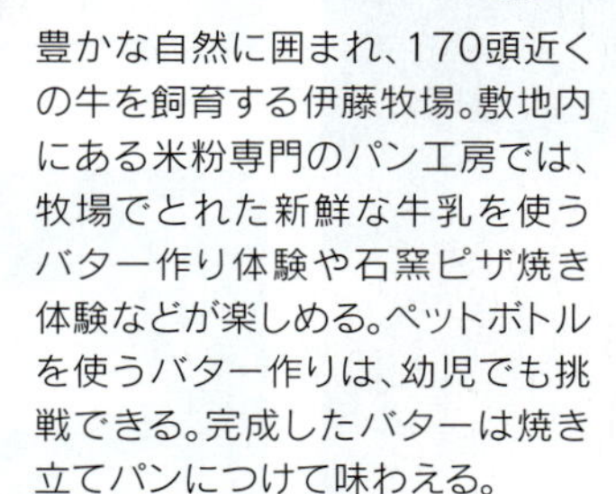

パパ・ママの声

石窯ピザ焼き体験ではピザ生地に米粉を使用した、もちもちの食感の本格的なピザ作りが体験できます。体験以外にもパンの購入など、買い物もでき、米粉パンは130円～で販売しています。

☎0853-84-1007　おでかけMAP P180-B3

住島根県出雲市佐田町反辺727-1カウベルミルクガーデン牧場(株)　営9:00～17:00　休火曜
料大人無料、子ども無料、幼児無料※バター作り1000円～、ピザ焼き2000円～　P10台
交山陰自動車道出雲ICから約20分

公式HP

江津市

クーポンあり

［おんせんりぞーと かぜのくに］

温泉リゾート 風の国

レジャーはもちろん温泉・料理もぜひ

所要時間 半日

自然の中で遊んでリフレッシュ

緑に囲まれた芝生広場で遊具やグラウンドゴルフをしておもいきり汗をかいたあとは、温泉でさっぱりと汗を流そう。「美肌の湯」といわれる温泉は寝湯、打たせ湯、サウナなどがある。さらにレストランでは、まる姫ポークの姫ヒレカツ定食1480円など地元の食材を使ったメニューがいただける。

パパ・ママの声

風の工房では、紙すき、木工時計作り、普通の竹とんぼよりよく飛ぶ「スーパー竹とんぼ作り」、花のはがき作りなどが1000円で体験できます。家族の旅の思い出作りにぴったりです。

☎0855-92-0001　おでかけMAP P177-F1

住島根県江津市桜江町長谷2696
営温泉は10:00～21:00(受付20:00)、その他施設は要問い合わせ　休なし(年2回メンテナンス休館有り)
料入浴料大人600円、子ども(小学生)300円、幼児無料
P250台　交浜田自動車道旭ICから約7分

公式HP

大田市

クーポンあり

[いわみわいなりー]

石見ワイナリー

ワインタンクが見える休憩所

パパ・ママの声

ご当地レトルトカレーからお菓子類まで販売。工場見学もできて大人だけでなく子どもも楽しめますよ。背景に広がる山の景色も爽快で、すがすがしい空気と非日常感が味わえます。

ワインとお土産と大自然を楽しんで

2018年4月に三瓶山麓にオープン。標高の高さを生かし、ブドウ栽培からワイン醸造まで一貫して行われている。物産品販売所や試飲コーナー100円～を備えるほか、予約なしで工場見学が可能。すぐ近くに、雄大な自然が望める人気の観光リフトもあり、三瓶の新たな観光拠点となっている。

☎ 0854-83-9103 おでかけMAP P180-A4

住島根県大田市三瓶町志学ロ1640-2
営10:00～17:00　休なし ※冬期は不定休あり
料入場無料
P100台
交中国自動車道三次東ICから約70分

公式HP

三瓶国立公園の中にあるレストハウスが改修され、ワイナリーへと生まれ変わった

工場見学
ワインの瓶詰めの様子などをガラス越しに見学可能

ブドウ農園
極力農薬を使わず、高品質で安全なブドウを栽培

物産品販売所
島根のお土産が幅広く並び、試飲コーナーも併設

現在は赤ワイン「三瓶」、ロゼ「慶」、リンゴワイン「凛」の3種を製造。2019年4月から白ワインも発売予定

販売所には地元産のチーズなど、おつまみが充実

ワイナリーそばにある広大な畑で5種のブドウを栽培

隠岐郡

クーポンあり

[あまだいびんぐさーびす]

海士ダイビングサービス

事務所は、木の香り漂う木造建築

離島ならではの澄んだ海にダイブ

所要時間 180分

雄大な自然が残る隠岐島でダイビングを楽しもう。体験コースに加え、本格ダイビングやライセンス講習も用意されている。周辺の海は透明度が高く、入り組んだ海岸線と奇岩が造り出すダイナミックな海中景色が魅力。対馬暖流の影響で多種類の魚が見られ、見ごたえのある大型魚も多い。

パパ・ママの声
8歳以上から参加可能。経験を積んだスタッフがしっかりサポートしてくれるので、安心して家族で楽しめます。事務所そばから船が出て美しい海を堪能でき、帰港後すぐにシャワーが浴びられます。

☎ 08514-2-1203 　おでかけMAP P180-A2

住島根県隠岐郡海士町豊田2-1　営7/1～9/30の8:00～18:30(体験ダイビングは9:00～、13:30～)　休なし(上記期間以外は休み)　料大人1万3000円(ビーチ)、1万8000円(ボート)、子ども1万3000円(ビーチ)、1万8000円(ボート)、幼児8歳未満体験不可　P10台　交米子自動車道大山高原スマートICから七類港または境港まで約50分、港からフェリーまたは高速船で60～180分、菱浦港下船後、車で約15分(送迎あり)

公式HP

浜田市

[いわみたたみがうら]

石見畳ヶ浦

風や雨の浸食でできた「ノジュール」

化石と地層が広がる圧巻の光景

所要時間 60分

別名床の浦と呼ばれる畳ヶ浦は国指定の文化財。約4万9000㎡の波食棚が広がり、高さ約25mの礫岩、砂岩の海食崖やいくつもの断層が見られる。約1600万年前の地層が広がり、貝、流木、クジラの骨の化石や、磯の小魚など海の生物の観察も楽しめる。海中にそそりたつ犬島・猫島の景観も有名。

パパ・ママの声
波食棚には縦横に走る小さな亀裂があり、畳を敷き詰めたように見えることから「千畳敷」と呼ばれているそう。ここでは観光ボランティアガイドによる畳ヶ浦のガイド(要予約)が行われています。

☎ 0855-24-1085(浜田市観光協会)　おでかけMAP P177-F1

住島根県浜田市国分町
営24時間　休なし
料大人無料、子ども無料、幼児無料
P7台(1台200円)
交浜田自動車道浜田ICから約10分

安来市

クーポンあり

[うえのだいみどりのむら]

上の台緑の村

受付は管理棟内で行える

緑豊かな林間キャンプ施設

標高330mの高台にあり、東に大山、北に日本海を望む絶好のロケーション。子ども広場では、ジャングルジムや滑り台などの遊具で楽しめる。放牧エリアには綿羊やミニブタがのびのびと暮らし、ゴールデンウイークには綿羊の毛刈り実演を見学できるとあって多くの家族連れでにぎわう。

パパ・ママの声
食材の持ち込みはもちろん「焼肉セット」(1人1000円～、要予約)の注文にも対応してくれます。木のぬくもりに包まれる丸太小屋のコテージは冷暖房やテレビも備え付けられていますよ。

☎ 0854-38-0022　おでかけMAP P180-D3

住島根県安来市伯太町赤屋　営9:00～17:00(バーベキューは要予約)　休水曜　料大人無料、子ども無料、幼児無料(宿泊とバーベキューは有料)
P200台
交山陰自動車道安来ICから約30分

鹿足郡

クーポンあり

[やまだちくふうけん げんじまきせいぞうこうじょう]

山田竹風軒 源氏巻製造工場

源氏巻の手焼き体験(要予約)

老舗和菓子店で源氏巻作りを見学

創業130年を誇る、老舗和菓子店の看板商品「源氏巻」の工場見学や手作り体験ができる。源氏巻製造工場の見学は自由に行えるほか、事前予約で源氏巻作り体験500円も可能。3～11月の土・日曜、祝日のみの開催で、予約は1週間前までなので、プランに入れるなら事前に連絡をしておこう。

パパ・ママの声
老舗のお菓子屋さんで、店内に入ると「源氏巻」の焼き上がる香りがふんわりと漂ってきます。手焼き体験は子どもから大人まで一律500円で、お土産が1本付いているのでとてもうれしいです。

☎ 0856-72-0041　おでかけMAP P177-E2

住島根県鹿足郡津和野町高峯584-2
営9:00～16:40(体験は～15:00)
休なし　料大人無料、子ども無料、幼児無料
P8台
交中国自動車道六日市ICから約60分

公式HP

松江市

[ゆうげんがいしゃ なかむらちゃほ]

有限会社 中村茶舗

工場内はお茶の香りが漂っている

パパ・ママの声
お茶、コーヒー、そばなどのほか、茶道具や伝統工芸品の楽山焼も販売されています。抹茶体験1000円をした人に限り店内奥にある風流な茶室で抹茶が楽しめます。和菓子を持ち込んでもOKです。

香りに癒やされる抹茶工場を見学

所要時間 30分

明治17(1884)年に創業。抹茶を効率よく挽くために初代店主が日本初の電動石臼を開発し、茶文化を支え続けている。全国でも珍しい抹茶工場の見学を実施。40台の電動石臼が動く様子は壮観だ。抹茶体験では、日常に抹茶が浸透している松江ならではの気楽なお茶の楽しみ方を体感できる。

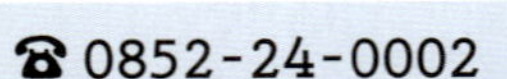

公式HP

☎0852-24-0002　おでかけMAP P180-C2

住島根県松江市天神町6　営9:00～18:00(工場見学は10:00～16:00)　休工場見学は要予約、日曜・祝日は一部の電動石臼が動いている様子を見学できる、要問い合わせ　料大人無料、子ども無料、幼児無料
P6台　交JR松江駅から徒歩15分

出雲市

クーポンあり

[しまねわいなりー]

島根ワイナリー

背景の弥山に映える南欧風の建物

パパ・ママの声
バーベキューハウス「シャトー弥山」では、島根ワインにぴったりな地元産島根和牛のバーベキューが楽しめます。ワインソフトクリーム360円やしっとりワインケーキ1350円もおすすめです!

地元収穫のブドウ 自然の恵みを楽しむ

所要時間 60分

緑豊かな自然に囲まれた同ワイナリーでは、ワインができるまでの過程を見学することができ、香り高いワインの試飲も好きなだけ楽しめる。子どもたちには、グレープドリンクの試飲もあるのがうれしい。「ユヌベルジュ」ではワイナリーならではのワインソフトクリームを販売。大人の味が人気だ。

公式HP

☎0853-53-5577　おでかけMAP P180-B3

住島根県出雲市大社町菱根264-2
営9:30～17:00(4～9月は～18:00)
休なし　料大人無料、子ども無料、幼児無料
P350台
交山陰自動車道斐川ICから約25分

松江市

クーポンあり

[ぐるっとまつえ ほりかわめぐり (まつえほりかわゆうらんせん)]

ぐるっと松江 堀川めぐり (松江堀川遊覧船)

森の自然や堀の美しさが楽しめる

パパ・ママの声
国宝松江城を囲む堀の一部は、築城(1611年)と同時に造られたもので、当時のまま現存する城下町は全国でも珍しい景観でした。地上より涼しい風が頬をなで、心地よい時間が過ごせますよ。

趣ある景観を船でゆったりと巡る

所要時間 50分

国宝松江城を囲む約3.7kmの堀川を約50分かけて遊覧する遊覧船。松江城や武家屋敷が残る塩見縄手通などを船頭さんの案内で巡る。堀川には17もの橋がかかり、その内4つは橋げたが低くく船の屋根を下げて通る。松江堀川ふれあい広場・大手前広場・カラコロ広場の3カ所から乗船できる。

公式HP

☎0852-27-0417　おでかけMAP P180-D2

住島根県松江市黒田町507-1(松江堀川ふれあい広場)
営9:00～17:00(季節により変更あり)　休なし(運休またはコース変更あり)　料大人1230円(中学生以上)、子ども610円(小学生)、大人1名につき、幼児1名無料(2人目からは子ども料金)
P136台(有料)　交山陰自動車道松江西ICから約15分

松江市

クーポンあり

[くけどかんこうゆうらんせん]

潜戸観光遊覧船

山陰の海が穏やかな時期のみ運航

パパ・ママの声
「サンセットクルージング」など季節に合わせた企画運航が期間限定で楽しめますよ。発着場の「マリンプラザしまね」では、地元ならではの水揚げしたサザエを使った「サザエごはん」が味わえます。

遊覧船で巡る島根の景勝

所要時間 60分

島根半島の景勝「加賀の潜戸」、神話が伝わる海の大洞窟「新潜戸(神潜戸)」、さいのかわらのある神秘の洞窟「旧潜戸(仏潜戸)」を巡る遊覧船。遊覧時間は約50分。窓ガラスがないオープンな船で、潮風を感じながらどこまでも続く青い海と美しい海岸線、自然が造り出した造形美が楽しめる。

公式HP

☎0852-85-9111　おでかけMAP P180-D2

住島根県松江市島根町加賀6120-14 一般社団法人加賀潜戸遊覧船 マリンプラザしまね　営9:20～16:20(遊覧船運航時間)3～11月で運航　休上記以外、また天候不良、及び海上しけの場合は欠航　料大人1500円(中学生以上)、子ども700円(小学生)、幼児大人1人につき2人まで無料　P30台　交山陰自動車道松江玉造ICから約60分

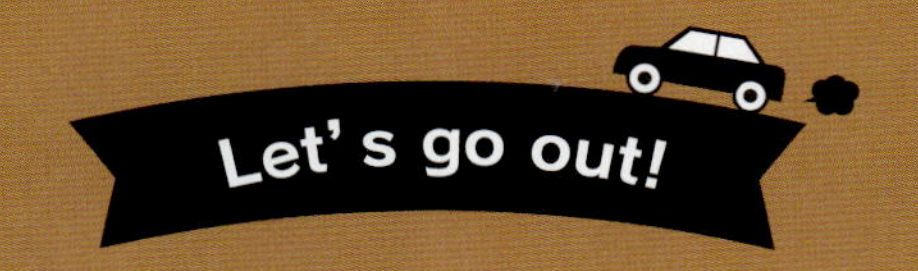

鳥取県

TOTTORI

鳥取市

[とっとりけんりつ とっとりさきゅう こどものくに]

鳥取県立

鳥取砂丘 こどもの国

滑り台や34mもあるローラー滑り台など子どもが大喜び!

陶芸体験500円～も楽しめる

1日中楽しめる 鳥取唯一のテーマパーク

所要時間 1日

鳥取砂丘が望めるテーマパーク。19haの広い敷地では、大型アスレチック遊具や夏は水の遊び場で遊べ、工作ができる木工工房・砂の工房やキャンプ場などが楽しめる。中でも、お城の形をしたカラフルな大型遊具「ドリームキャッスル」は人気。長期休暇や季節に合わせたイベントも実施している。

パパ・ママの声

1日中遊具で楽しめますが、キャンプをすることもできます。無料でレンタルできる備品もあるので、お得に楽しめます。トイレとシャワーが完備なので、子ども連れでも安心して楽しめます。

☎0857-24-2811 おでかけMAP P181-H2

住鳥取県鳥取市浜坂1157-1　営9:00～17:00(入園は～16:30)　休第2水曜(祝日の場合は翌平日・8月はなし)　料大人500円(高校生以上)、子ども200円(中学生)、幼児無料(小学生以下)、土・日曜、祝日は大学生以下無料　P500台　交JR鳥取駅から車で約15分

公式HP

レールトレイン

3歳～小学生100円、中学生以上200円で楽しめる

こども広場

空中回廊式遊具は雨の日でも遊ぶことができる

ぼうけん広場

船がモチーフになった、子どもが喜ぶ遊具

東伯郡

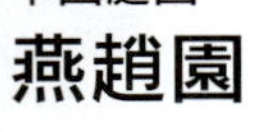

クーポンあり

[ちゅうごくていえん えんちょうえん]

中国庭園

燕趙園

中国雑技ショーを毎日開催

中国皇帝が夢見た 理想郷を日本に再現

所要時間 60分

鳥取県と中国河北省の友好提携5周年を記念して建てられた。歴代皇帝が造った庭園方式をそのままに再現した、総面積1万㎡、皇家園林方式の日本最大級の本格中国庭園。TVドラマ「西遊記」のロケ地としても有名だ。建物に施された大小2000の彩画がまるで中国にいるような気分にさせる。

パパ・ママの声

中国文化芸術公演(雑技ショー)が9:30～、13:30～、15:00～の1日3回毎日開催されています。団体雑技や柔術など中国伝統のすばらしい芸術文化を無料で見ることができます。

☎0858-32-2180 おでかけMAP P181-F2

住鳥取県東伯郡湯梨浜町引地565-1　営9:00～17:00(入園は～16:30)　休1・2月の第4火曜(祝日の場合は翌日)　料大人500円、子ども200円(中学生以下)、幼児無料(小学生未満)　P270台　交米子自動車道湯原ICから約60分、またはJR松崎駅から徒歩10分

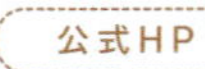

公式HP

境港市

[げげげのようかいらくえん]

ゲゲゲの妖怪楽園

©水木プロ

人気の撮影スポット

ゲゲゲの鬼太郎の 妖怪ワールドを再現

所要時間 60分

鬼太郎やねこ娘など、人気のキャラクターが勢ぞろいしている、まさにプチ楽園。子どもだけが入れる鬼太郎の家や、一反もめんの遊具などがあり、いろいろな場所で記念撮影ができる。また、人気の妖怪ラテなどを販売している妖怪茶屋や懐かしい縁日ゲームが体験できる妖怪縁日小屋も楽しもう。

パパ・ママの声

妖怪茶屋や妖怪縁日小屋1ゲーム300円～などがあります。また、楽園広場では写真撮影もおすすめ。歩き回って疲れたら、ベンチに座ってお弁当を食べることができ、自由に時間が使えます。

☎0859-44-2889 おでかけMAP P180-D2

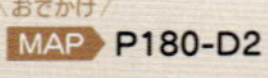

住鳥取県境港市栄町138
営9:30～18:00 ※季節により変更あり
休なし　料大人無料、子ども無料、幼児無料
Pなし　交米子自動車道米子ICから約40分、またはJR境港駅から徒歩10分

公式HP

米子市

クーポンあり

［だいせんとむ・そーやぼくじょう］

大山トム・ソーヤ牧場

ふれあいタイムは毎日開催！

中四国地方初 アルパカに合える

所要時間 90分

大山の麓に位置する、情操教育の向上と癒やしを目的とした触れ合い牧場。ヤギの乳搾り体験をはじめ、子どもが気軽に体験できるポニーの乗馬、アルパカやウサギ、モルモット、カピバラとのふれあいタイムなど盛りだくさん！　命やぬくもりを感じる体験がいっぱいなので、ぜひ家族で訪れたい。

パパ・ママの声

「めーめーランド」では、草食動物にエサやり体験100円～ができます。わんわんランドには人懐っこい大型・小型犬が50頭もいるので、子どもたちも大喜び。動物とたっぷり触れ合えます。

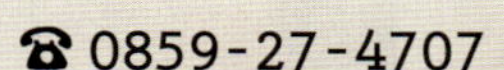

☎0859-27-4707　おでかけMAP P181-E3

住鳥取県米子市岡成622-2　営9:00～17:00（季節により異なる）　休木曜（GW、夏休み、祝日は営業）
料大人800円（中学生以上）、子ども700円（3歳～小学生）、幼児無料　P100台
交米子自動車道米子ICから約3分

公式HP

鳥取市

クーポンあり

［らくだや］

らくだ屋

ラクダに乗って砂丘を散策しよう

砂丘とラクダを セットで楽しもう

所要時間 15分

鳥取砂丘名物ラクダ遊覧が楽しめる。広大な砂丘をバックにラクダに乗って歩くと外国気分が味わえ、気分も爽快。また、乗るだけでなく、近くで見たり、触れたりすることができ、ラクダの背中に乗っての記念撮影のみでもOK。悪天候の場合には中止することがあるので、売店で確認しよう。

パパ・ママの声

梨ソフト300円やオリジナルらくださんクッキー450円～900円、オリジナルらくだまんじゅう（6個入り550円）、らくだ屋オリジナルTシャツ2200円などが販売され、お土産にもぴったり！

☎0857-23-1735　おでかけMAP P181-H2

住鳥取県鳥取市福部町湯山2164-806　営9:30～16:30（12～2月末は10:00～16:00）　休なし（悪天候、雨天、強風をのぞく）　料らくだ乗り1名1300円、らくだに乗って撮影1名500円、らくだと並んで撮影1名100円　P80台　交鳥取自動車道鳥取ICから約20分

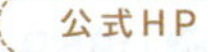

公式HP

鳥取市

［とっとりけんりつとっとりかろかにっこかん］

鳥取県立とっとり 賀露かにっこ館

ふれあい水槽は子どもに大人気

見て・触れて・体験 カニが主役の水族館

所要時間 30分

世界一大きくなるタカアシガニや松葉ガニなど多くのカニを飼育している。また、鳥取県でとれたさまざまな魚を大型水槽で展示。展示物には生態クイズなど楽しく学べる解説も付いている。ヤドカリやヒトデ、小魚に触れることができる水槽や、子ども向けのカニや魚などの折り紙やぬり絵も人気。

パパ・ママの声

土・日曜、祝日には、エサやりなどを体験することができます。帰りには、近くにある海鮮市場「かろいち」や地場産プラザ「わったいな」で、とれたての新鮮な魚介や野菜などを購入できます。

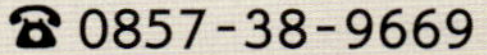

☎0857-38-9669　おでかけMAP P181-G2

住鳥取県鳥取市賀露町西3-27-2　営9:00～17:00（入館は～16:45）　休火曜（祝日の場合は翌平日、3/24～4/8、7/20～8/31、12/24～1/8の間は開館）
料大人無料、子ども無料、幼児無料
P200台　交鳥取自動車道鳥取ICから約20分

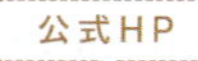

公式HP

鳥取市

クーポンあり

［とっとりし さじあすとろぱーく］

鳥取市 さじアストロパーク

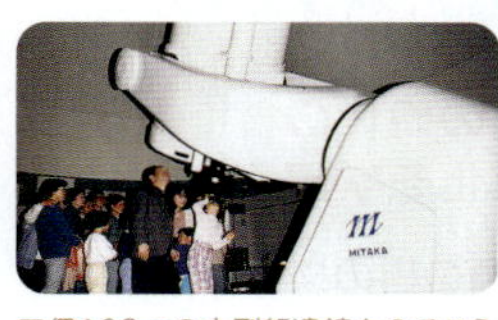

口径103cmの大型望遠鏡をのぞこう

満点の星空の下 星を楽しもう

所要時間 120分

国内有数の大型反射望遠鏡があり、ベールに包まれた宇宙の神秘をのぞくことができる。晴天の夜には星の観察会が開催される。プラネタリウムでは直径6.5mのドームスクリーンに、最新のデジタル投影システムを使って幻想的な宇宙体験や星の物語などを映し出して、星空の魅力を紹介。

パパ・ママの声

1棟2万9800円（6人用）で泊まれる星のコテージは、望遠鏡付きの宿泊施設。一晩中星空が楽しめます。アストロショップでは天体に関するグッズはもちろん地元の特産品も購入可能です。

☎0858-89-1011　おでかけMAP P181-G3

住鳥取県鳥取市佐治町高山1071-1　営9:00～22:00（10～3月は～21:00）　休月曜（祝日の場合は翌日）、第3火曜　料大人300円（高校生以上）、子ども無料（小・中学生）、幼児無料　P50台　交鳥取自動車道用瀬ICから約25分、またはJR用瀬駅から車で約25分

境港市

クーポンあり

[みずきしげるきねんかん]

水木しげる記念館

人気キャラクターが出迎えてくれる

水木しげる氏の世界を疑似体験

所要時間 60分

境港市出身の漫画家水木しげる氏の魅力と「ゲゲゲの鬼太郎」に代表される作品を間近に感じられる記念館。東京・調布市にある水木しげる氏の仕事場を再現した展示や、直筆のイラストやサインを見ることができるほか、昔のコミック本や約700点以上の妖怪コレクションが一度に楽しめる。

「ゲゲゲの鬼太郎」に登場するキャラクターのジオラマ

©水木プロ

パパ・ママの声

1階にある「妖怪洞窟」には、「かさばけ」など43体の妖怪がすみついているそうですよ。水木しげるさんの独創的な妖怪ワールドに、子どもと一緒にはまってしまいました。大人も楽しめる施設です。

ガイドブック
水木しげる記念館公式ガイドブック1000円

水木しげる漫画ワールド
水木しげる氏の名作、傑作漫画がそろった展示場

ねこ娘
運が良ければ、ねこ娘に出会えるかも!

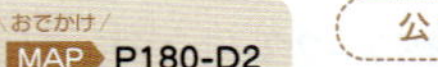

☎ 0859-42-2171 おでかけMAP P180-D2

住鳥取県境港市本町5　営9:30〜17:00（夏休み期間中は〜18:00、最終入館は閉館30分前）　休なし
料大人700円、子ども500円(中・高校生)、300円(小学生)、幼児無料　Pなし　交米子自動車道米子ICから約40分、またはJR境港駅から徒歩10分

公式HP

鳥取市

クーポンあり

[とっとりし いなばまんようれきしかん]

鳥取市因幡万葉歴史館

飛鳥・奈良時代の貴族文化を再現

万葉集の時代の民俗文化を学ぼう

所要時間 60分

古代因幡の国の文化や歴史について実物やレプリカを展示する博物館。飛鳥時代・奈良時代の庶民や役人、貴族の食膳や衣装を再現、紹介していて、当時の人びとの生活を体感することができる。また、万葉衣装の試着体験100円〜は大人気。衣装を着たまま歴史館内を見学することも可能だ。

パパ・ママの声

万葉集に詠まれている約50種類の植物が植えられた「万葉と神話の庭」は、因幡にゆかりがあるアニミズム彫刻が立ち並び、趣があります。野外ステージ「伝承館」では、イベントが開かれることも。

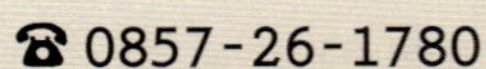

☎ 0857-26-1780 おでかけMAP P181-H2

住鳥取県鳥取市国府町町屋726
営9:00〜17:00(最終入館は〜16:30)
休月曜(祝日の場合は翌平日)
料大人300円、子ども無料(高校生以下)、幼児無料
P100台　交鳥取自動車道鳥取ICから約20分

公式HP

鳥取市

クーポンあり

[とっとりしれきしはくぶつかんやまびこかん]

鳥取市歴史博物館 やまびこ館

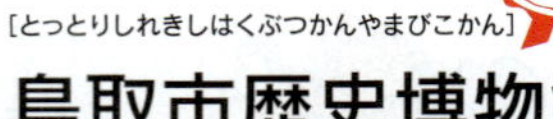

映像と模型で体感する歴史・文化

鳥取の昔と今を知る歴史体感博物館

所要時間 60分

鳥取市の歴史や文化を広く理解してもらうことを目的に、2000年に開館した博物館。常設展示では江戸時代の鳥取藩と城下町の成り立ちを中心に、古代から現代にいたるまでの鳥取の歴史・文化を解説している。また、年間を通じて鳥取に関わりのある企画や特別展を開催している。

パパ・ママの声

博物館がある樗谿(おうちだに)にちなんだ名前のオリジナルキャラクター(ピカルゲンジ、花野うめ、だにえる、ドン・ぐりすけ、ちえのホー子)がいて、館内でグッズが販売されています。

☎ 0857-23-2140 おでかけMAP P181-H2

住鳥取県鳥取市上町88　営9:00〜17:00(入館は〜16:30)　休月曜(祝日の場合は翌日)、祝日の翌日、6月下旬〜7月上旬の数日間(施設保守のため)　料大人300円(65歳以上無料)、子ども無料(高校生以下)※企画・特別展期間は変更の場合有　P60台　交鳥取自動車道鳥取ICから約12分

公式HP

鳥取市

［わらべかん］

わらべ館

懐かしい木造校舎の小学校を再現

親子で遊べるミュージアム

所要時間 60分

うたとおもちゃがテーマの体験型ミュージアム。昭和初期の小学校を再現した展示室や、ずらりと並ぶおもちゃは見ているだけで楽しい。遊べるおもちゃもたくさんあり、大人も時間を忘れてしまいそう。雨の日や赤ちゃん連れも安心して過ごせる。隣の芝生公園で遊べる遊具の貸し出しもある。

クーポンあり

パパ・ママの声

子どものころを思い出すような懐かしいおもちゃや内装に、大人もテンションが上がります。懐かしい童謡を口ずさみながら童心に戻って、子どもと一緒に楽しむことができるのでおすすめです。

かつての姿を再現したレトロな復元棟と現代的にデザインされた展示棟

☎ 0857-22-7070　おでかけMAP P181-H2

住鳥取県鳥取市西町3-202　営9:00～17:00（入館は～16:30）　休第3水曜（祝日の場合は翌日）※8月はなし　料大人500円（20名以上団体400円）、子ども無料（高校生以下）、幼児無料　P85台　交鳥取自動車道鳥取ICから約15分

おもちゃ工房
第1土曜を除く週末に工作を楽しむことができる

ドレミ♪ランド
音遊びがテーマのコーナー。カラオケも歌える

あそぼう広場
赤ちゃんや小さな子どもがのんびり遊べる

日本や世界のおもちゃ約2000点が大集合。昔の路地遊びも再現されている

木造教室では、懐かしいメロディや映像が流れる

滝の広場では、1時間ごとにからくり時計の演奏がある

鳥取

東伯郡

クーポンあり

[あおやまごうしょうふるさとかん]

青山剛昌ふるさと館

幻想的に変化するシンボルオブジェ

パパ・ママの声

JR由良駅（コナン駅）から青山剛昌ふるさと館までの約1.4kmは「コナン通り」。全16種17体のコナンたちのブロンズ像やコナン大橋の高欄には4種12枚のブロンズパネルがあります。

名探偵コナンと一緒に謎解きに挑戦

所要時間 60分

子どもたちのヒーロー「名探偵コナン」と原作者・青山剛昌氏に焦点を当てた青山剛昌ふるさと館。館内には名探偵コナンに登場する阿笠博士発明のスケートボードや変声機、名探偵コナンに使われたトリックを間近に体験することができる。ショップでは北栄町限定コナングッズも販売している。

青山剛昌ふるさと館で出迎えてくれる、名探偵コナンのキャラクターたち ©青山剛昌／小学館

蝶ネクタイ型変声機

コナンになりきって、声色をかえてみよう

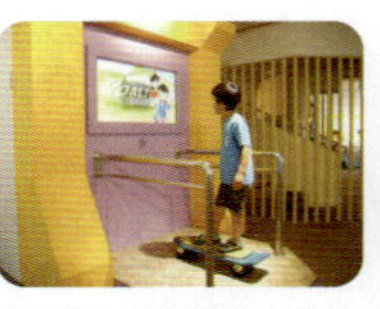

ターボエンジン付スケートボード

スケボーに乗って、いろんなコナン君に会いにいこう

青山剛昌の仕事部屋

漫画創作の過程やトリックの秘密が紹介されている

☎ 0858-37-5389 おでかけMAP P181-F2

住鳥取県東伯郡北栄町由良宿1414
営9:30～17:30 休なし 料大人700円、中・高校生500円、小学生300円、幼児無料
P100台 交中国自動車道院庄ICから約100分、または JR山陰本線由良駅から徒歩20分

公式HP

境港市

クーポンあり

[だいにしょうはじまる きたろうようかいそうこ]

第二章はじまる 鬼太郎妖怪倉庫

©水木プロ

どんな妖怪が出るかお楽しみに

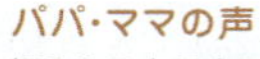

パパ・ママの声

灯ろうの火の向こうは、まさに「妖怪横町」。突然起こる仕掛けにドキドキしましたが、妖怪たちがユーモラスで憎めません。鬼太郎たちの霊力が宿るというお札も買えました。楽しんでパワーを充電！

妖怪の世界を歩き 厄を払って開運祈願

所要時間 10分

「ゲゲゲの鬼太郎」にちなんだアミューズメント施設。倉庫内の通路に妖怪32体が展示されている。暗闇を進んで妖怪たちのすむ怪しい世界を体感しながら、妖怪の習性や性格などを知ろう。出口にある妖怪摩尼車（まにぐるま）を回して運気をアップし、げた形の絵馬800円を奉納して祈願もできる。

☎ 0859-21-7749 おでかけMAP P180-D2

住鳥取県境港市大正町38
営9:30～19:00（冬期は～17:00） 休不定
料大人700円、子ども500円（中・高校生）、300円（4歳～小学生）、幼児無料（3歳以下）
Pなし 交JR境港駅から徒歩5分

公式HP

境港市

クーポンあり

[うみとくらしのしりょうかん]

海とくらしの史料館

所要時間 30分

おでかけMAP P180-D2

収蔵点数4000点ある魚の剥製民俗資料館。日本一の巨大マンボウなどが待っている。体の中身はないが本物だ。

☎ 0859-44-2000

住鳥取県境港市花町8-1
営9:30～17:00
休火曜（祝日の場合は翌日）
料大人400円、子ども100円（高校生以下）、幼児無料 P50台
交米子自動車道米子ICから約25分

米子市

クーポンあり

[あじあはくぶつかん いのうえやすしきねんかん]

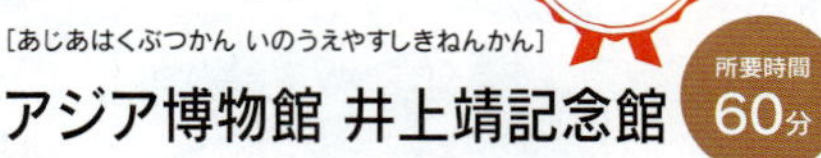

アジア博物館 井上靖記念館

所要時間 60分

おでかけMAP P180-D2

アジア大陸の文化を展示するアジア館と、中国との交流に尽くした作家・井上靖氏の記念館。アジアの伝統文化に触れられる。

☎ 0859-25-1251

住鳥取県米子市大篠津町57
営9:00～17:00（入館は～16:30）
休月曜（祝日の場合は翌日）
料大人500円、300円（高校・大学生）、子ども200円（小・中学生）、幼児無料
P200台 交米子自動車道米子ICから約25分

鳥取市

［とっとりさきゅう すなのびじゅつかん］

鳥取砂丘 砂の美術館

世界最高レベルの砂像を展示

水で固めただけの砂の彫刻芸術を堪能

所要時間 50分

砂の彫刻「砂像」を展示する鳥取ならではの美術館。2012年のリニューアルで、世界初となる屋内型の砂像展示施設を整備し、作品規模も拡大した。毎年、世界旅行をテーマにした壮大な砂像を制作。砂像彫刻家が生む芸術作品は、息をのむほどの迫力と、一時しか存在できない儚さが魅力。

パパ・ママの声

砂と水だけで作られたとは思えないほど繊細で躍動感のある作品が並んでいて圧倒されます。隣接する施設「砂の美術館　売店」では、砂の美術館のお土産がたくさん売られているため、必見です。

☎ 0857-20-2231　おでかけMAP P181-H2

住鳥取県鳥取市福部町湯山2083-17
営9:00～18:00（入館は～17:30）
休展示期間中はなし、1月初旬～4月末は休館（変更あり）
料大人600円、小・中・高校生300円、幼児無料
P20台　交鳥取自動車道鳥取ICから車で20分

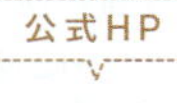

第11期「砂で世界旅行・北欧編～美しい大自然と幻想的な物語の世界へ～」'19年1/6

北欧の児童文学「人魚姫」
人間の王子様と人魚姫の恋を描いた悲しい物語

北ヨーロッパに伝わる北欧神話
ヴァイキング時代より独自の信仰・伝説が口承された

ムンクの代表作「叫び」
愛と死がもたらす不安をテーマにした作品の一つ

鳥取市

［とっとりけんりつはくぶつかん］

鳥取県立博物館

世界最大級のオオサンショウウオ

自然や郷土史・美術 鳥取を学べる博物館

所要時間 30分

豊かな自然に囲まれた鳥取城跡内にあり、約3000点の資料を常設展示。鳥取県の自然・歴史・民俗・美術について分かりやすく紹介している。自然・人文・美術の各分野に関する、セミナーやイベントも実施。貴重な古文書を閲覧できるコーナーなどがあり、鳥取の文化や歴史を学ぶことができる。

パパ・ママの声

さまざまなイベントがある中、毎週土曜はアートの日として、美術に関するイベントや普及講座を実施しています。たくさんのアートを体感できるワークショップもあるので、家族で参加してみて。

☎ 0857-26-8042　おでかけMAP P181-H2

住鳥取県鳥取市東町2-124　営9:00～17:00（19:00まで開館する場合あり）　休月曜（祝日の場合は翌日・企画展開催中は開館の場合あり）、祝日の翌日　料常設展大人180円（70歳以上無料）、子ども無料（大学生以下）、幼児無料　P21台　交鳥取自動車道鳥取ICから約15分

倉吉市

［とっとりにじっせいきなしきねんかん なしっこかん］

鳥取二十世紀梨記念館 なしっこ館

館のシンボル、二十世紀梨の巨木

日本唯一の梨のミュージアム

所要時間 60分

1度に4000個のナシが実ったという日本最大級の二十世紀梨の巨木がシンボル展示されるナシ専門博物館。一年中3品種のナシが食べられるコーナーや、大陸から渡ってきたナシの歴史やその技術を学ぶコーナー、ナシにちなんだ体験ができるなど親子で楽しめるコーナーが盛りだくさん。

パパ・ママの声

常設展示室や企画展示室、シアターなどがあり、施設全体でナシが存分に紹介されています。売店にはナシにちなんだお土産があり、パーラーでは梨ソフトクリーム300円が食べられます。

☎ 0858-23-1174　おでかけMAP P181-F3

住鳥取県倉吉市駄経寺町198-4 倉吉パークスクエア
営9:00～17:00（入館は～16:40）　休第1・3・5月曜（祝日の場合は翌日）　料大人300円（高校生以上）、子ども150円（小・中学生）、幼児無料（小学生未満）
P825台　交米子自動車道湯原ICから約60分

公式HP

鳥取

ミュージアム 公園 体験

岩美郡

[さんいんかいがんじおぱーく うみとだいちのしぜんかん]

山陰海岸ジオパーク 海と大地の自然館

2016年4月リニューアルオープン

山陰の魅力が詰まったジオパークの施設

所要時間 30分

鳥取砂丘や浦富海岸を含む山陰海岸ジオパークについて楽しく学べるミュージアム。世界ジオパークに認定された山陰海岸ジオパークの拠点施設。3D映像や体験学習コーナーなど、さまざまな資料や映像で魅力を紹介してくれる。また、年間を通じて、野外観察会なども行っている。

パパ・ママの声

水槽や展示室などで山陰海岸に住む生きものを間近で見ることができます。ほか、貝がらや砂で遊べるので、子どもも大満足です。鳥取市沖で獲れたダイオウイカの標本も展示されています。

☎ 0857-73-1445 おでかけMAP P181-H2

住鳥取県岩美郡岩美町牧谷1794-4
営9:00～17:00(7～8月の土曜は～18:00)
休月曜、祝日の翌日(7月20日～8月31日までは休みなし) 料無料 P16台
交山陰近畿自動車道浦富ICから約5分

公式HP

八頭郡

[ひょうのせんしぜんふれあいかん ひびきのもり]

氷ノ山自然ふれあい館 響の森

所要時間 90分

国定公園氷ノ山の自然を分かりやすく、楽しく紹介。「森のジオラマ」では動物の剥製や植物のレプリカを展示。

☎ 0858-82-1620

住鳥取県八頭郡若桜町つく米
営9:00～17:00 休月曜(夏休み期間中なし、10～11月は月・火曜、12～3月は月～水曜)
※祝日の場合は翌日 料大人無料、子ども無料、幼児無料 P140台
交中国自動車道山崎ICから約110分

米子市

[ゆみがはまこうえん]

弓ヶ浜公園

所要時間 半日

おでかけMAP P180-D2

日本海を眺められるスポットにある公園。船をモチーフにした複合遊具や広大な芝広場で思い切り楽しもう。

☎ 0859-48-1517(弓ヶ浜公園管理センター)

住鳥取県米子市両三柳3192-2
営8:30～19:00(11～2月末は～18:00)
休なし 料大人無料、子ども無料、幼児無料
P201台
交米子自動車道米子ICから約30分、またはJR米子駅から路線バス(日本交通)で約25分

鳥取市

[とっとりしあぞうしんりんこうえん]

鳥取市安蔵森林公園

バンガロー周辺は四季の花が咲く

自然の中の公園でアウトドアを満喫!

所要時間 60分

森や渓流に囲まれた自然豊かな場所に位置し、オートキャンプやバーベキュー、木工体験などが楽しめる施設。宿泊がメーンで、バンガローは6人用が5棟、オートキャンプが11サイトあり、シャワー棟も備えている。テニスコート、スキー場もあり、夏にはソリ滑りの場としても利用することができる。

パパ・ママの声

バンガローにはバーベキュー用のかまど、キッチン、洗濯機、トイレ、浴室が完備。鳥取和牛のケータリングサービスもあります。「鳥取県の軽井沢」と呼ばれるだけあり、宿泊すれば満天の星が楽しめます。

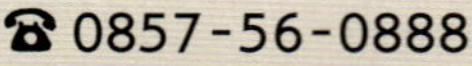

☎ 0857-56-0888 おでかけMAP P181-G3

住鳥取県鳥取市河内1462-36
営9:00～17:00
休なし(スキー場以外12～3月は閉園)
料大人無料、子ども無料、幼児無料
P20台 交鳥取自動車道鳥取西ICから約20分

公式HP

倉吉市

[うつぶきこうえん]

打吹公園

「さくら名所百選」に選ばれた公園

花と原生林の散策が楽しい自然公園

所要時間 120分

標高204mの打吹山の麓に位置する山陰随一の花の名所。4月のサクラ、5月のツツジ、秋はモミジにサザンカ、冬はヤブツバキが咲く。打吹山はスダジイなどの原生林で覆われた自然の宝庫で、四季を通じて森林浴が楽しめる。麓から頂上まで約30分、子どもと一緒に楽しめるトレッキングもおすすめ。

パパ・ママの声

園内にある小動物コーナーでは白クジャクをはじめ、サル、ヤギ、カメ、モルモットやウサギ、シカなどが見られます。近くにある白壁土蔵群では、食事や買い物が楽しめるお店がいっぱいですよ!

☎ 0858-22-1200(倉吉白壁土蔵群観光案内所) おでかけMAP P181-F3

住鳥取県倉吉市仲ノ町
営24時間 休なし
料大人無料、子ども無料、幼児無料
P400台(周辺観光駐車場を利用)
交米子自動車道湯原ICから約40分

鳥取市

[しんりんこうえん とっとりであいのもり]

森林公園 とっとり出合いの森

おでかけMAP P181-G2

約77ha(甲子園球場の約20倍)の広大な森林公園。14基のアスレチック遊具は思い切り遊べて子どもに人気。

☎0857-31-3930
住鳥取県鳥取市桂見293
営9:00～17:00
休なし
料大人無料、子ども無料、幼児無料
P270台
交鳥取西道路鳥取西ICから約10分

東伯郡

[ふるさとけんこうむら]

ふるさと健康むら

おでかけMAP P181-F3

三朝の焼き物「白狼焼」の絵付けや陶芸、草木染めによる「みささ織り」が体験できる。やさしい色合いに魅了される。

☎0858-43-1116
住鳥取県東伯郡三朝町横手15-1
営8:30～17:30(織物体験は9:30～16:00)
休火曜(祝日の場合は翌日)、物産館は火・木曜
料大人無料、子ども無料、幼児無料 ※体験有料
P100台
交中国自動車道院庄ICから約60分

鳥取市

[ごしのさとさじ]

五しの里さじ

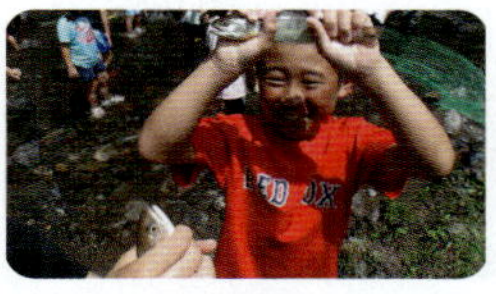

魚のつかみ捕り体験は要問い合わせ

自然と人が触れ合うプログラムが充実

所要時間 60分

「五し」とは、梨(なし)、和紙(わし)、話(はなし)、石(いし)、星(ほし)のこと。鳥取県東部は、日本国内で最も星空が美しい場所の一つで、夜は星空観察も体験できる。自然・農業・食物・天体と多様なジャンルの体験プログラムがあり、個性豊かなインストラクターのサポートのもと楽しめる。

パパ・ママの声
近くにある鳥取市さじアストロパークでは、型紙をはさみで切り抜いて作る星座早見盤工作の体験ができます。費用は100円～、1時間ほどでできあがります。3日前までに予約が必要なので、注意して。

☎0858-88-0177
おでかけMAP P181-G3
住鳥取県鳥取市佐治町加瀬木2519-3
営9:00～16:00 休不定
料大人無料、子ども無料、幼児無料 ※一部有料施設あり、魚のつかみ捕り体験有料 P20台
交鳥取自動車道用瀬ICより約20分

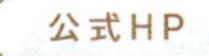

八頭郡

クーポンあり

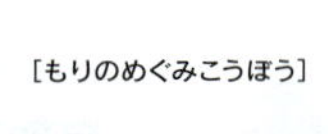

[もりのめぐみこうぼう]

森のめぐみ工房

こけ玉作りは1000円～体験可

山野草や樹木の息吹を感じよう

工房で種をまいたり、株分けをして育てた植物の種類はさまざま。モミジ、クロモジ、ハゼノキ、イカリソウ、ワレモコウ、ミヤマカタバミなど四季折々に若葉、花、紅葉などを身近でめでることができる。子どもはもちろん大人にとっても貴重な体験。風雅なこけ玉の楽しさを実感してみよう。

パパ・ママの声
こけ玉作りは3日前までに予約が必要。2人から受付てくれます。天気がいい日は縁側に座って、寒い日はまきストーブで暖を取りながら気候によって普段味わえない心地よさが体験できますよ。

☎0858-78-0048
おでかけMAP P181-G3
住鳥取県八頭郡智頭町東宇塚69
営9:00～17:00 休不定
料大人無料、子ども無料、幼児無料
P5台
交鳥取自動車道智頭ICから約15分

米子市

クーポンあり

[ほうきこだいのおかこうえん]

伯耆古代の丘公園

どんぐりを使った工作も楽しめる

体験や物作りでタイムスリップ

古代をテーマにしたテーマパーク。「大賀ハス」などのハスや花々が咲き乱れる中、古代人の住居や暮らしぶりを体感。火おこし、土器作りなどの体験が満喫できるほか、冒険広場も家族で楽しめる。近くには食事処や源泉掛け流しの温泉もあるので、楽しく遊んだ後はゆっくりと汗を洗い流そう。

パパ・ママの声
公園でたっぷり遊んだ後は、隣接しているゆめ温泉で汗を洗い流したり、食事も楽しめます。どんぐり館では、特産品や珍しいどんぐりのお土産、どんぐりソフトクリーム350円の販売もしています。

☎0859-56-6817
おでかけMAP P181-E3
住鳥取県米子市淀江町福岡1529 営9:30～17:00 ※ハス開花時期早朝開園あり、ゆめ温泉10:00～22:00(受付は～21:00) 休第2・4水曜(祝日の場合は翌日)、ゆめ温泉は第4水曜 料大人200円、子ども100円(小・中学生)、幼児無料 ※体験有料(要予約) P100台 交山陰自動車道淀江ICから約3分

公式HP

倉吉市

［せいりゅうゆうゆうむら］

清流遊YOU村

イワナにヤマメ 清流で魚を釣ろう

所要時間 180分

清流を利用した管理釣り場で釣り

大山山麓を流れる小鴨川の流れをそのまま生かした渓流管理釣場。イワナやヤマメ、ニジマス釣りが体験できる。つかみどり専用の池もあり、さまざまな楽しみ方ができるのも魅力。ほかにも、バーベキューハウスがあるので、釣りたての魚がその場ですぐに味わえる（雨天でも利用可能）。

パパ・ママの声
一年を通じて四季折々の自然を存分に満喫できます。1週間前までの完全予約制ですが、山菜料理のセット2000円やゆうゆう弁当800～1200円を付けることができるので要チェック！

☎0858-45-1015 おでかけMAP P181-F3
住鳥取県倉吉市関金町小泉639
営7:00～日没まで（10～2月は9:00～日没まで）
休なし 料大人無料、子ども無料、幼児無料
P50台
交米子自動車道湯原ICから約40分

鳥取市

［あおやわしこうぼう］

あおや和紙工房

和紙の手すき体験で 世界に一つの作品を

所要時間 60分

サイズが選べる紙すき体験

鳥取県東部の特産品、伝統工芸品である「因州和紙」をテーマにした施設。常設展、企画展を開催するほか、さまざまな体験イベントを通して和紙の面白さ、奥深さを知ってもらう企画がふんだんに用意されている。自分のアイデアで、世界でただ一つの作品づくりに取り組むことができるのがうれしい。

パパ・ママの声
作った和紙をランプシェードに加工できます（800円～）。また貼り絵や手提げ袋などのオリジナル工作キットをショップで販売しています。和紙と光をテーマにした「和紙のオーロラ」は一見の価値あり！

☎0857-86-6060 おでかけMAP P181-G2
住鳥取県鳥取市青谷町山根313
営9:00～17:00（体験受付は～16:00）
休月曜（祝日の場合は翌平日）
料入館無料、企画展開催時は要観覧料
P50台 交山陰自動車道青谷ICから約10分

公式HP

鳥取市

［わしこうぼう かみんぐさじ］

和紙工房 かみんぐさじ

歴史ある因州和紙の 紙すき体験ができる

所要時間 90分

誰でも気軽に紙すきを体験できる

1000年の歴史を持つ鳥取市佐治町に伝わる佐治因州和紙。独特の風合を持つ和紙で作られた魅力的な民芸品を数多く展示し、販売している。書画を書くための紙「画仙紙」は全国的にも有名。紙すき体験では、所要時間40～90分で、オリジナルのはがきや色紙を作って持ち帰ることができる。

パパ・ママの声
館内の食堂には、日替わり定食630円などがあり、座敷席があるので子ども連れには嬉しいです。展示室では、封筒・便箋各330円～を購入することができ、お土産におすすめです。

☎0858-89-1816 おでかけMAP P181-G3
住鳥取県鳥取市佐治町福園146-4
営9:00～16:30 休水曜
料大人無料、子ども無料、幼児無料、体験料500～700円
P20台
交中国自動車道佐用ICから約90分

公式HP

鳥取市

［とっとりさきゅう ぜろぱらぐらいだーすくーる］

鳥取砂丘 ゼロパラグライダースクール

初心者もOK！ 砂丘を空から眺める

所要時間 半日

視界に広大な鳥取砂丘が広がる

鳥取砂丘の上空を飛行するパラグライダーのスクール。約10～40mの高さ（気象条件により変わる）から飛ぶソロフライトは、1日と半日のコースを用意。障害物のない柔らかな砂地へ着地するので、初心者や運動に自信のない女性でも気軽に参加できるのがうれしい。1年間コース5万円もある。

パパ・ママの声
初心者でもインストラクターが丁寧に指導してくれます。道具の持ち運びを親が手伝えば、3・4歳でも飛ぶことが可能です。空から眺める雄大な景色に圧倒。家族で楽しめ、価値観が変わりますよ！

☎080-1939-6640 おでかけMAP P181-H2
住鳥取県鳥取市浜坂1-16-45-2 営9:00～19:00（要予約）
休なし（1～2月は休校） 料半日コース 7000円、安全管理料500円（午前の部9:30、午後の部14:00集合、7・8月は15:30集合）ほか1日コースあり（料金要問い合わせ）※どちらも要予約
P50台（らくだ屋） 交鳥取自動車道鳥取ICから約15分

公式HP

鳥取市

［とれいる おん］

TRAIL ON

バイク、ヘルメットなどは貸し出し

ファットバイクで大自然を駆け抜けよう

所要時間 2時間

砂の上をぐんぐん走行する自転車、“ファットバイク”にまたがって、鳥取砂丘を走ろう。トレイル（山道）をクリアしたら、目の前は日本海。ここでしか撮れない写真を撮ったり、海辺で遊んだりと、非日常をエンジョイしよう！ この地を知り尽くしたガイドが一緒なので、初めての人もキッズも安心だ。

波打ち際を勢いよく走って気分爽快！ 海風を感じながら走ろう!!

パパ・ママの声

見た目と違って軽いバイクなので乗りやすく、子どもでも楽しく走行できました。自然をとことん満喫できますよ。ガイドさんが撮ってくれた、とっておき写真のデータをくれたのもうれしかったです。

タイヤ
20段変速のバイクを支えるタイヤは4インチ

砂丘コース
指定エリアのみ走行可。海を見下ろし駆け抜けよう

山コース
トレイルコースも道が整備されラクラク走行！

☎ 080-1649-1796

おでかけ MAP P181-H2

住鳥取県鳥取市福部町湯山2164砂丘会館 営3月～9月9:30～18:00、10月～12月9:30～17:00（1・2月は休） 料大人5000円、子ども5000円（身長150cm以上が対象） P周辺に無料・有料駐車場あり 交鳥取自動車道鳥取ICから約20分

公式HP

鳥取市

［かちべでんしょうかん］

かちべ伝承館

昔懐かしの囲炉裏がある部屋

昔の農家の生活を体験できる施設

所要時間 半日

昔の農家の生活用具や、農機具などが展示されている施設。囲炉裏が設置されている「農村文化伝承室」がある。また味噌や豆腐、ジャム作りなどが体験できる。施設内にピザ窯もあるので、ピザ作り体験も可能（体験は有料）。囲炉裏のある部屋でパスタやピザなどが食べられる。

パパ・ママの声

昔の農家の生活が体験できる施設です。地元の農産物を利用した豆腐作りや味噌作りなども体験できるので、小さなお子さんから大人まで家族みんなで楽しめます。自分で作った豆腐の味は格別です。

☎ 0857-87-0515

おでかけ MAP P181-G2

住鳥取県鳥取市青谷町鳴滝448
営8:30～17:15 休月曜
料大人無料、子ども無料、幼児無料
P15台
交青谷羽合自動車道青谷ICから約10分

公式HP

西伯郡

［はーぶろーどいどべ］

ハーブロードいどべ

ガーデンを見ながらティータイム

手作りのハーブ園でゆっくりとしたひと時を

所要時間 60分

夫婦で営む手作りのハーブ園。ドッグラン（有料）も併設されているので、ペットと一緒に自然の中でのんびりできる。売店ではハーブティーのほか、ハーブ石鹸や入浴剤、エッセンシャルオイル、手作りのハーブ雑貨などが販売されており、喫茶・軽食コーナーも併設されているので休憩にもピッタリ。

パパ・ママの声

大山を望む自然の中にあるので、とても癒やされます。ペットと一緒にも行けるので愛犬家には嬉しい施設です。売店ではお土産にぴったりなハーブティーや、ハーブ苗も販売されています。

☎ 0859-53-8866

おでかけ MAP P181-E3

住鳥取県西伯郡大山町中槇原 営11:00～17:00（土・日曜、祝日は10:00～） 休なし（12～3月は休み） 料大人500円（中学生以上）、子ども300円、幼児無料（3歳以下） P30台 交米子自動車道米子ICから約15分、またはJR米子駅からバスで約40分

公式HP

西伯郡

[とっとりけんりつ とっとりはなかいろう]

鳥取県立 とっとり花回廊

園内を回るフラワートレイン

国内最大級の花のテーマパーク

所要時間 90分

鳥取を代表する山・大山が目前の、国内最大規模を誇る花のテーマパーク。ユリの花をメーンフラワーとして1年中展示し、日本に自生する野生ユリ15品種をすべて保有・展示している国内唯一の施設。50haのフラワーパーク内は、いつ訪れても花と緑であふれていて、大人も圧巻の景色だ。

パパ・ママの声

北館の最上階にある展望休憩所からは園内が一望でき、絶好のロケーションが楽しめます。喫茶コーナーも併設されているので、四季折々の花を眺めながらすてきなティータイムが過ごせますよ。

☎0859-48-3030 おでかけMAP P181-E3

住鳥取県西伯郡南部町鶴田110　営9:00～17:00※12月～1月上旬13:00～21:00、1月中旬～3月9:00～16:30　休7･8月と12～3月の火曜※一部営業日あり　料大人1000円、子ども500円(小中学生)、幼児無料　P2000台　交米子自動車道溝口ICから約10分

公式HP

弁当の持ち込みができるため、天気がいい日は屋外ベンチや芝生でピクニック!

ヨーロピアンガーデン

約190品種1000株のバラは初夏と秋が見頃

霧の庭園

一定の時間になると霧状の噴水がモクモクモク!

花の谷

4月になると色鮮やかなチューリップが満開となる

シンボルのフラワードームは、直径50m、高さ21mの巨大ガラス温室。展望回廊には、滝のように水が流れている場所も

ナシ、ブルーベリー、牛乳味のソフトクリーム各350円

夏には「花の丘」はルドベキアが満開に

西伯郡

クーポンあり

[だいせんまきばみるくのさと]

大山まきばみるくの里

自然の中で体験を楽しんで

自慢の牛乳を使った体験やグルメを堪能

所要時間 半日

大山放牧場の一角で自然美が満喫できるレジャー施設。大山の雄姿を背景に乳牛が草をはむ、のどかな風景が広がる。牛の模型を使った搾乳疑似体験や、乳製品を使ったバター・アイスクリーム教室、みるくプリン教室体験などが楽しめる（要予約）。バーベキューキャビンやレストランもある。

パパ・ママの声
牛乳の味が濃厚で滑らかなソフトクリーム350円はおすすめです。売店には地元や山陰の牛乳や乳製品、かわいい牛のオリジナルグッズなどのお土産品が立ち並び、見るだけでワクワクしますよ。

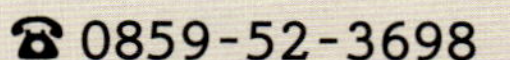

☎0859-52-3698 おでかけMAP P181-E3

住鳥取県西伯郡伯耆町小林水無原2-11
営10:00～17:00(レストランは～16:00)
休第2·4火曜、冬季(12月初旬～3月下旬)
料大人無料、子ども無料、幼児無料
P150台 交米子自動車道溝口ICから約15分

公式HP

西伯郡

クーポンあり

[もりのくに]

森の国

冒険心をくすぐるアスレチック

西日本最大級のアスレチックに挑戦

所要時間 180分

初心者向けの昆虫コースと冒険できる大山コースの2コースからなる西日本最大級のフィールドアスレチックが人気。ハンドクラフトやピザ作りのほか、水しぶきを浴びながら進むシャワークライミング、雪遊びやソリなど、体験プログラムが充実。ドッグランがあるので、愛犬連れも楽しめる。

パパ・ママの声
自然に囲まれた広大なアスレチックコースは遊びがい満点！ 子どもたちが夢中になります。桜の木キーホルダー作りや大山アイスクリーム&クレープ作りなど体験が充実しているのもうれしいです。

☎0859-53-8036 おでかけMAP P181-E3

住鳥取県西伯郡大山町赤松634
営9:00～17:30 休水曜(祝日、春·夏休みは営業)
料大人900円(中学生以上)、子ども700円(3歳以上)、幼児無料 P500台
交米子自動車道溝口ICから約10分

公式HP

鳥取市

[こやまいけなちゅらるが一でん"とっとりはれやかていえん"]

湖山池ナチュラルガーデン "とっとり晴れやか庭園"

鳥取の自然の魅力を集めた園内

鳥取の自然の中で四季の魅力を再発見

所要時間 90分

植物が本来持っている自然の力を生かすための「ナチュラルガーデン」。ここは、庭園内の草花の9割以上が日本の野草だという、世界に類を見ない庭園だ。また、多くの鳥や魚、虫たちが生息し、自然の姿が観測できる。日本一広い天然池「湖山池」の雄大な景色と自然を満喫しよう。

パパ・ママの声
庭園のある湖山池公園内にある、グラウンドゴルフ場、多目的広場などは基本的に無料で楽しめます！ きれいな夕日を見られるスポットもありますよ。四季折々の美しさに癒やされるスポットです。

☎0857-28-5090(鳥取グリーン) おでかけMAP P181-G2

住鳥取県鳥取市湖山町南 湖山池公園内
営7:00～20:00
休なし 料大人無料、子ども無料、幼児無料
P60台
交鳥取自動車道鳥取西ICから約10分

公式HP

西伯郡

[こぐすて一しょんだいせん]

コグステーションDAISEN

家族で自転車に乗って楽しもう

親子で楽しめるサイクリング

所要時間 60分～

大山にある自然に囲まれた自転車ステーション。山から海へ、自然·文化·歴史をテーマに、自転車での旅を楽しめる。本格的なマウンテンバイクやクロスバイクなどを豊富にそろえている。初心者から上級者まで楽しめるコースが盛りだくさん！ 家族でサイクリングを楽しんでみて。

パパ・ママの声
ダウンヒルツアーではガイドが付くので、絶景やおすすめポイントを教えてくれます。途中、休憩で寄り道をすることができますよ。マイ自転車の持ち込みも可能なので、特別な思い出を作ってみては。

☎0859-53-8036 おでかけMAP P181-E3

住鳥取県西伯郡大山町赤松634
営9:00～17:30 休水曜(祝日、春·夏休みは営業)
料大人900円(中学生以上)、子ども700円(3歳から)、幼児無料 P500台
交米子自動車道溝口ICから約10分

公式HP

鳥取市

［とっとりさきゅう］

鳥取砂丘

馬の背から日本海を一望できる

パパ・ママの声
車イスの人には、砂丘用の車イスレンタルがあります。そのほか砂の上をボードで滑る「サンドボード」も有名で、ボードがあればシーズン問わず楽しめます。汚れてもいい服で参加しましょう。

自然が造り出す芸術作品に息をのむ

所要時間 60分

東西16km、南北2kmの大きさを誇る砂丘。風が吹くたびに変わる風紋や砂簾は、自然が造り出す芸術作品。日本海に沈む夕日の素晴らしさは言葉にできないほど。また、起伏のある斜面を利用して、パラグライダーやサンドボードが楽しめるだけでなく、ラクダに乗っての遊覧も魅力的。

☎0857-22-3318(鳥取市観光案内所) おでかけMAP P181-H2
住鳥取県鳥取市福部町湯山
営24時間　休なし
料大人無料、子ども無料、幼児無料
P325台(1回500円)
交鳥取自動車道鳥取ICから約15分

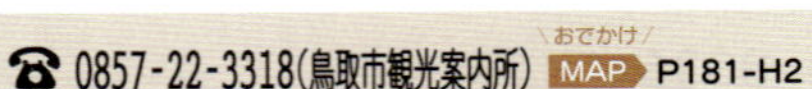

一歩足を踏み込めば、どこか遠い砂漠の国に来たかのような風景が広がる

らくだ屋
乗ったときの高さに思わず驚いてしまいそう

そり遊び
斜面がしっかりしている海側で滑るのがおすすめ

サンドボード
スノーボードのような新しいアクティビティ

広い砂丘を利用したさまざまなアクティビティが楽しめる

高台の砂丘センターと鳥取砂丘入口を結ぶ観光リフト

砂丘の砂で作った鳥取砂丘モアイZはらくだ屋で買える

倉吉市

[すうぃーとらんど たから]

スウィートランド TAKARA

伯寶焼の製造過程が見学できる

山陰特産品を使用 お菓子工場を見学

所要時間 30分

山陰地方の特産品を使用したお菓子作りの工程やこだわりの製法、ノウハウを大型ラインで見ることができる。同社人気製品でもある名物・伯寶焼（ほうほうやき）のほか、焼きおこしなどのできる過程を1カ所で見学可能。見学後にはお茶とお菓子の試食を無料でサービスしてくれてうれしい。

パパ・ママの声

オリジナル製品を直売店で購入することができます。また新しくベーカリーショップがオープン。焼きたてのクロワッサン5個入り300円や二十世紀梨ソフトクリーム350円が人気です。

☎0858-48-7070  おでかけMAP P181-F3

住鳥取県倉吉市関金町関金宿2913
営9:00～17:30
休なし（売店）※土・日曜、祝日は見学不可
料大人無料、子ども無料、幼児無料
P100台　交米子自動車道湯原ICから約30分

公式HP

米子市

クーポンあり

[おかしのことぶきじょう]

お菓子の壽城

和菓子の製造工程が見学できる

製造を見学できる お菓子のテーマパーク

所要時間 30分

米子城を再現した建物が目を引く菓子店。立派な造りの天守閣では、360度のパノラマが楽しめる。城内には山陰名菓を販売する「とち餅」をはじめ7つのコーナーが点在。銘菓を生む製造ラインをガラス越しに見学してみよう！ 見て、学んで、味わって旅の憩いの場として3世代で訪れたい。

パパ・ママの声

お土産に迷ったときに、訪れるのがおすすめです。お菓子や漬物、牛乳など数多くの商品が並んでいます。試食可能なので、どれにしようか迷ったときには、スタッフさんへ聞いてみてください。

☎0859-39-4111 おでかけMAP P181-E3

住鳥取県米子市淀江町佐陀1605-1
営9:00～17:30（平日）、9:00～18:00（土・日曜、祝日）
休なし　料大人無料、子ども無料、幼児無料
P200台
交米子自動車道米子ICから約1分

公式HP

東伯郡

[だいせんにゅうぎょうのうぎょうきょうどうくみあい]

大山乳業農業協同組合

バリアフリーの見学コースを完備

地域に根ざした 信頼される工場

所要時間 60分

地域の人たちとの触れ合いや交流を大切にしている施設。ガラス張りの見学通路からは牛乳、ヨーグルトの製造工程を見学することができ、幅広い世代に人気。直売店では、酪農家の思いを込めて作りあげた白バラ商品を多数取りそろえている。白バラのこだわりの味を家族で味わってみよう。

パパ・ママの声

直売所「カウィーのみるく館」では、工場で作られた製品を販売。特選大山おいしい牛乳や白バラコーヒーは子どもから大人まで人気です。試飲や試食もでき、日替わりのお買い得商品も並びます。

☎0858-52-2211 おでかけMAP P181-F2

住鳥取県東伯郡琴浦町大字保37-1
営9:30～、11:00～、13:00～（要予約）　休日曜
料入場無料
P11台　交山陰自動車道琴浦東ICから約5分、またはJR浦安駅から徒歩15分

公式HP

鳥取市

[るーぷきりんじし]

ループ麒麟獅子

鳥取の名所へ連れて行ってくれる

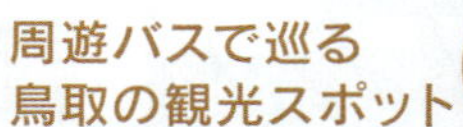

周遊バスで巡る 鳥取の観光スポット

所要時間 90分

ループ麒麟獅子は鳥取の観光スポット周遊バス。鳥取駅を起点とする、鳥取砂丘・鳥取港（賀露港）などの循環コースで、1日12便が運行している。運行日は、土・日曜、祝日（元日を除く）、振替休日および8月1日～8月31日の期間で、お得な1日乗車券（乗り放題）もあるのでチェックしよう。

パパ・ママの声

因幡地方に伝わる麒麟獅子にちなんだ外装のデザインは、子どもたちに人気です。バスの利用者は観光施設で割引優待があることもあるそうなので観光案内所で事前確認をしてください。

☎0857-22-3318（鳥取市観光案内所） おでかけMAP P181-H2

住鳥取県鳥取市東品治町106 鳥取バスターミナル　営随時運行
休8/1～8/31を除く平日　料大人1日乗車カード（乗り放題）600円、1回降車ごと300円、子ども1日乗車カード（乗り放題）600円、1回降車ごと150円、幼児大人1人につき1人無料、2人目からは150円　Pなし
交鳥取自動車道鳥取ICから約10分、またはJR鳥取駅からすぐ

鳥取

岩美郡

クーポンあり

[うらどめかいがんしまめぐりゆうらんせん]

浦富海岸島めぐり遊覧船

ごつごつした岩肌が見える

リアス式海岸や洞門・洞窟を遊覧

所要時間 60分

浦富海岸を遊覧できる2種のコースを用意。「遊覧船」では、白砂青松の美しい砂浜や、複雑に入り組んだリアス式の海岸など、変化に富んだ景観をゆったりと眺めることができる。「うらどめ号」は小型船のため、遊覧船では通れない狭い航路を通るのが特徴で、水深の浅い入り江に入ることも可能。

パパ・ママの声

「うらどめ号」から眺める高さ70mの断崖の真下は見ものです。かなり迫力がありますよ。また、透き通った海の海中観察も楽しい！ 海中をのぞける箱眼鏡を使った冒険クルーズに出発しよう！

☎ 0857-73-1212

おでかけMAP P181-H2

住鳥取県岩美郡岩美町大谷2182-12 営遊覧船3/1～11月末9:30～15:30、小型船4/25～9月末9:10～15:10、どちらも約1時間毎に出航、7/20～8/20は最終便16:00 休荒天日 料遊覧船大人1300円(中学生以上)、子ども650円(小学生)、幼児無料、小型船は別料金 P100台 交鳥取自動車道鳥取ICから約20分

公式HP

境港市

[みなとさかいこうりゅうかん]

みなとさかい交流館

水木しげる先生書き下ろしの壁画 ©水木プロ

境港の魅力を堪能 海に近いターミナル

所要時間 60分

2013年春にリニューアルオープンした交流館。1階には観光案内所に売店、回転寿司店を備え、2階の展示ホールでは山陰の観光情報や、まんが王国とっとりの情報を入手でき、境港の観光に役立つ。遊び疲れた体は、島根半島を望む4階入浴施設「さかいポートサウナ」でゆっくり癒やそう。

パパ・ママの声

交流館2階には、無料で使えるキッズルームがあり、おもちゃや絵本がそろっているので子ども連れでも利用しやすく、おすすめです。ベビーカーは観光案内所に行けば貸してくれますよ。

☎ 0859-42-3705(境港管理組合)

住鳥取県境港市大正町215
営7:30～21:30(店舗による)
休なし(店舗による)
料大人無料、子ども無料、幼児無料(店舗による)
P68台 交米子自動車道米子ICから約45分

おでかけMAP P180-D2

境港市

クーポンあり

[とっとりけんりつ ゆめみなとたわー]

鳥取県立 夢みなとタワー

日本海を望む360度の大パノラマ

日本海と大山を望む最高のロケーション

所要時間 60分

日本有数の漁港として古くから栄える境港を前に、高さ43mのタワーの展望室からは日本海、大山、弓ヶ浜半島、境港市街が見渡せる。館内には昭和初期の港町を再現したレトロなみなとまち商店街があるほか、みなと温泉ほのかみ、境港さかなセンターなどが並ぶ便利なスポットだ。

パパ・ママの声

対岸諸国(中国河北省、吉林省、大連市、モンゴル中央県、韓国江原道、ロシア沿海地方)の生活や文化を紹介したコーナーが見ものです。おもちゃや楽器などに実際に触れることができます。

弓ヶ浜半島からタワーを眺める。手前は美保湾、後ろは島根半島

ゲル
モンゴルのゲルを紹介。屋内まで再現されている

民族衣装
民族衣装を試着して、写真撮影もできる(無料)

タワー登頂認定証
認定証に、記念スタンプを押すこともできる

☎ 0859-47-3800

おでかけMAP P180-D2

住鳥取県境港市竹内団地255-3
営9:00～18:00(10～3月は～17:00)
休第2水曜(8月はなし)、カフェは水曜 料大人300円(高校生以上)、子ども150円(小・中学生)、幼児無料
P150台 交米子自動車道米子ICから約30分

公式HP

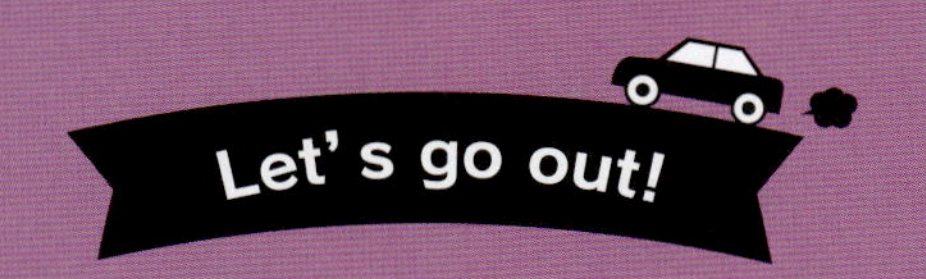

香川県

KAGAWA

高松市

川島猛氏のレリーフが目を引く

[たかまつみらいえ]

たかまつミライエ

子どもたちの夢と想像力を育む新スポット

所要時間 90分

驚きと感動がいっぱいのたかまつミライエ。小学生に人気なのは、こども未来館のプラネタリウムや科学展示室だ。見たり、触れたりして、遊びながら自然と科学が学べる。幼児向けのプレイルームや、図書館、平和記念館などもあるので、赤ちゃんから大人まで天候を気にせず、のんびりと過ごせる。

パパ・ママの声

プラネタリウムの投影スケジュールをホームページで調べて、その前後で他のフロアを見て回るように過ごしています。工作や体験教室といった楽しいイベントも開催されていますよ。

☎ 087-839-2571(こども未来館)　おでかけMAP P179-F3

住香川県高松市松島町1-15-1　営施設により異なる、詳細はHPを確認　休火曜(祝日の場合は翌日)　料大人無料、子ども無料、幼児無料(プラネタリウム観覧料大人500円、高校生300円、小·中学生·幼児100円)　P112台(25分100円、入館者は1時間まで無料)　交高松自動車道高松中央ICから約15分

公式HP

プレイルームは利用人数や時間、年齢などに制限あり

平和記念館
高松空襲の様子、戦前から現在までの歴史がわかる

球体が乗った外観
ガラス張りの6階建てのビル。球体が目印

みんなのひろば
乳幼児と保護者が一緒にくつろげるスペース

プラネタリウムは土·日曜、祝日、春·夏·冬休みに見ることができる。投影スケジュールはHPを確認

児童書が充実した夢みらい図書館。読み聞かせ会も開催

ナウマンゾウの骨格模型や生き物のはく製が!

丸亀市

［れおまりぞーと］

レオマリゾート

グルグル回るファンシーフライト

パパ・ママの声
衣裳を着て仕事体験ができる「ごっこタウン」がおすすめです（90分500円）。夏に営業しているプールは大人も楽しめます。園内には無料休憩所があったり、お年寄りも利用しやすいです。

アトラクションと景観が一緒に堪能できる

所要時間 1日

22のライドアトラクションや、2大3Dプロジェクションマッピングなどのエンターテインメントが楽しめる中四国最大級のレジャー施設。大観覧車やバードフライヤーから見える瀬戸内海や山々は見応えも抜群だ。ほかにもバラなどの季節の花イベントやイルミネーションなど見どころが満載。

☎0877-86-1071　おでかけMAP P179-F3

住香川県丸亀市綾歌町栗熊西40-1　営10:00～16:00 ※季節、曜日により延長営業あり　休なし　料大人1600円（中学生以上）、子ども1100円（3歳～小学生）、幼児無料（2歳以下）　P4100台（無料）、350台（1日1000円）　交瀬戸中央自動車道坂出IC、または松山自動車道善通寺ICから約20分

公式HP

高さ50mの大観覧車。うち2機のゴンドラはスリル満点足ブラ観覧車

レインボーバンディット
ピクレルランドの仲間たちと冒険旅行へ出発!

ごっこタウン
19種のお仕事ごっこを楽しむことができる

プール
夏になれば中四国最大級のリゾートプールも営業

夜空に出現！幻想的なナイトエンターテイメント「奇跡のオーロラショー」（土・日曜、祝日開催）

亜細亜の歴史的遺跡を再現した「オリエンタルトリップ」

キャラクター総出演のパレード。開催日はHPにて確認

東かがわ市

クーポンあり

[とらまるぱぺっとらんど]

とらまるパペットランド

日本で唯一の人形劇の遊園地

所要時間 180分

テレビスタジオで劇を演じる

とらまる公園内にある人形劇のテーマパーク。とらまる人形劇ミュージアムでは「みる・ふれる・あそぶ・つくる・えんじる・まなぶ」をテーマに、スタッフと一緒に人形を動かしたり作ったりできる。また、日本でも珍しい人形劇専門劇場「とらまる座」には全国からプロ劇団が公演にやってくる。

パパ・ママの声
中世ヨーロッパの街並みを2分の1サイズで再現したおとぎの国「ミニチュア児遊館」がおすすめ。大人にとってはちょっと小さいですが、子どもたちがかくれんぼやおままごとを楽しめ、人気です。

☎ 0879-25-0055

おでかけMAP P179-G3

住香川県東かがわ市西村1155
営9:00～17:00(ミュージアムは10:00～)
休月曜(祝日の場合は翌日)、火曜不定
料大人・子ども600円、3歳未満無料
P250台　交高松自動車道白鳥大内ICから約5分

公式HP

東かがわ市

[しろとりどうぶつえん]

しろとり動物園

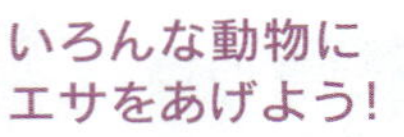

いろんな動物にエサをあげよう!

所要時間 半日

国内では珍しいホワイトタイガー

赤ちゃん動物と猛獣系以外は、すべての動物にエサやりが可能。また、ふれあい広場では、ウサギやクジャクなどの小動物や動物の子どもたちが柵内で放し飼いになっており、自由に触れ合える。珍しい犬からおなじみの犬種まで、さまざまな種類の犬が元気に走りまわる、わんわん広場もある。

パパ・ママの声
なかよしミニサファリでは、シカやヤギなどが放し飼いにされていて、エサやりが可能。園内第2ステージでは、毎日2～4回、アニマルショーなどが開催されているのでぜひチェックをしてみてください。

☎ 0879-25-0998　おでかけMAP P179-G3

住香川県東かがわ市松原2111
営9:00～17:00　休なし
料大人1300円(中学生以上)、子ども600円、幼児無料(3歳以下)
P90台　交高松自動車道引田ICから約10分

公式HP

高松市

[しんやしますいぞくかん]

新屋島水族館

山頂の水族館で珍しい生物と出合う

所要時間 半日

日本で見られるのは6頭のみ

瀬戸内海が見渡せる屋島の山頂にある水族館。四国周辺に生息する魚や、人魚のモデルといわれるアメリカマナティが2頭見られる。季節に合わせて変身するアザラシライブは必見。土・日曜、祝日にある劇仕立てのイルカライブや「ペンギンのお散歩タイム」は子どもから大人まで楽しめる。

毎日行われるイルカライブで演技を見せてくれるバンドウイルカ

パパ・ママの声
タッチプールでは、ヒトデ、ウニ、ナマコなど磯の生きものたちと触れ合うことができ、子どもに人気です。秘密がいっぱいの生きものの生態を、解説員が楽しく教えてくれるので気軽に聞いてみて。

アザラシ給餌解説
解説後にはエサやりイベントを行う

館内の様子
彩り豊かな魚類が優雅に泳ぐ館内は圧巻

イルカ観測ボート
土・日曜、祝日に行っているイルカ観察ボート

☎ 087-841-2678　おでかけMAP P179-F3

住香川県高松市屋島東町1785-1　営9:00～17:00(入館は～16:30)　休なし　料大人1200円、中・高校生・65歳以上700円、子ども500円(3歳以上)、幼児無料(3歳未満)　P400台(1日300円)
交高松中央自動車道高松中央ICから約30分

公式HP

さぬき市

クーポンあり

[にほんどるふぃんせんたー]

日本ドルフィンセンター

イルカに触れてエサをあげよう

イルカと遊ぶ 心癒やされる楽園

所要時間 半日

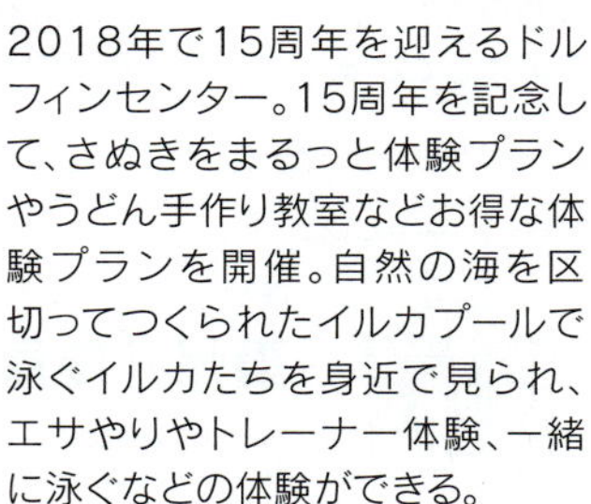

2018年で15周年を迎えるドルフィンセンター。15周年を記念して、さぬきをまるっと体験プランやうどん手作り教室などお得な体験プランを開催。自然の海を区切ってつくられたイルカプールで泳ぐイルカたちを身近で見られ、エサやりやトレーナー体験、一緒に泳ぐなどの体験ができる。

パパ・ママの声

食事が楽しめる「マリンレスト」では、香川名産のうどんがおすすめです。イルカと間近に触れ合え、子どもはもちろん大人も心躍ること間違いなし。オリジナルグッズもいっぱいありますよ。

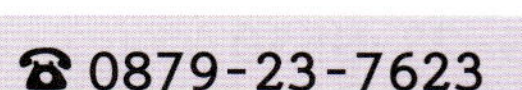

☎0879-23-7623 おでかけMAP P179-G3

住香川県さぬき市津田町鶴羽1520-130
営10:00～17:00(夏期～18:00)
休なし(10～3月は水曜) 料大人500円(中学生以上)、子ども400円、幼児無料(3歳以下) P15台
交高松自動車道津田東ICから約15分

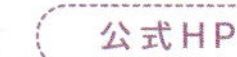

公式HP

仲多度郡

[きんりょうのさと]

金陵の郷

酒の歴史を伝える文化館がある

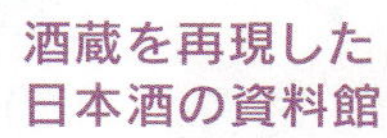

酒蔵を再現した 日本酒の資料館

所要時間 30分

日本酒の歴史と文化を紹介する施設。歴史館では、昔ながらの酒造りの作業について人形や道具を使って説明している。文化館では、弥生時代から日本に根付く酒の伝統や各地の酒に関する情報を展示。くすのき広場には、金刀比羅宮の天狗が休息したとされる御神木の大楠がある。

パパ・ママの声

こんぴらさんの表参道にある江戸時代から続く酒蔵。歴史を感じる趣深い建物内で展示物が見学できます。予約すれば利き酒体験ができ、2種のお酒が味わえます(酒の種類は日によって異なる)。

☎0877-73-4133 おでかけMAP P179-E3

住香川県仲多度郡琴平町623
営9:00～16:00(土・日曜、祝日は～18:00)
休なし
料大人無料、子ども無料、幼児無料 Pなし
交JR琴平駅から徒歩10分

公式HP

高松市

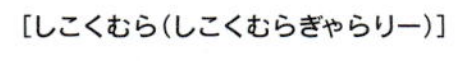

[しこくむら(しこくむらぎゃらりー)]

四国村 (四国村ギャラリー)

灯台退息所前のチューリップ

江戸の村に タイムスリップ

所要時間 90分

四国村は、源平の古戦場として知られる屋島の地に四国各地から古い民家を移築復元した、野外博物館。自然あふれる約5万㎡の敷地には、江戸～大正期にかけての地方色豊かな建物が配置され、当時の生活の様子がうかがえるようにと、たくさんの民具も展示されている。手打ちうどんも人気。

パパ・ママの声

江戸時代末期のわらぶきの農家を移築した「うどんのわら家」があります。店内では讃岐手打ちうどんを提供していて、いりこの特製だしを使用した釜揚げうどん大・700円、小・460円が人気です。

竹を敷いた床と各部屋のいろりが山間の住居の特徴を持つ、旧河野家住宅

四国村ギャラリー
安藤忠雄氏設計の小さな美術館。絵画や彫刻を展示

砂糖しめ小屋
サトウキビの汁を搾る砂糖しめ小屋

ミニかずら橋
本場徳島県祖谷さながらのスリルを味わえる

☎087-843-3111 おでかけMAP P179-F3

住香川県高松市屋島中町91 営4～10月8:30～17:00、11～3月8:30～16:30 休なし 料大人1000円、子ども600円(高校生)、400円(中学生以下)、幼児無料(小学生未満) P200台 交高松自動車道高松中央ICから屋島方面へ約20分、またはJR高徳線屋島駅から徒歩10分

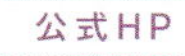

公式HP

香川

仲多度郡

[ことひらかいようはくぶつかん（うみのかがくかん）]

琴平海洋博物館（海の科学館）

江戸時代の貨客船「こんぴら船」

パパ・ママの声
屋上のラジコン船や船の操舵室を模した「動くブリッジ」、4階の操船シュミレーターでは船長気分に。江戸時代の船着場を再現したスペースなど趣向を凝らした展示で楽しませてくれますよ。

人と海との歴史や船の魅力を知ろう

所要時間 30分

海と船について楽しく学べる博物館。1階は江戸時代の船着き場を再現し、原寸大のこんぴら船を展示している。また4階には船の形や仕組み、歴史を知る船模型展示や操船シミュレーター、西洋軍艦構造分解図説などがあり、大人も子どもも楽しく体験しながら海と船に関する知識が深められる。

☎0877-73-3748

おでかけMAP P179-E3

住香川県仲多度郡琴平町953　営9:00～17:00
休なし　料大人450円、子ども350円(中・高校生)、250円(小学生)、幼児無料
P13台　交高松自動車道善通寺ICから約15分、または JR琴平駅から徒歩10分

公式HP

高松市

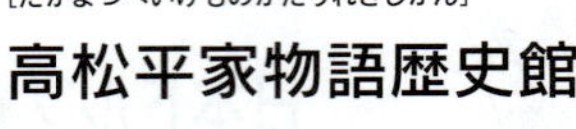

[たかまつへいけものがたりれきしかん]

高松平家物語歴史館

所要時間 40分

おでかけMAP P179-F3

日本最大のろう人形館。800年前の平家の栄光盛衰を描いた「平家物語」をリアルなろう人形約310体で再現している。

☎087-823-8400
住香川県高松市朝日町3-6-38
営9:00～17:30　休なし　料大人1200円、子ども800円(中・高校生)、600円(小学生)、幼児無料(6歳未満)　P50台　交高松自動車道高松中央ICから約15分、またはJR高松駅から車で約10分、県立中央病院前バス停から徒歩5分

東かがわ市

[さんしゅういづつやしき]

讃州井筒屋敷

所要時間 30分

おでかけMAP P179-G3

江戸時代から昭和初期に酒・しょう油醸造として栄えた「旧井筒屋」の屋敷を再生した施設は、当時の面影を残している。

☎0879-23-8550
住香川県東かがわ市引田2163
営10:00～16:00　休水曜(祝日の場合は営業)　料大人300円、障がい者150円、団体(10名以上)250円、中学生以下・中学生以下の障がい者無料　P250台
交高松自動車道引田ICから約7分

丸亀市

[うちわのみなとみゅーじあむ]

うちわの港ミュージアム

上品な丸亀うちわは贈答品に最適

パパ・ママの声
伝統的な竹骨のうちわは、プラスチック製のものよりしなやかで、送られる風も一層涼やかに感じます。うちわ作り体験をしましたが、自分で作ったうちわには特に愛着がわきました。

伝統的な竹うちわの歴史と魅力を伝える

所要時間 30分

丸亀うちわは江戸初期にこんぴら参りの土産物として始まり、現在もうちわの全国生産の9割を占める。同館では、うちわの歴史の紹介、全国のうちわの展示、職人による竹骨うちわ作りの実演、うちわ作り体験を実施。販売コーナーでは、昔ながらの技法による竹製うちわがそろう。

☎0877-24-7055

おでかけMAP P179-E3

住香川県丸亀市港町307-15　営9:30～16:30(うちわ作り体験の受付時間は～11:30、13:30～15:30)
休月曜(祝日の場合は翌日)　料入館無料、うちわ作り体験700円　P50台　交瀬戸中央自動車道坂出北ICから約15分、または高松自動車道善通寺ICから約20分

公式HP

仲多度郡

[こくえい さぬきまんのうこうえん]

国営 讃岐まんのう公園

所要時間 120分

おでかけMAP P179-F3

四季折々の花と自然散策が楽しめる。レンタサイクル大人260円、子ども100円や陶芸などが体験できるほか、遊具も人気。

☎0877-79-1700
住香川県仲多度郡まんのう町吉野4243-12
営9:30～17:00　休火曜　料大人450円、65歳以上210円(要証明)、中学生以下無料
P1192台(1台310円)
交高松自動車道善通寺ICから約25分、坂出ICから約35分

さぬき市

[みろくしぜんこうえん]

みろく自然公園

所要時間 半日

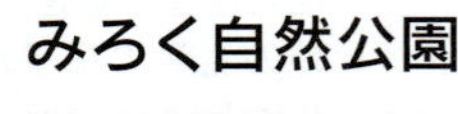

おでかけMAP P179-G3

バーベキュー場やサッカー場などのレジャー＆スポーツ施設。花木園では250種1万6000株が四季折々の花を咲かせる。

☎0879-43-5200(ゆーとぴあみろく)
住香川県さぬき市大川町富田中3286
営公園8:30～17:00、キャンプ場10:00～21:00、ゆーとぴあみろく9:00～21:00
休水曜(祝日の場合は営業)
料大人無料、子ども無料、幼児無料　P270台
交高松自動車道津田東ICから約10分

綾歌郡

［たかやまこうくうこうえん］

高山航空公園

所要時間 60分

おでかけMAP P179-F3

ジェットセ機やセスナ機、ヘリコプターなどが展示される公園。高松空港の滑走路を望み、離陸直後の飛行機が真上を通過。

☎087-876-5282
住香川県綾歌郡綾川町東分乙390-17
営9:00～20:00(10～3月は～18:00)
休なし
料大人無料、子ども無料、幼児無料
P60台
交高松自動車道府中湖スマートICから約30分

観音寺市

［はぎのおかこうえん］

萩の丘公園

所要時間 120分

おでかけMAP P179-E4

テニスコートやサッカーなどができる多目的広場(有料)や、人工芝をそりで滑れるゲレンデなど充実した施設。

☎0875-54-2801
住香川県観音寺市大野原町萩原乙139-1
営8:30～17:00(一部～22:00)
休月曜(祝日の場合は翌日)
料大人無料、子ども無料、幼児無料
P100台
交高松自動車道大野原ICから約10分

三豊市

［みちのえき ふれあいぱーくみの］

道の駅 ふれあいパークみの

ローラー滑り台はマット貸出対応

遊園地のように充実の遊具＆乗り物

所要時間 半日

四国霊場71番札所"弥谷寺"の麓にある道の駅。広大な敷地に広がるコスモランドは、ジグザグ橋と吊り橋、ネットトンネルなどを組み合わせた遊具や、全長115mのローラー滑り台などがあるダイナミックな遊び場だ。てんとう虫の形をしたラブリーモノライダーに乗って、空中散歩も楽しめる。

パパ・ママの声
物産館にある、木イチゴで作ったボイセンベリーソフトクリームが人気。「大師の湯」(大人1500円、子ども800円)には温泉水を使い一年中利用できるプール(水着・水泳帽子要)や休憩所もあります。

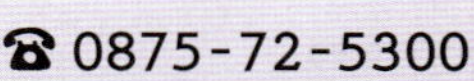

☎0875-72-5300　おでかけMAP P179-E3
住香川県三豊市三野町大見乙74
営9:00～17:00(11～2月は～16:00)　休水曜
料入場無料、モノライダー大人500円、小学生～3歳300円
P200台　交高松自動車道三豊鳥坂ICから約5分

公式HP

高松市

［さぬきくうこうこうえん］

さぬき空港公園

グラススキーやそりなどで遊べる

飛び立つ飛行機を見ながら遊べる公園

所要時間 120分

高松空港に隣接している公園。広大な敷地は「カントリーゾーン」をはじめ、4つのゾーンに分かれ、飛行機が飛び交う様子を見ながら遊べる。イベントを楽しんだり、お花見をしたり訪れる度に違った楽しみ方ができる。四季折々が楽しめる休憩所もあって、ゆっくりした休日が過ごせそう。

パパ・ママの声
飛行機好きの子どもにとても楽しんでもらえる公園です。イベントやスポーツも楽しめるので、1日中遊べます。グラススキーはその場でレンタルできるため、手ぶらで行っても大丈夫です。

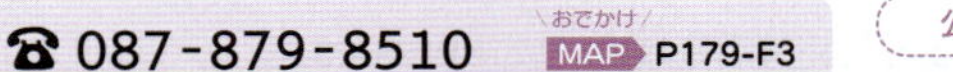

☎087-879-8510　おでかけMAP P179-F3
住香川県高松市香南町由佐2953-1　営9:00～17:00(夏休みは一部延長あり)　休グラススキー場は木曜(長期休暇期間中は営業)　料入園無料、グラススキー大人1540円、子ども1020円(小学生以上高校生以下)、そり300円(小学生まで)
P546台　交高松自動車道高松中央ICから約25分

公式HP

木田郡

［たいこのもり］

太古の森

迫力満点の模型に子どもも驚き

恐竜時代の動植物が現代に訪れる!?

所要時間 120分

隣接する三木町総合運動公園から浮橋を渡ると、古生代末に栄えた巨大な肉食単弓類、ディメトロドンがお出迎え。100万年前に絶滅したといわれ、"生きている化石"と呼ばれる巨木、メタセコイアの林を中心に、恐竜の模型が点在。林の中には古代動物を模した石のモニュメントもある。

パパ・ママの声
三木町出身でメタセコイアを発見した三木博士をしのんで造られた公園。三木博士とメタセコイアの関係が書かれた碑があります。記念の丘にはティラノサウルスやトリケラトプスの模型もあります。

☎087-891-3308　おでかけMAP P179-F3
住香川県木田郡三木町大字上高岡2547-1
営24時間　休なし
料大人無料、子ども無料、幼児無料
P50台
交高松自動車道高松東ICから約20分

香川

高松市

クーポンあり

[さぬきこどものくに]

さぬきこどもの国

サイクルセンターの変わり種自転車

高松空港から飛び立つ飛行機が見える、香川県唯一の大型児童館。さまざまな体験ができる科学・音楽・美術などの工房や、木の玉プールなど子ども心をくすぐる遊具、飛行機や電車の実物展示もあり、子どもたちが自由に遊び、考え、創造する楽しさを身につけることができる。

パパ・ママの声
わくわく児童館内の科学体験ゾーンでは、空気を捕らえる風洞実験やベルヌーイの原理の不思議を体験できるベルヌーイの球など、飛行機や航空技術に関する知識が楽しく学べます。

体験型の遊びを通して子どもの心と体の健やかな育ちをサポートする大型児童館

ことでん60形62号
日本一長く走った電車
運転席にも座ってみよう

サイクル広場
形や動きが面白い自転車に親子で乗ってみよう

YS-11型航空機
週末にはコックピットに入り、操縦かんを持てる

☎ 087-879-0500　おでかけMAP P179-F3

住香川県高松市香南町由佐3209
営9:00〜17:00(夏休み期間中は〜18:00)
休月曜(祝日の場合は翌日)、9月の第1月曜から4日間
料大人無料、子ども無料、幼児無料　P490台
交高松自動車道高松中央ICから約35分

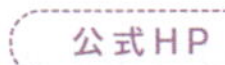

高松市

[かがわけんきんぷちしんりんこうえん]

香川県
公渕森林公園

チビッコ広場の遊具

公渕池を中心に芝生広場やレストハウス、遊歩道などを整備した水と緑と花の公園。チューリップやボタン、花ショウブ、アジサイなどが楽しめ、サクラのトンネルが有名。チビッコ広場には砦や滑り台など、幼児も遊べる遊具がある。二子山エリアでは、トレッキングや森林浴、自然観察を楽しもう。

パパ・ママの声
満開になると真っ白く雪が積もったように見えるヒトツバタゴ(別名:ナンジャモンジャ)や、星形の実が成るカンレンボク(別名:喜樹)など、園内には珍しい樹木がたくさんあり、大人も楽しめます。

☎ 087-849-0402　おでかけMAP P179-F3

住香川県高松市東植田町字寺峰1210-3
営見学自由
休なし
料大人無料、子ども無料、幼児無料
P800台　交高松自動車道高松中央ICから約20分

公式HP

仲多度郡

[けんりつとうりょうこうえん]

県立桃陵公園

遊歩道の整備された県立の都市公園

所要時間 60分

サクラなど年中草花が楽しめる

多度津港を見下ろす多度津山に位置する公園で、そこからの景色は「さぬき百景」にも選ばれている。イベント広場を備え、また花や緑の自然と親しむ散歩道も整備され、多度津ゆかりの文人たちの文学碑めぐりも楽しい。春には瀬戸内の多島美をバックにソメイヨシノ約1500本が咲き誇る。

パパ・ママの声
毎年4月上旬には園内で「たどつさくらまつり」が開催され、ステージイベントなどで大勢の人が集まります。シーズン中はサクラのライトアップも行われ、1500本の夜桜を楽しむことができます。

☎ 0877-33-1116(多度津町観光協会)　おでかけMAP P179-E3

住香川県仲多度郡多度津町桃山
営24時間　休なし
料入場無料
P30台　交高松自動車道善通寺ICから約15分、またはJR多度津駅から徒歩20分

さぬき市

［もんにゅうのさと］

門入の郷

おでかけMAP P179-G3

自然との共生、交流の場を目指した門入ダムの入り口の公園は、「オープンエアミュージアム」をテーマにしている。

☎087-894-1114(さぬき市商工観光課)
住香川県さぬき市寒川町石田東字門入
営24時間
休なし
料大人無料、子ども無料、幼児無料
P260台
交高松自動車道津田寒川ICから約10分

さぬき市

［おおくししぜんこうえん］

大串自然公園

おでかけMAP P179-G3

瀬戸内海に大きく突き出した大串半島に広がる、総面積100haの自然公園。ワイナリーやキャンプ場などもある。

☎087-894-1114(さぬき市商工観光課)
住香川県さぬき市鴨庄、小田
営24時間
休なし
料大人無料、子ども無料、幼児無料
P51台
交高松自動車道志度ICから約15分

坂出市

［せとおおはしきねんこうえん］

瀬戸大橋記念公園

おでかけMAP P179-E3

10.2haの公園。瀬戸大橋記念館では、架橋実現への道のりや工事の全貌を紹介。全天周大型映像のブリッジシアターも必見。

☎0877-45-2344
住香川県坂出市番の州緑町6-13
営9:00～17:00(入館は～16:30)　休なし(瀬戸大橋記念館は月曜休み　※GW･夏期休暇中は除く、ただし祝日の場合は翌日)　料入園･入館無料　P449台　交瀬戸中央自動車道坂出北ICから約5分

三豊市

［かがわようすいきねんこうえん］

香川用水記念公園

おでかけMAP P179-E4

香川用水や水の大切さを伝える公園。香川の水開発の歴史が学べる「水の資料館」は、資料や映像、参加型装置もそろう。

☎0875-67-3760
住香川県三豊市財田町財田中2355
営9:00～17:00(水の資料館)、公園は24時間
休12～3月の木曜(祝日の場合は翌日)
料大人無料、子ども無料、幼児無料
P120台
交高松自動車道さぬき豊中ICから約20分

高松市

クーポンあり

［しおのえふじかわぼくじょう］

しおのえふじかわ牧場

生チーズピザ焼き体験ができる

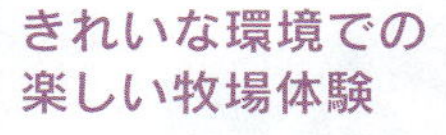

きれいな環境での楽しい牧場体験

美しい自然を守る牧場を目指し、ミネラルをたっぷり含む山の湧き水を牛に飲ませているため、きれいな環境でストレスがなく牛たちが育ち、コクのある牛乳ができる。モッツァレラチーズ作りや、「ふれあい広場」での動物たちとの触れ合いを求めて多くの人が訪れる癒やしのスポットだ。

パパ･ママの声
ウサギやウマ、ヤギなどの動物に直接触れることができる「ふれあい広場」は、子どもから大人まで人気。また牧場のとなりにある池では、ヘラブナやバス釣りが無料で楽しめます(道具は持参)。

☎087-893-0235　おでかけMAP P179-F3
住香川県高松市塩江町上西乙585
営10:00～17:00　休不定
料入場無料、牧場体験大人、子ども、幼児756円～
P30台　交高松自動車道高松中央ICから約40分、または徳島自動車道脇町ICから約40分

公式HP

仲多度郡

［きゅうこんぴらおおしばい］

旧金毘羅大芝居

劇場内には職人の技が感じられる

現存する日本最古の芝居小屋を見学

所要時間 30分

天保年間に建てられた芝居小屋で、現存する中では日本最古のもの。金丸座の別称で親しまれている。升席や桟敷の客席、舞台装置は当時のまま残される大変貴重なもので、国の重要文化財に指定されている。春に上演される「四国こんぴら歌舞伎大芝居」には、全国から約3万人が来場する。

パパ･ママの声
華やかな舞台はもちろんのこと、舞台や花道の床下の総称「奈落」ものぞくことができます。廻り舞台やセリ･すっぽんの仕掛けを動かすための場所で、なんと今も人力で動かしているそうです。

☎0877-73-3846　おでかけMAP P179-E3
住香川県仲多度郡琴平町1241　営9:00～17:00
休なし(催し物がある場合は入場不可)
料大人500円、子ども300円(中･高校生)、200円(小学生)、幼児無料　Pなし　交高松自動車道善通寺ICから約15分、またはJR琴平駅から徒歩20分

公式HP

香川

仲多度郡

クーポンあり

[なかのうどんがっこう ことひらこう]

中野うどん学校 琴平校

こんぴらさん土産やグッズも販売

パパ・ママの声
1階にあるお土産店では、うどん作りセットや和菓子などを販売しています。直営のうどん店「てんてこ舞」では、名物の「しょうゆうどん」や「ぶっかけ」各350円などプロの味が堪能できます。

卒業すれば「うどん博士」に!?

所要時間 60分

気軽に楽しく、本格的な讃岐うどん作りが体験できる。粉を練るところから、麺棒で均一にのばし、切ってゆでるまでを職人さんが約50分で優しく伝授してくれる。生地の足踏みはBGM付きで、子どもが楽しみながらできる工夫も。体験後は試食ができる。自分で作って食べるうどんの味は格別だ。

うどんはゆでると太くなるので、やや細めに切っておくのがポイント

オリジナルソフト
「おいり」をトッピングした嫁入りおいりソフトは350円

巻物うどん
好みの太さに切り、ゆでて食べる巻物うどん860円~

掛け軸
体験すると卒業証書が一体になった掛け軸がもらえる

☎0877-75-0001 おでかけMAP P179-E3

住香川県仲多度郡琴平町796 営8:30~18:00(体験9:00~15:00) 休なし 料入場無料、うどん打ち体験は大人1620円、子ども1620円(小学生以上)、幼児(見学)無料 P50台(うどん打ち体験者1台300円、それ以外の人は1台500円) 交高松自動車道善通寺ICから約15分

公式HP

仲多度郡

[ちゃれんじせんたー いきいきかん]

チャレンジセンター いきいき館

自然豊かな環境で木工製品づくり

パパ・ママの声
木工教室の利用者は、道の駅「ことなみ」内のみかど温泉(☎0877-56-0015)の入浴料が割引になるのでおすすめ。中学生以上は600円が400円、4歳以上小学生以下は300円が200円に。

オリジナルの木工製品作りに挑戦

所要時間 半日

木工教室を基本にした体験教室として、町内外に広く利用されている。木工作業に必要な機械が完備され、指導員が丁寧に指導してくれるので安心して作業を行うことができる。本立てや木製パズルなど簡単なものから、書棚などの大掛かりなものまで、夏休みの宿題で困ることはなさそうだ。

☎0877-84-2533 おでかけMAP P179-F4

住香川県仲多度郡まんのう町川東1553
営9:00~16:00 休月・火曜(作業室は水・木曜、夏休み期間中は水・木曜も営業)
料大人無料、子ども無料、幼児無料 P10台
交瀬戸中央自動車道坂出ICから約50分

丸亀市

[ちゅうさんこういきぎょうせいじむくみあい くりんとぴあまるがめ]

中讃広域行政事務組合
クリントピア丸亀

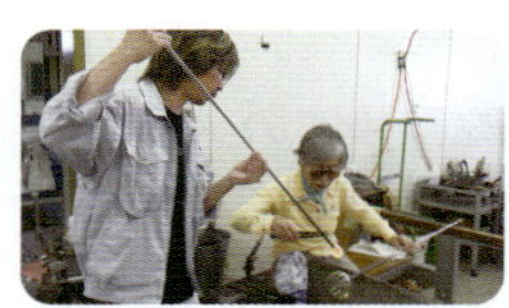
講師の指導がつく吹きガラス体験

パパ・ママの声
展示ホールでは環境が汚染された未来の地球をテーマに、「ごみに埋もれる世界」を立体映像で表現しています。エコ丸とブラックダスト星人によるクイズコーナーも人気があります。

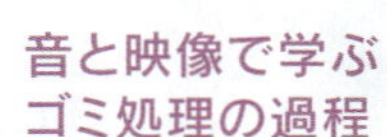
音と映像で学ぶ ゴミ処理の過程

所要時間 60分

ごみ処理とリサイクルの推進を目指す情報発信基地。大型スクリーンを使って、クイズ形式でごみについて学んだり、リサイクル品のオークション展示・販売など楽しいコーナーが満載。中でも、廃ガラスを材料とした細工体験ができるガラス工房は人気。そのほか、ごみ処理場の見学もおすすめ。

☎0877-56-1144 おでかけMAP P179-E3

住香川県丸亀市土器町北1-72-2
営9:30~16:30 休月曜、祝日(ガラス工房は月・火曜)
料大人無料、子ども無料、幼児無料※ガラス体験は有料
P70台 交瀬戸中央自動車道坂出ICから約10分、またはJR宇多津駅から徒歩20分

公式HP

高松市

［おにがしまだいどうくつ］

鬼ヶ島大洞窟

桃太郎伝説で有名
あの鬼ヶ島へGO

広さ4000㎡、奥行き400mの大洞窟

鬼ヶ島の別名で親しまれている女木島には、桃太郎伝説で有名な鬼の大洞窟があり、夏場でもひんやりと気持ちがいい。環境省の快水百選にも選ばれた透明度の高い海水浴場も多くの人でにぎわう。鷲ヶ峰、360度大パノラマの展望台から見る瀬戸内海は、日本有数の絶景としても知られている。

パパ・ママの声
周辺にはモアイ像や鬼の灯台などの面白い記念撮影スポットがあるのでぜひ行ってみてください。冬の強い潮風を防ぐ石垣「オーテ」は、女木島特有のもので、一見の価値がありますよ！

☎ 087-840-9055（鬼ヶ島観光協会） おでかけMAP P179-F3
住香川県高松市女木町235
営8:30～16:30、おにの館8:20～17:20（夏期は～18:10）　休なし　料大人500円、子ども250円（小・中学生）、幼児無料（5歳以下）　P約2台
交高松港からフェリーで15分大洞窟行きバスで約10分

公式HP

高松市

［とくべつめいしょう りつりんこうえん］

特別名勝
栗林公園

おでかけMAP P179-F3

6つの池と13の築山が巧みに配された日本を代表する江戸時代初期の回遊式大名庭園。四季折々の風景も楽しめる。

☎ 087-833-7411
住香川県高松市栗林町1-20-16
営7:00～17:00（季節により変動）　休なし
料大人410円、子ども170円（小・中学生）、幼児無料　P62台（25分100円）
交高松自動車道高松ICから約15分、栗林公園前バス停から徒歩1分

小豆郡

［かんかけい］

寒霞渓

所要時間 60分

おでかけMAP P179-G2

国立公園指定第一号の景勝地。小豆島で見られる植物は2000種以上といわれ、登山道でそのほとんどが見られる。

☎ 0879-82-0904
住香川県小豆郡小豆島町神懸通乙327-1
営8:30～17:00（季節により変動あり）
休なし
料大人無料、子ども無料、幼児無料、ロープウェイは別途
P200台　交土庄港から車で約40分

小豆郡

［しょうどしましょくひんかぶしきがいしゃ］

小豆島食品株式会社

佃煮が工場価格で販売されている

佃煮で使う材料は
全国から選りすぐる

店主が全国を駆け巡って選んだという自慢の材料を使用した、佃煮の製造工程が見学できる。素材本来のうま味を生かした佃煮は、ごはんのお伴に最適で試食も可能。かつてしょうゆ製造所だった建物を利用して佃煮作りを開始。焼杉の壁を利用した趣のある建物からは、佃煮の甘辛い香りが漂う。

パパ・ママの声
製造にこだわりのある老舗の佃煮屋さんが見学できるのですが、とにかくおいしそうな香りに、お腹が空いてしまいます。どのお土産を買うか迷いましたが、いっぱい買ってしまいました。

☎ 0879-82-0627 おでかけMAP P179-G2
住香川県小豆郡小豆島町草壁本町491-1
営8:00～17:00
休第2・4土曜（1～3月は土曜）、日曜、祝日
料大人無料、子ども無料、幼児無料　P8台
交土庄港から車で約25分、または草壁港から車で約3分

公式HP

小豆郡

［つくだにはんばいどころきょうほうてい］

佃煮販売処
京宝亭

明治時代に造られた建物にも注目

情緒ある観光名所で
伝統の食文化を学ぶ

所要時間 40分

醤油や佃煮の製造工場が立ち並ぶ「醤(ひしお)の郷」に位置する小豆島佃煮の直営売店。近隣にある古い醤油工場の街並みやもろみ樽、もろみ蔵を醤油・佃煮の歴史などを説明しながら散策するガイドツアーや佃煮産業の成り立ち、製造方法を映像で学んだり、海苔佃煮工場の見学ができる。

パパ・ママの声
売店に約30種の佃煮の試食とお茶が用意されています。建物はしょうゆ醸造場の蔵として明治時代に造られたもの。近辺にも昔のしょうゆ蔵が並んでいて風情あふれる景観が楽しめます。

☎ 0879-82-1441 おでかけMAP P179-G2
住香川県小豆郡小豆島町苗羽甲2211-28
営8:30～17:00※工場見学は要予約
休工場は土・日曜、祝日　料大人無料、子ども無料、幼児無料　P20台　交坂手港から小豆島オリーブバス坂手線芦ノ浦バス停まで5分、バス停から徒歩すぐ

公式HP

さぬき市

[さぬきわいなりー]

さぬきワイナリー

売店内には試飲コーナーがある

瀬戸内海を見渡す丘の上のワイナリー

所要時間 30分

四国最初のワイン工場として平成元年に設立。原料のブドウは、志度地区と多度津町より受け入れ、瀬戸内の風土が育んだ味わい深いワインづくりを行っている。定番ワインのほかにスモモやイチゴなど香川県の特産品を使ったフルーツワインが好評を博している。ワインの試飲もでき、人気だ。

パパ・ママの声

物産センターでは、ワインのほかジュースの無料試飲もでき、アルコールが苦手でも楽しめます。またブドウの酸味と酒かすのようなコクが絶妙のさぬきワインソフトクリーム300円などがおすすめ。

☎087-895-1133　おでかけMAP P179-G3

住香川県さぬき市小田2671-13
営9:00～17:00
休火曜（祝日の場合は営業）
料大人無料、子ども無料、幼児無料
P80台　交高松自動車道志度ICから約15分

公式HP

高松市

[かがわけんえんげいそうごうせんたー]

香川県園芸総合センター

90品種、120本のハナウメを植栽

見事なハナウメやベニシダレザクラ

所要時間 60分

花と緑の快適環境作りを進めるための拠点施設として、1987（昭和62）年4月に設置された。原種養成、栽培展示、研修・指導の3つの業務を行う。年間を通して温室や見本園、花壇で草花や花木などが見られる。県農業試験場育成品種等の栽培展示もある。春に咲くベニシダレザクラは必見だ。

パパ・ママの声

花作りや環境作りのお手伝いをしてくれる園芸相談などを行っています。冬から春にかけては、ウメやツバキ、サクラ、ツツジ、初夏はアジサイ、秋はキクなどの花々が四季折々で楽しめますよ。

☎087-879-7355　おでかけMAP P179-F3

住香川県高松市香南町岡1164-1
営9:00～16:30（お盆も営業）　休なし
料大人無料、子ども無料、幼児無料
P30台
交高松自動車道高松西ICから約20分

公式HP

高松市

[たかまつしんぼるたわー]

高松シンボルタワー

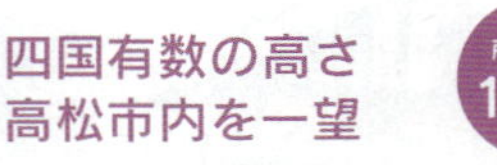

瀬戸内の海と空の景色が望める

四国有数の高さ高松市内を一望

所要時間 120分

高さ151mと四国随一の高さを誇り、高松市内が見渡せる。最上階にあたる29・30階の天空レストランからは高松市街地に加え瀬戸内海の島々の眺望も見事だ。かがわプラザでは香川の歴史や文化が学べ、四国の特産品が充実している四国ショップ88は、土産を買うのにおすすめ。

パパ・ママの声

日曜は体験教室が開催され、紙工作やからくり工作、ロボット工作などの体験ができます。人数に限りがあり、先着順なので早めの連絡がおすすめです。食事やショッピングも楽しめます。

☎087-822-1707　おでかけMAP P179-F3

住香川県高松市サンポート2-1
営10:00～22:00（店舗により異なる）
休なし　料大人無料、子ども無料、幼児無料
P916台（20分100円～）
交高松自動車道高松中央ICから約20分

公式HP

綾歌郡

[ぷれいぱーく ごーるどたわー]

プレイパーク ゴールドタワー

プレイパークは子どもに人気

全天候型でいつでも遊べる

所要時間 半日

瀬戸大橋を眼下に眺める高さ158mのゴールドタワー展望台を中心に、子どもたちがのびのび遊べるプレイパークやカラオケ、ボウリング場など、家族で楽しめるアイテムが盛りだくさん。入園料を払えば、どこでも遊び放題。別館キッズランドでは、ドレスに着替えることもできる。

パパ・ママの声

1日遊び放題でこの金額なので、ゆっくり遊べます。雨が降っても室内で思い切り遊べますよ。フードコートには子どもに人気のフライドポテトやカレーライスなどのメニューもそろっています。

☎0877-49-7070　おでかけMAP P179-E3

住香川県綾歌郡宇多津町浜一番丁8-1
営10:00～18:00（土・日曜、祝日は～19:00）　休木曜（GWを除く）　料7歳以上1058円（土・日曜、祝日は1382円）、3～6歳529円（土・日曜、祝日は691円）、2歳以下無料
P700台　交瀬戸中央自動車道坂出ICから約10分

公式HP

愛媛県
EHIME

松山市

クーポンあり

[えひめこどものしろ]

えひめこどもの城

園内を周回する乗り物

パパ・ママの声
お城のような外観の「あいあい児童館」は、雨天でも遊べる大型遊具があるほか、創作工房など室内で遊べる施設となっています。フリースペースはお弁当の持ち込みOKなのもうれしいポイント。

子どもたちが主役のパノラマワールド

所要時間 半日

約35haという広大な敷地に出会いと交流の「こどものまち」、集いと遊びの「イベント広場」、自由な発想で創作する「創造の丘」、チャレンジ精神を培う「冒険の丘」、自然に触れる「ふれあいの森」の5つのゾーンが点在。こころゆくまで、遊んで自然に溶け込む、子どものための体験型施設だ。

☎089-963-3300 おでかけMAP P182-C1
住愛媛県松山市西野町乙108-1 営9:00～17:00(夏休み期間中は18:00まで) 休水曜(祝日の場合は翌日)
料入園無料※体験コーナー、遊具などは有料
P500台(1日普通車300円)
交松山自動車道松山ICから約15分

公式HP

あいあい児童館の外観は、まるで中世ヨーロッパの森の中に建つお城のよう

森の広場
「森の広場」の遊具は昆虫がテーマになっている

てんとう虫のモノレール
てっぺんとりでと冒険ステーションを結ぶ

えひめエコ・ハウス
地球温暖化防止の技術を紹介している

伊予郡

[えひめけんりつとべどうぶつえん]

愛媛県立とべ動物園

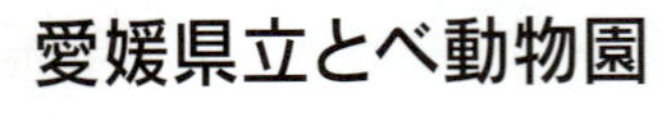

オランウータンが頭上で綱渡り

パパ・ママの声
自然に近い環境で動物が見られるので臨場感がすごい。毎日開催のモルモットの抱っこに加え、土・日曜を中心としたエサやり体験や解説会など多彩な触れ合い企画が行われています。

世界の動物に出合う冒険の旅へ出発

所要時間 90分

約11haの敷地を持つ西日本有数の動物園。生息地や種類ごとに分けられた10のゾーンを巡れば、動物の国の世界一周が楽しめる。おりではなく堀を使ったパノラマ展示で見るライオンの迫力にびっくり。生態を生かした行動展示でペンギンやカワウソなどが元気に活動する姿を間近で観察できる。

☎089-962-6000 おでかけMAP P182-C1
住愛媛県伊予郡砥部町上原町240 営9:00～17:00(入園は～16:30) 休月曜(祝日の場合は開園)
料大人500円(65歳以上200円)、子ども100円(中学生以下)、200円(高校生)、幼児無料(5歳以下) P2200台(1日300円～) 交松山自動車道松山ICから約10分

公式HP

母「リカ」と娘の「媛」と「砥愛」。アフリカゾウの親子を、見られるのは国内でココだけ

ホッキョクグマ
日本初の人工ほ育に成功した愛らしいピース

ヒポヒポランチ
カバにエサをあげよう(要問い合わせ)

ふれあい広場
モルモットなどと触れ合える(要問い合わせ)

今治市

［のまうまはいらんど］

のまうまハイランド

小柄で愛らしい野間馬が人気

人と動物の触れ合いパーク

所要時間 半日

貴重な日本在来馬の中で最も小さい種類の野間馬を50頭以上飼育。子どもの乗馬体験ができる条件は要問い合わせほか、モルモットと遊べる小動物ふれあい広場、遊具があるわんぱく広場などを備える。まきば館の1階にはくつろげる休憩スペースのほか、グッズコーナーで買い物も楽しめる。

パパ・ママの声

体高120cm以下の小柄な野間馬がとてもかわいくて癒やされます。子どもはアスレチック遊具で存分に遊べるし、お弁当が食べられる芝生の広場もあってピクニックにぴったりです。

☎ 0898-32-8155　おでかけMAP P178-B4

住愛媛県今治市野間甲8　営まきば館10:00～18:00(11～3月は～17:00)、乗馬・小動物ふれあい広場13:00～15:00(土・日曜、祝日10:00～12:00、13:00～15:00)　休火曜(祝日の場合は翌日)　料大人無料、子ども無料、幼児無料　P150台　交西瀬戸自動車道今治ICから約10分

松山市

［まつやましそうごうこみゅにてぃせんたー こどもかん］

松山市総合コミュニティセンター こども館

星や星座をデジタル映像で紹介

どこに座ってもOK 広がる満天の星空

所要時間 60分

温水プールなどの施設が集う松山市総合コミュニティセンター。その一角にあるこども館のコスモシアターは四国最大級のプラネタリウム。頭上を取り巻くドームスクリーンは直径23m。プラネタリウム投影機による死角がなく、約30度に傾いた構造でどの席からでも見えるよう工夫されている。

パパ・ママの声

土・日曜、祝日や長期休暇の間は工作教室を開催しています。また、七夕やクリスマスなど季節に合わせたイベントもあり楽しめますよ。大型玩具やこども広場では子どもたちが思い切り遊べます。

☎ 089-943-8228　おでかけMAP P182-C1

住愛媛県松山市湊町7-5　営9:00～17:00　休月曜(祝日、夏休み期間は開館)　料大人無料、子ども無料、幼児無料　P250台(平日90分100円～、土・日曜、祝日60分100円～、西駐車場のみ1回あたりの上限500円)　交松山自動車道松山ICから約20分、またはJR松山駅から徒歩10分

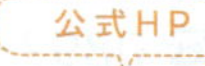

南宇和郡

［ばせやまこうえん しでんかいてんじかん］

馬瀬山公園 紫電改展示館

その大きさに圧倒される

日本で唯一現存する戦闘機紫電改

所要時間 60分

南宇和郡愛南町久良湾の海底40mに原型のまま沈んでいるのが発見され、引き揚げられた戦闘機・紫電改。この海軍の最も優れた戦闘機といわれる紫電改を日本で唯一展示している。展望タワーは展望室がゆっくり回りながら登っていくので、乗っているだけで宇和海の美しさを眼下に望める。

パパ・ママの声

紫電改の部品や機関銃の一部、引き上げられた当時のパネル写真などが飾られています。自由に触ることができる飛行機の取扱説明書(模写)は、当時の過酷な状況が分かる貴重な資料です。

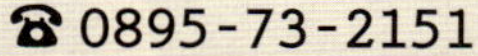

☎ 0895-73-2151　おでかけMAP P182-B4

住愛媛県南宇和郡愛南町御荘平城5688　営9:00～17:00　休なし　料大人無料、子ども無料、幼児無料　※展望タワーは大人440円(高校生以上)、子ども210円(小学生以上)、幼児無料　P20台　交宇和島道路津島岩松ICから約45分

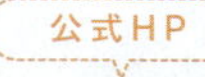

紫電改は地元ダイバーに発見され、昭和54年(1979年)に34年ぶりに引き揚げられた

シンボルタワー

海抜260mのシンボルタワーが公園の目印

パンダの遊具

テレビで有名になったかわいくないパンダの遊具

触れ合いコーナー

リスザルやクジャク、フラミンゴが飼われている

愛媛

新居浜市

［えひめけんそうごうかがくはくぶつかん］

愛媛県総合科学博物館

ナウマンゾウの全身骨格模型

パパ･ママの声

隕石（いんせき）に触れたり、楽しい科学体験ができたり、宇宙から科学、愛媛の産業まで展示内容が幅広く充実していて大満足。頭と全身を使って実験ができて、大人も一緒に楽しめます。

自然や科学の知識を体験を通して学習

所要時間 90分

宇宙と地球の自然･科学技術について学べる施設。恐竜の動く実物大模型や、世界最大級の大きさを誇る迫力満点のプラネタリウムなど優れた設備がそろう。巨大ボールコースターや体験リニアモーターカーほか、多くの実験装置で科学の力を体感。宇宙開発技術の実物資料にも触れられる。

☎0897-40-4100　おでかけMAP P178-D4

住愛媛県新居浜市大生院2133-2　営9:00～17:30（展示室への入場は～17:00）　休月曜（第1月曜は開館、翌火曜が休館、祝日の場合は翌平日が休館）　料大人510円（高校生以上）、260円（65歳･以上要証明）、小中学生無料、幼児無料　P320台　交松山自動車道いよ西条ICから約5分

公式HP

皮膚の質感までリアルに再現された実物大の恐竜ロボット

ニホンカワウソ

愛媛県では絶滅危惧種に指定。はく製や骨格を展示

プラネタリウム

世界最高の明るさで映す星とCG映像で宇宙旅行へ

サイエンスショー

金･土･日曜、祝日に不思議な実験を目の前で披露

人を探知すると、光で楽しませてくれる光のトンネル。透明なガラスの床の下では色とりどりの照明がきらめく

「産業館」には、坊っちゃん列車の模型もある

エネルギー変換5種競技「巨大ボールコースター」が人気！

西条市

クーポンあり

［しこくてつどうぶんかかん］

四国鉄道文化館

数々の鉄道車両を展示している

四国初の本格的な鉄道博物館

所要時間 60分

四国の鉄道文化や魅力を発信する博物館。北館には「初代新幹線0系」や「DF50形ディーゼル機関車」を展示し、運転席に座ることができるので子どもに人気。また南館には、往年の国鉄急行列車「キハ65 34」や四国の沿線風景の1日を再現したジオラマなどがあり、見て、知って、楽しめる。

パパ・ママの声
新幹線や珍しい列車が間近で見られて子どもたちは大興奮！ 木製おもちゃを使ったり、実際にJR四国で使用していたレールや動輪などで鉄道のしくみを確かめるキッズコーナーもあります。

☎ 0897-47-3855　おでかけMAP P178-C4

住愛媛県西条市大町798-1　営9:00～18:00（入館は～17:30）　休水曜　料大人300円（高校生以上）、子ども100円（小・中学生）、幼児無料　P50台
交JR伊予西条駅から徒歩1分、または松山自動車道いよ西条ICから約15分

公式HP

喜多郡

［うちこちょうれきしみんぞくしりょうかん あきないとくらしはくぶつかん］

内子町歴史民俗資料館 商いと暮らし博物館

気配を感知して音声案内が始まる

内子町の商いと暮らしが分かる

所要時間 30分

江戸時代後期から明治時代の薬商であった佐野薬局をそのまま利用している。主屋と蔵、炊事・洗濯を行う離れ屋で構成し、大正時代の薬屋の商いと暮らしを人形と当時の道具類で再現。蔵内部では、内子町の歴史、民俗、郷土の生んだ人物などについて、模型を用いて紹介している。

パパ・ママの声
台所で働く人形のそばを通ると愚痴が聞こえてくるなど、人形それぞれが生活の場面ごとにセリフを話します。同館周辺に残る江戸時代から昭和初期にかけての白壁の町並みも併せて楽しんで。

☎ 0893-44-5220　おでかけMAP P182-C2

住愛媛県喜多郡内子町内子1938　営9:00～16:30
休なし　料大人200円、子ども100円（小・中学生）、幼児無料　Pなし
交松山自動車道内子五十崎ICから約5分、またはJR内子駅から徒歩15分

松山市

［さかのうえのくもみゅーじあむ］

坂の上の雲ミュージアム

建物の設計は建築家・安藤忠雄氏

小説の世界に浸って歴史も学べる

所要時間 60分

司馬遼太郎の小説『坂の上の雲』をテーマにした博物館。小説に描かれた松山出身の3人の主人公と明治の日本について映像や体験展示物などを使って分かりやすく紹介している。三角形の建物もユニーク。スロープを上りながら見て回り、途中には松山城周辺の景色も望むことができる。

パパ・ママの声
司馬ファンだけでなく、小説を読んでいない人も時代背景を学んだり、建物の構造を楽しんだりできます。砥部焼の器で飲めるカフェもすてき。入場無料エリアにあるのでカフェだけの利用も可能。

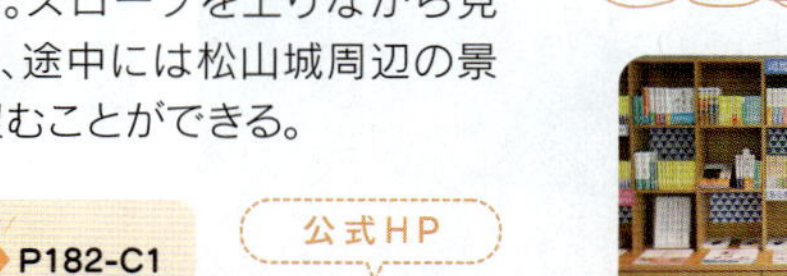

合計1296回の産経新聞への連載記事を壁面に展示している

司馬遼太郎の本
単行本『坂の上の雲』など、種類が豊富

携帯ストラップ
『坂の上の雲』の主人公3人がモチーフ

ミュージアムセット
松山銘菓とドリンクのセットをカフェで楽しめる

☎ 089-915-2600　おでかけMAP P182-C1

住愛媛県松山市一番町3-20　営9:00～18:30（入館は～18:00）　休月曜（祝日の場合は開館）　料大人400円、65歳以上200円（要証明）、高校生200円、中学生以下無料　P5台（車イス使用者専用のみ）　交伊予鉄道大街道電停から徒歩2分

公式HP

愛媛

今治市

クーポンあり

［たおるびじゅつかん］

タオル美術館

緑が彩る「ヨーロピアンガーデン」

すべてタオルでできた世界初の美術館

所要時間 90分

タオル生産日本一を誇る「今治」で人気のタオルをテーマにした世界初の美術館。タオルアートの展示ギャラリー、製造工程の見学、四季折々の自然が楽しめるエレガントなヨーロピアンガーデンなど、ワクワクする仕掛けがいっぱい！ ムーミンの世界展やグッズショップも見所だ。

パパ・ママの声

3階にある「タオル工房」では、気に入ったタオルにオリジナルの刺繍を入れることができます！ 世界でたった一つのマイタオルはおでかけのお土産にピッタリです（タオル代+1文字30円～）。

☎0898-56-1515　おでかけMAP P182-D1

住愛媛県今治市朝倉上甲2930　営9:30～18:00（土曜は延長営業あり）　休1月の第3・4火曜　料入館無料、ギャラリー内は大人800円、子ども600円（中高生）、400円（小学生）、幼児無料　P250台　交西瀬戸自動車道今治ICから約15分

公式HP

実際に稼働しているタオルの製造工程を120mに渡って見学することができる

朝倉ロール

ロールケーキのようなタオル各1728円

コットンロード

「綿」で作られた巨大なケーキなどのオブジェ

ムーミン谷の愉快な仲間たち -出会い～冒険-

モダンなデザインの建物

キャシー中島さんデザインのタオルアートが10点以上がズラリとならぶ

チーズ巻糸を約200色に染めわけ、1800本の糸を配列

小物や壁掛けなど、色鮮やかなハワイアンキルトアート

今治市

［てくすぽーといまばり］

テクスポート今治

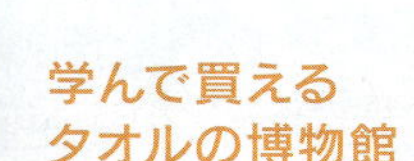

学んで買える タオルの博物館

所要時間 30分

400種2万点以上のタオルがそろう

パパ・ママの声

実際にタオルを織っている織機の様子を見学したり、検査体験で今治タオルの品質の高さを体感できるので、世代を超えて楽しめます。今治タオルフェアなどのイベントも行われていますよ。

タオル製品の情報発信基地。今治タオルブランド商品のみを取り扱う「今治タオル本店」があり、新鋭機械によるタオルの製造実演見学や、今治タオルの品質の高さを体感できる「今治タオルLAB」も併設。上品で肌ざわりのよい今治タオルは土産やギフトにぴったりと年代問わず人気。

☎0898-23-8700　おでかけMAP P178-C4

住愛媛県今治市東門町5-14-3
営今治タオル本店、今治タオルLAB9:00～18:00
休なし
料大人無料、子ども無料、幼児無料　P30台
交西瀬戸自動車道今治北ICから約20分

公式HP

新居浜市

［あかがねみゅーじあむ］

あかがねミュージアム

おでかけMAP P183-E1

2015年にオープンしたミュージアム。敷地内には美術館や演劇が楽しめる多目的ホール、アート工房などを完備。

☎0897-31-0305

住愛媛県新居浜市坂井町2丁目8-1
営9:30～17:00　※美術館、にいはまギャラリー、太鼓台ミュージアムのみ　休月曜（第1月は営業）、第1火曜（祝日の場合は翌平日）
料大人無料、子ども無料、幼児無料
P59台　交JR新居浜駅から徒歩1分

今治市

［いまばりし むらかみすいぐんはくぶつかん］

今治市 村上水軍博物館

所要時間 60分

おでかけMAP P178-C3

瀬戸内海を中心に活躍した村上海賊の歴史に迫る。また、甲冑や小袖を着て記念撮影もできるわくわく体験ルームは必見！

☎0897-74-1065

住愛媛県今治市宮窪町宮窪1285　営9:00～17:00（入館は～16:30）　休月曜（祝日の場合は翌平日）　料大人300円、240円（65歳以上または20名以上）、子ども無料（高校生以下）、幼児無料
P50台　交西瀬戸自動車道大島北ICから約5分、または大島南ICから約15分

西予市

［えひめけんれきしぶんかはくぶつかん］

愛媛県歴史文化博物館

おでかけMAP P182-B3

愛媛県の歴史と民俗を分かりやすく紹介する博物館。大街道の町並みや祭りの山車などの展示で見どころがいっぱい！

☎0894-62-6222

住愛媛県西予市宇和町卯之町4-11-2　営9:00～17:30（入館は～17:00）　休月曜（第1月曜は開館、翌平日が休み、祝日の場合は営業）
料大人510円、260円（65歳以上要証明）、子ども無料（中学生以下）、幼児無料　P156台
交松山自動車道西予宇和ICから約10分

西条市

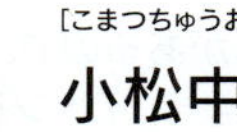

［こまつちゅうおうこうえん］

小松中央公園

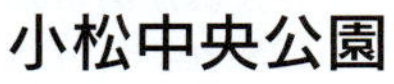

おでかけMAP P178-C4

石鎚山サービスエリアに隣接した公園。広場やオートキャンプ場（予約は石鎚山ハイウェイオアシス☎0898-76-3111）がある。

☎0898-72-5128

住愛媛県西条市小松町新屋敷甲2427
営24時間（施設により異なる、公園部分は8:30～22:00）　休なし
料大人無料、子ども無料、幼児無料 ※一部有料施設あり　P230台
交松山自動車道いよ小松ICから約8分

松山市

［まつやまそうごうこうえん］

松山総合公園

展望塔からの眺めはすばらしい

パパ・ママの声

夜間は駐車場が閉まりますが、歩いて入れます。そこから眺める市内の夜景とライトアップされた松山城は昼間とはまた違う姿で見事。隠れた夜景の見えるスポットとして、一度訪れてみてください。

古城風展望塔からは 松山市内が一望

松山市内が一望できる展望塔がランドマークの園内には、市の花であるツバキが咲き誇る椿園や、四季折々の花が愛でられる花見広場があり、気持ちいい。遊んで楽しい遊具がそろうほか、学習施設として松山市考古館もあり、人と自然が触れ合う場がふんだんに用意されている。

☎089-923-9439　おでかけMAP P182-C1

住愛媛県松山市朝日ヶ丘1-1633-2　営9:00～17:00（7～9月は～21:00※駐車場利用時間、松山市考古館は9:00～17:00※受付は～16:30）　休なし（松山市考古館は月曜、祝日の場合は翌日）　料大人無料、子ども無料、幼児無料
P425台　交松山自動車道松山ICから約30分

北宇和郡

クーポンあり

[にじのもりこうえん]

虹の森公園

愛らしいカワウソもいる

パパ・ママの声

おさかな館探検隊では、普段は見ることができないバックヤードの探検ができ子どもたちは大喜びです。土・日曜、祝日の14:00～、費用は300円。先着10人限定なので早めの受付がおすすめです。

淡水魚の水族館で魚と触れ合おう

四万十川の支流・広見川沿いにあり、やすらぎゾーンとふれあいゾーンで構成される。ふれあいゾーンの「四万十川学習センターおさかな館」は、全国的にも珍しい淡水魚の水族館。生きものと触れ合える各種の積極的な取り組みが評価され、学校教育の一環としても利用されるほど。

☎0895-20-5006 おでかけMAP P182-C3

住愛媛県北宇和郡松野町延野々1510-1
営10:00～17:00 休水曜(祝日・GW・7・8月・春・冬休みは営業) 料大人無料、子ども無料、幼児無料(おさかな館や体験は有料) P150台 交松山自動車道三間ICから約20分、またはJR松丸駅から徒歩3分

水や緑、魚と触れ合える憩いの場。自然の中でおもいっきり体を動かそう

吹きガラス体験
世界で一つしかない、オリジナル作品を作ろう

ペンギン
おさかな館を散歩した後は記念撮影会を実施

おさかな館体験隊
世界最大の淡水魚ピラルクのエサをあげられる

伊予市

クーポンあり

[くりのさとこうえん なかやまふらわーはうす]

栗の里公園 なかやまフラワーハウス

熱帯性の植物や花が咲くガラス温室

パパ・ママの声

ガラスの温室には、100種の花が栽培されているので、草花の香りが園内に広がり、癒やされます。そして、ガーデングッズなど雑貨を販売しているので、家族でショッピングも楽しめますよ。

花と癒やしの空間 フラワーハウス

中山の自然のなかに位置する大規模な植物公園。広さ500坪・天井高さ20m。2階建てのガラスの温室には、約100種の花や熱帯性の植物が歩道沿いに沿って観賞できる。中央には滝が流れる癒やしの空間が点在。休憩コーナーや自社ハウスで生産した花や植物が格安価格で買えるコーナーも充実。

☎089-967-5020 おでかけMAP P182-C2

住愛媛県伊予市中山町中山戌723
営9:00～17:00 休月曜(祝日の場合は翌日)
料大人無料、子ども無料、幼児無料
P100台
交松山自動車道伊予ICから約20分

宇和島市

[なんらくえんふぁみりーぱーく]

南楽園ファミリーパーク

遊具広場などがある子ども向け公園

パパ・ママの声

電動ゴーカート200円やバッテリーカー100円～を楽しむことができます。子どもが楽しんでいる姿を見られると、うれしいです。ローラースケート場は、大人も一緒に楽しむことができますよ。

大人も楽しめる ファミリーパーク

ローラースケート場やキャラクター遊具などがそろう遊具施設。フアフアエアドームやバドミントンなどスポーツも楽しめるため、休日に体を動かすのに最適。レンタル遊具があるので、手ぶらで気軽に訪れよう。イベント広場では、家族でさまざまなスポーツが楽しめるので、気分転換にぜひ。

☎0895-32-2040 おでかけMAP P182-B4

住愛媛県宇和島市津島町近家甲1111
営9:00～17:00 休悪天候時
料大人無料、子ども無料、幼児無料 ※遊具などは有料
P550台
交宇和島道路津島岩松ICから約5分

松山市

［まつやましやがいかつどうせんたー］

松山市野外活動センター

緑に囲まれた広いキャンプサイト

四季を通して自然の中で遊び学ぶ

所要時間 半日

瀬戸内海が一望できる緑豊かな高原。研修棟や体育館の「スクールゾーン」、テントサイトやバーベキュー広場の「キャンプゾーン」、オートキャンプ場やアスレチック広場、親水広場などがある「アドベンチャーゾーン」と、目的別に3つのゾーンに分かれているので、家族で楽しむ休日にはピッタリ。

パパ・ママの声
自然を満喫できて、ゆっくり過ごせる施設です。さらに昆虫観察やアウトドアクッキングなどイベントを開催することがあるので、ホームページを小まめにチェックしておくのがおすすめです。

☎ 089-977-2400　おでかけMAP P182-C1

住愛媛県松山市菅沢町乙280
営8:30～19:00　休月曜(7～9月はなし、祝日の場合は翌日)　料大人無料、子ども無料、幼児無料　※有料施設あり　P250台
交松山自動車道松山ICから約50分

公式HP

宇和島市

［つしまぷれーらんど］

津島プレーランド

スリル満点の本格的サーキット

700mのコースをゴーカートで走ろう

所要時間 60分

広さ19.4haの中にナイター完備の「全天候型テニスコート」12面、本格的マシンを完備した全長700mの「カートコース」など、アクティブに楽しめる設備が充実。また、キューバフラミンゴなどを放し飼いにしているため、バードウォッチングができる「バードアイランド」などもある。

パパ・ママの声
南楽園、南楽園ファミリーパーク、南レクオートキャンプ場と共に、通称「南レク」と呼ばれるレジャーエリアの一角の施設。人気があるゴーカートの運転には普通自動車免許が必要です。

☎ 0895-32-6878　おでかけMAP P182-B4

住愛媛県宇和島市津島町近家甲1653-1　営9:00～17:00(テニスコートは～22:00)　休ゴーカート場は雨天の場合、路面状況が悪いときは営業中止　料大人無料、子ども無料、幼児無料 ※ゴーカートなどは有料
P200台　交宇和島道路津島岩松ICから約5分

公式HP

新居浜市

［にいはまししんりんこうえんゆらぎのもり］

新居浜市森林公園ゆらぎの森

所要時間 半日

おでかけMAP P183-E1

標高約700mに位置し、赤石連山の絶景を望む自然公園。見るだけではなく、木工体験などの物づくりもできる。

☎ 0897-64-2220

住愛媛県新居浜市別子山甲122　営作楽工房9:00～17:00、レストラン11:00～15:00(LO14:00)、17:00～21:00(LO20:30、完全予約制)　休水曜(祝日の場合は不定)
料大人無料、子ども無料、幼児無料　P50台
交松山自動車道新居浜ICから約60分

東温市

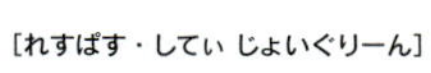

［れすぱす・してぃ じょいぐりーん］

レスパス・シティ ジョイグリーン

所要時間 60分

おでかけMAP P182-C1

ファッション・雑貨のアウトレットモール、レストラン、温泉、劇場などが集うレスパス・シティ。レストハウスも完備している。

☎ 089-964-1144

住愛媛県東温市見奈良1110
営8:00～18:00　休なし
料大人520円～(中学生以上)、子ども310円～(小学生以下)、幼児310円～　※土・日曜、祝日や会員の料金は要問い合わせ　P1300台
交松山自動車道川内ICから約5分

四国中央市

［きりのもり］

霧の森

所要時間 半日

おでかけMAP P183-F1

山の緑と澄んだ空気、清流が心地よい。新宮茶カフェや立ち寄り湯、コテージもおすすめ。霧の森大福は早めに購入を。

☎ 0570-07-3111

住愛媛県四国中央市新宮町馬立　営10:00～17:00(レストランはLO16:00、ディナーは前日までの予約制、交湯～館は20:30札止め)　休月曜(祝日の場合は翌日)、4～8月は交湯～館以外は無休　料大人無料、子ども無料、幼児無料
P150台　交高知自動車道新宮ICから約1分

南宇和郡

［しょうけんやまこうえん］

松軒山公園

所要時間 30分

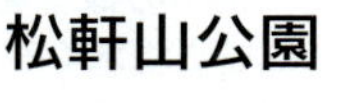

おでかけMAP P182-B4

梅林園の約8000本の梅が2月ごろに山一面に咲き誇る姿は圧巻。息をのむほどの美しさが広がる。写真撮影にピッタリ。

☎ 0895-73-1632

住愛媛県南宇和郡愛南町御荘長洲304
営9:00～17:00　休なし
料大人無料、子ども無料、幼児無料※スロープカーなどは有料
P100台
交宇和島道路津島岩松ICから約35分

公園・体験

宇和島市

[にほんていえん なんらくえん]

日本庭園 南楽園

「つつじまつり」は4月中に開催

パパ・ママの声
5月下旬から6月上旬まで見ごろを迎える花ショウブは、梅林の南側と里の家の前に約3万株あります。30分500円で利用できる南楽園名物「貸ボート」は楽しいのでぜひ乗ってみてください。

四国最大規模 見事な日本庭園

所要時間 60分

現代造園技術の粋を集めて築いた四国最大規模の日本庭園。総面積約15万㎡、上池、下池の2つの池があり、池の周囲を歩いて観賞できる池泉回遊式日本庭園、園内は「山、里、町、海」の景観を構成し、それぞれ趣向を凝らした休憩所がある。1989年には「日本の都市公園100選」に選出された。

☎0895-32-3344 おでかけMAP P182-B4
住愛媛県宇和島市津島町近家甲1813
営9:00～17:00 休なし
料大人310円、子ども150円(小・中・高校生)、幼児無料
P550台
交宇和島道路津島岩松ICから約5分

公式HP

伊予市

[そばうちたいけんどうじょう]

そば打ち体験道場

所要時間 120分

おでかけMAP P182-C2

実際にそば打ちに使う道具で、指導員と一緒にそば打ち体験ができる。約1時間でおいしいそばが完成。5日前までの要予約。

☎089-968-0756
住愛媛県伊予市中山町中山子271
営10:00～、13:00～(食事処は11:00～15:00(LO14:30)・日曜、祝日は～16:00(LO15:30))
休第3月曜(祝日の場合は翌日) 料大人無料、子ども無料、幼児無料 ※体験料は別途有料 P50台
交松山自動車道伊予ICから約15分

松山市

[みんげいいよかすりかいかん]

民芸伊予かすり会館

所要時間 40分

おでかけMAP P182-C1

伊予かすり資料館では、民具・地機・伊村式整経機など、伊予かすりに関する展示を実施。製造工程が見学できる工場も完備。

☎089-922-0405
住愛媛県松山市久万ノ台1200
営8:00～16:00(入館は～15:30)
休なし 料大人100円(大学生以上)、子ども50円(小・中・高校生)、幼児無料
P40台
交松山自動車道松山ICから約30分

新居浜市

[まいんとぴあべっし]

マイントピア別子

「しゃく薬まつり」は5月中に開催

パパ・ママの声
遊学パーク体験ゾーンでは、湧水くみ上げ体験のほかに削岩機体験、リフトバケット、地下1000mエレベーター(疑似体験)などが利用できます。別子温泉～天空の湯～もおすすめ。

銅山遊学の目玉 砂金採りを体験

所要時間 半日

四国初の体験型遊学パーク「マイントピア別子」は、日本三大銅山のひとつとして世界最大の産銅量を誇った別子銅山を再生して造った施設。江戸時代の採鉱方法、当時の銅山の様子を学びながら砂金採りや湧水くみ上げ体験ができ、バーベキュー(ファミリーセット1人2160円)や温泉が楽しめる。

日本初の鉱山列車「別子1号」を復元した赤い電車

砂金採り
採った金は、ネックレスなどに加工できる

別子銅山の様子
江戸時代の別子銅山の様子を再現している

湧水くみ上げ体験
遊学パークでは、湧水くみ上げ体験もできる

☎0897-43-1801 おでかけMAP P178-D4
住愛媛県新居浜市立川町707-3 営鉱山観光9:00～18:00(最終受付は17:00)、砂金採り9:30～16:00(最終受付15:30) ※季節により変更あり 休なし(2月第3月曜から1週間程度は定期点検で休業) 料大人無料、子ども無料、幼児無料 P400台 交松山自動車道新居浜ICから約15分

上浮穴郡

クーポンあり

[くまのうぎょうこうえんあぐりぴあ]

久万農業公園 アグリピア

「さちのか」、「あまおとめ」を栽培

本格的にも気軽にも農業と触れ合える

所要時間 半日

久万高原町で新規就農を志す人の研修農場、都市農村交流推進のためのクラインガルテン(市民農園)、ふれあい広場で構成された施設。車いすでも通れる広い通路や、子どもが手の届く高さでのイチゴ栽培などの配慮のもと、2品種のイチゴ狩りを満喫できる。地元の新鮮野菜の直売所もある。

パパ・ママの声
毎月1回行われる田舎体験行事(1500～2000円)では、3月に早春の葉ワサビ漬け体験、5月に石窯パン作り体験など、季節ごとの各種体験を楽しむことができます(内容変更の可能性あり、要予約)。

☎0892-41-0040 おでかけMAP P182-C2
住愛媛県上浮穴郡久万高原町下畑野川甲500
営9:00～17:00(最終受付は～16:00) 休不定
料大人無料、子ども無料、幼児無料 ※イチゴ狩りは有料・要問い合わせ P50台
交松山自動車道松山ICから約45分

西予市

[のむらのうぎょうこうえん・ほわいとふぁーむ]

野村農業公園・ほわいとファーム

自家製牛乳でバター作り体験

シャカシャカ振って簡単バター作り

四国有数の酪農の里、野村町にあるミルクの公園は、ヨーロッパの農場をイメージした造り。牛乳からバターを作る体験もできる(要予約)。施設内ではミルク工房で作った乳製品の販売を行っており、レストランでピザ、パスタなど、地元食材を使ったランチを中心としたメニューも楽しめる。

パパ・ママの声
自家製ケーキやソフトクリームを売店で購入できます。レストランの下に広がる芝生広場には、ヤギやモルモットなどの動物がいます。遊具を借りれば、思い切り体を動かすこともできますよ。

☎0894-72-3351 おでかけMAP P182-B3
住愛媛県西予市野村町野村16-383-1
営販売所9:00～18:00、レストラン10:00～18:00
※予約の場合は要問い合わせ 休木曜(祝日の場合は営業) 料大人無料、子ども無料、幼児無料 P100台
交松山自動車道西予宇和ICから約15分

西予市

クーポンあり

[しろかわしぜんぼくじょう]

城川自然牧場

ソーセージ作りの全工程が見学できる

ハム・ソーセージの製造過程を見学

ドイツ人マイスター直伝の製法で、一つ一つ丁寧に手作りするハム・ソーセージ工場。愛媛県産肉をはじめ厳選食材を使い、保存料や合成着色料は一切使用しないのが特徴。無料で見学でき、製造の現場をじっくりと観察できるのがうれしい。手作り体験で食の大切さを学ぶのもおすすめ。

パパ・ママの声
手作りウインナーを作る体験教室では、完成品をその場で試食でき、持ち帰りもOK。工場は試食だけもできます。加工肉製品の購入もできて、ウインナーやソーセージは時価で販売されています。

☎0894-83-0600 おでかけMAP P182-C3
住愛媛県西予市城川町窪野2579-2
営8:30～17:00 休火曜
料大人無料、子ども無料、幼児無料
P8台
交松山自動車道内子五十崎ICから約40分

公式HP

今治市

[いまばりしさいくりんぐたーみなる さんらいずいとやま]

今治市サイクリングターミナル サンライズ糸山

空中遊泳感覚で来島海峡を走ろう

世界初! 海上をサイクリング

日本三大潮流の来島海峡、世界初の三連吊橋と、夢のようなロケーションの中で思う存分サイクリングが楽しめる。今治～尾道間の約70km、所要時間にして60分のおさんぽコースから、片道7時間のまんぷくコースまで、バラエティーに富んだコース設定が魅力。海の上を走る快感を味わおう。

パパ・ママの声
宿泊施設は全室から来島海峡大橋を望めます。料金(1人利用の場合)は大人2700円～・中学生2484円～・4歳以上2160円～。風のレストランでは地元食材を使ったしまなみの料理が味わえます。

☎0898-41-3196 おでかけMAP P178-C4
住愛媛県今治市砂場町2-8-1
営8:00～20:00(10～3月は～17:00) 休なし
料大人1000円(中学生以上、レンタサイクル)、子ども300円(小学生以下レンタサイクル)
P50台 交西瀬戸自動車道今治北ICから約5分

公式HP

愛媛

東温市

クーポンあり

[えひめかしどころ はただおかしかん]

愛媛菓子処 ハタダお菓子館

ハタダ栗タルトの手作り体験に挑戦

所要時間30分

タルトを素早く巻く職人技を見学

パパ・ママの声
ほんのり甘い栗が入った「ハタダ栗タルト」は家族全員大好き。タルト作りは結構コツが必要で、スタッフさんの華麗な手つきに感動しました。作ったタルトを持ち帰れるのもうれしいです。

伊予の銘菓「ハタダ栗タルト」を製造しているお菓子館。製造工程の見学は無料、栗タルト体験も実施している（体験料1080円）。スタッフが優しくアドバイスしてくれるので、楽しみながら体験ができる。また、職人技が見られるのもおもしろい。店内に多数そろうお菓子は手土産におすすめだ。

☎ 089-964-5000　おでかけMAP P182-C1
住愛媛県東温市牛渕1008-1
営8:00～18:00（体験受付は10:00～16:00、3～4日前までの要予約）　休なし
料大人無料、子ども無料、幼児無料
P100台　交松山自動車道川内ICから約10分

公式HP

伊予郡

[とべちょうとうげいそうさくかん]

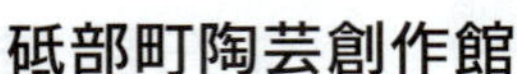

砥部町陶芸創作館

所要時間120分

おでかけMAP P182-C2

国の伝統的工芸品である砥部焼作り体験ができる施設。手びねりのコースがあり、皿や茶碗などから自由に選べる。

☎ 089-962-6145
住愛媛県伊予郡砥部町五本松82　営9:00～17:00（入館は～16:00）　休木曜（祝日の場合は翌日）　料絵付け体験300円～、手びねり体験1500円～、ロクロ体験1500円～（手びねり体験とロクロ体験は要予約）　P20台　交松山自動車道松山ICから約15分

南宇和郡

[かいちゅうてんぼうせんゆめかいな]

海中展望船ユメカイナ

所要時間40分

おでかけMAP P182-B4

座席に腰を掛けたまま、色鮮やかなサンゴや熱帯魚など、海中の様子が観察できる。南国の美しい海で自然の神秘に感動。

☎ 0895-82-0280
住愛媛県南宇和郡愛南町船越
営9:00～16:00（天候により変更あり）
休海況により休みあり
料大人2200円、子ども1100円（小学生）、幼児無料（小学生未満）　P180台
交宇和島道路津島岩松ICから約45分

上浮穴郡

[おもごけい]

面河渓

花崗岩の亀腹岩など奇岩が多い

四季を通じて楽しむ日本百景の自然美

所要時間120分

パパ・ママの声
日本百景に選定された見事な風景が続きます。岩石の表面にモミジのような形の鉱物が結晶化した紅葉石など、自然の姿は圧倒。石鎚山系に生息する動植物などを紹介する面河山岳博物館もぜひ。

石鎚山の南麓に位置する全長約10kmの渓谷。周囲は原生林に覆われ、渓谷内には亀腹、五色河原、蓬莱渓、紅葉河原などの名所が続き、虎ヶ滝、御来光の滝、布引の滝など数々の名ばくがある。四季を通じて観光客は多く、なかでも紅葉シーズンは平日でも駐車場が満車になるほどにぎわう。

☎ 0892-21-1192（久万高原町観光協会）　おでかけMAP P182-D2
住愛媛県上浮穴郡久万高原町若山
営24時間　休なし
料大人無料、子ども無料、幼児無料
P30台
交松山自動車道松山ICから約80分

北宇和郡

[なめとこけいこく]

滑床渓谷

天然のウォータースライダー

日本の滝100選の雪輪の滝を見よう

所要時間180分

パパ・ママの声
付近には「千畳敷」「出合滑」などの見どころがあります。周辺には森の国ホテルがあり、宿泊の際に便利ですよ。渓谷には野生のサルがいることで有名ですが、エサやりはNGなのでご注意を。

足摺宇和海国立公園に指定された全長12kmの大渓谷。侵食によってできた滑らかな花崗岩の河床が印象的で、千畳敷や出合滑では広々とした岩肌が広がる。渓谷内では、フランス生まれのリバースポーツ・キャニオニングが人気。体一つで滝を滑ったり、飛び込んだりして大自然を満喫しよう！

☎ 0895-49-1535　おでかけMAP P182-C3
住愛媛県北宇和郡松野町目黒 滑床渓谷
営24時間　休なし
料大人無料、子ども無料、幼児無料
P150台
交松山自動車道三間ICから約50分

西条市

[こか・こーら ぼとらーずじゃぱんこまつこうじょう]

コカ·コーラ ボトラーズジャパン小松工場

おでかけMAP P182-D1

コカ·コーラ社の缶·ペットボトル製品を製造する工場。製造工程の説明後、製造ラインの一部が見学可能となっている。

☎0898-76-3030
住愛媛県西条市小松町妙口甲806-1
営10:00~11:00、13:30~14:30、15:00~16:00※3日前までに要予約(機械の停止や都合により中止する場合あり) 休火·木·土·日曜、祝日、工場休業日 料見学無料
P10台 交松山自動車道いよ小松ICから約5分

西宇和郡

[しらすぱーく]

しらすパーク

おでかけMAP P182-A3

しらす漁の網元が宇和海でとった鮮度抜群のしらすが堪能できる施設。食堂、工場直販店、工場見学コースなどがある。

☎0120-133-004
住愛媛県西宇和郡伊方町川之浜652-1
営9:00~17:00(食堂は10:00~15:00、LO14:30)
休火曜 料大人無料、子ども無料、幼児無料
P100台
交JR八幡浜駅から車で約30分

西条市

[あさひびーるしこくこうじょう]

アサヒビール四国工場

四国初本格的ビール工場の仕込室

人と環境に優しいビール工場を見学

瀬戸内海の潮風を感じる立地に建つ四国初の本格的ビール工場。ビールの製造工程を、分かりやすく丁寧な説明を受けながら見学できる。見学のあとはお楽しみの試飲タイム。ビールは1人3杯までOK。子どもにはソフトドリンクが用意されているので家族そろって楽しめるのがうれしい。

パパ·ママの声
レストラン「アサヒビール園伊予西条店(☎0897-53-2277)」には、四国工場直送の新鮮なスーパードライの飲み放題や、ジンギスカンや牛肉、豚肉が選べるしゃぶしゃぶ食べ放題があります。

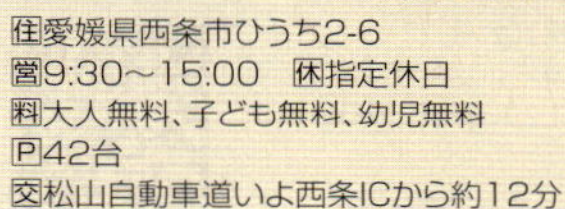

☎0897-53-7770(要予約) おでかけMAP P178-C4
住愛媛県西条市ひうち2-6
営9:30~15:00 休指定休日
料大人無料、子ども無料、幼児無料
P42台
交松山自動車道いよ西条ICから約12分

今治市

[にほんしょっけんしょくぶんかはくぶつかん]

日本食研食文化博物館

機械で腸詰めが行われるようす

豪華な宮殿で調味料の製造見学

所要時間 90分

驚くほど豪華な宮殿で、おなじみの「晩餐館」の焼肉のタレなど、ブレンド調味料を製造している。最新鋭の設備で作られる、ブレンド調味料を間近で見学。なぜ工場が豪華な宮殿を模しているのかを、食文化の広がりを学びながら知ることができる。工場見学だけにとどまらない食のテーマパーク。

パパ·ママの声
「ハム·ソーセージ」製造のイメージはあまりありませんが、本場ドイツの展示会において「金賞」を受賞した経験がある社員もいるほど、力を入れて研究と製造に取り組んでいるそうです。

庭園には、CMで一躍有名になった同社のキャラクター「バンコ」の銅像がある

ハム研究工場試食コーナー
工場見学後のお楽しみはソーセージなどの試食

バンコ·ショップ
ここでしか買えない、オリジナルグッズがそろう

レストラン食文化
おすすめは「今週の世界料理」864円(要予約)

☎0898-47-2281 おでかけMAP P178-C4
住愛媛県今治市富田新港1-3
営10:00~16:30(前日までに要予約)
休土·日曜、祝日、休業日
料大人1000円、子ども600円(小·中·高校生)、幼児無料
P30台 交西瀬戸自動車道今治ICから約20分

愛媛

松山市

[いよてつどうかぶしきがいしゃ ぼっちゃんれっしゃ]

伊予鉄道株式会社
坊っちゃん列車

復元された機関車が街を行き交う

明治の姿で復活 歴史ある列車

明治21年に運行を開始し、67年間にわたり伊予鉄道で活躍した蒸気機関車が、ディーゼル機関車として復活し、松山市内を走る。夏目漱石の小説「坊っちゃん」の登場人物が、この蒸気機関車を利用していたことから「坊っちゃん列車」と命名。運行区間は2ルートを乗ることができる。

パパ・ママの声
運行区間は道後温泉～大街道～松山市駅、道後温泉～大街道～JR松山駅前～古町の2ルートあります。列車や鉄道好きな人は、2016年12月に開館した坊っちゃん列車ミュージアムも見逃せません。

復元された坊っちゃん列車。松山市内を走り、観光客の目を楽しませている

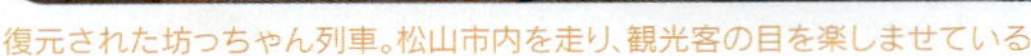

復元前の姿
昭和28年頃の市内を走る坊っちゃん列車の姿

復元後の姿
復元後は環境に配慮しディーゼルエンジンを搭載

レトロな内観
板張りの座席からは車輪の振動が伝わって来る

☎089-948-3323

P182-C1

住愛媛県松山市平和通6-98 伊予鉄道株式会社
営松山市駅～道後間6往復運行(時期、曜日によって異なる)　休なし　料大人800円(中学生以上)、子ども400円(小学生)、幼児無料　Pなし
交松山自動車道松山ICから約20分

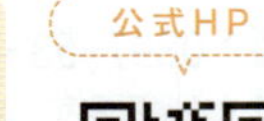

今治市

[みちのえきたたらしまなみこうえん]

道の駅
多々羅しまなみ公園

近隣に多々羅温泉などもある

壮大な橋のたもとで 海に癒やされる

世界有数の斜張橋である多々羅大橋のたもとにある道の駅。瀬戸内の多島美を一望できる絶景が魅力だ。地元のかんきつ類が中心の産直市や土産物も充実している。公園内には「サイクリストの聖地」の記念碑があり、しまなみ海道を旅するサイクリストのオアシスとしても人気。

パパ・ママの声
美しい多々羅大橋と海の両方が望める希少な場所。家族写真の撮影スポットとしてぜひ立ち寄ってほしいです。瀬戸内海のそばで買い物や食事もできるので、ついつい長居してしまいます。

☎0897-87-3866
おでかけ MAP P178-C3

住愛媛県今治市上浦町井口9180-2
営9:00～17:00、レストランは10:00～16:00(LO15:00)
休なし
料大人無料、子ども無料、幼児無料
P300台　交西瀬戸自動車道大三島ICから約1分

公式HP

今治市

[くるしまかいきょうてんぼうかん]

来島海峡展望館

絵のように美しい来島海峡大橋

世界初の三連吊り橋 壮大な世界を堪能

透き通る海に浮かぶ多数の島々をつなぐように架かる全長4105mの世界初の三連吊り橋・来島海峡大橋。来島海峡展望館は、橋が見渡せる絶好のポイントで夜景の美しさも評判。昼夜ともに楽しめる。展示室には、架橋技術や、かつてこの海域で活躍した村上海賊を紹介するパネル資料を展示。

パパ・ママの声
展示室では来島海峡大橋の構造や橋が架かるまでの過程を模型やパネルで紹介しています。また、近くの糸山公園内には文人・高浜虚子の瀬戸内海の美しさを詠んだ句碑があります。

☎0898-41-5002
おでかけ MAP P178-B4

住愛媛県今治市小浦町2-5-2
営9:00～18:00　休なし
料大人無料、子ども無料、幼児無料
P90台
交西瀬戸自動車道今治北ICから約5分

おでかけ
MAP
\ 9エリア /
兵庫
愛媛
香川
島根
広島
山口
岡山
鳥取
高知
SHOP
Cafe
SHOP
ZOO
SHOP
24

新幹線　JR線　他社線　高速道路・有料道路（無料区間を含む）

石見畳ヶ浦(P131)
島根県立しまね海洋館アクアス(P119)
温泉リゾート 風の国(P129)
フィッシング・ガーデン吸谷(P72)
浜田市世界こども美術館(P125)
きんた農園ベリーネ(P19)
香木の森公園(P126)
ミューイの森牧場(P121)
アサヒテングストンスノーパーク(P35)
瑞穂ハイランド(P35)
ユートピアサイオト(P34)
アクアみすみ屋内プール(P29)
三隅公園(P23)
ふるさと体験村(P128)
芸北高原大佐スキー場(P34)
三隅大平桜(P21)
芸北国際スキー場(P34)
神楽門前湯治村(P69)
観光農園スカイファーム(P17)
島根県芸術文化センター「グラントワ」(P124)
道の駅 豊平どんぐり村(P72)
広島市安佐動物公園(P58)
福留ハム株式会社広島工場(P79)
三段峡(P32)
TOHO BEADS STYLE ガラスの里(P73)
CLIMBINGGYM PURE GREEN(P74)
道の駅 湖畔の里 福富(P68)
山田竹風軒源氏巻製造工場(P131)
津和野町立 日原天文台(P125)
女鹿平温泉めがひらスキー場(P34)
湯来交流体験センター(P74)
ひろしま観光ループバス「ひろしま めいぷる～ぷ」(P82)
二階建てオープンバス「めいぷるスカイ」(P82)
そまの里よこみち(P129)
ヌマジ交通ミュージアム(広島市交通科学館)(P64)
にしき堂本店(P81)
ひろしま遊学の森広島県緑化センター(P22)
広島市森林公園こんちゅう館(P60)
津和野町立 安野光雅美術館(P125)
県立もみのき森林公園オートキャンプ場(P10)
津和野城跡(P33)
廣島チョウザメ養魚場(P57)
七瀬川渓流釣場(P75)
NHK広島放送局(P82)
CARP Baseball Gallery(P60)
5-daysこども文化科学館(広島市こども文化科学館)(P65)
広島市植物公園(P65)
瀬戸内海国立公園 極楽寺山(P32)
広島県立美術館(P62)
独立行政法人 造幣局広島支局(P81)
ボーネルンドあそびのせかい
広島パセーラ店KID-O-KID(P57)
山陽スペースファンタジープラネタリウム(P63)
中央公園ファミリープール(P28)
マツダミュージアム(P79)
ちゅーピープール(P28)
広島市健康づくりセンター健康科学館(P61)
錦川鉄道株式会社 とことこトレイン(P98)
木谷峡(P32)
江波山公園(P20)
緑そよぐ大人の海マチ 広島マリーナホップ(P57)
廿日市市木材利用センター(P78)
蜂ヶ峯総合公園(P92)
須金フルーツランド(P16)
地底王国 美川ムーバレー(P84)
松濤園(P63)
架橋記念公園(P67)
県立 県民の浜(P26)
恵みの丘蒲刈(P18)
高瀬峡(P32)
宮島伝統産業会館 みやじまん工房(P75)
オタフクソース株式会社 Wood Egg お好み焼館(P80)
広島市西部リサイクルプラザ(P78)
永源山公園(P91)
紅葉谷公園(P32)
岩国シロヘビの館(P89)
宮島水族館(P59)
宮島歴史民俗資料館(P65)
ハートアドベンチャーセンター(P74)
周南市徳山動物園(P87)
グリーンオアシス(P28)
周南フレンドパーク(P91)
下松スポーツ公園 冒険の森(P93)
岩国市立ミクロ生物館(P94)
くだまつ健康パーク スポーツプラザ(P28)
やない西蔵(P95)
虹ケ浜海水浴場(P27)
ANN(P19)
ふれ愛どうぶつ村(P88)
グリーンステイながうら(P91)
なぎさ水族館(P87)
周防大島町青少年旅行村(P11)
八幡生涯学習のむら(P94)
柳井ウェルネスパーク(P92)
やまぐちフラワーランド(P93)
ホテル&リゾート サンシャインサザンセト(P38)
片添ヶ浜海浜公園オートキャンプ場(P11)
五条千本桜(P20)
浜田自動車道
中国自動車道
広島自動車道
山陽自動車道
山陰本線
浜田
益田
石見横田
日原
津和野
三保三隅
広島
西広島
横川
新白島
五日市
廿日市
宮島口
大竹
岩国
新岩国
由宇
柳井
光
下松
徳山
呉
東広島
可部
あき亀山
海田市

新幹線　JR線　他社線　高速道路・有料道路（無料区間を含む）

E
F
G
H
1
2
3
4
有漢IC
高梁SA
岡山自動車道
賀陽IC
チロリン村キャンプグランド(P11)
岡山市日応寺自然の森スポーツ広場(P109)
足守プラザ陶芸、木工体験(P112)
安富牧場ファミーユ(P102)
たけべの森公園(P108)
建部
岡山農業公園 ドイツの森 クローネンベルク(P101)
西山ファーム(P19)
和気美しい森(P112)
播磨新宮IC
播磨自動車道
播磨JCT
相生
吉備路もてなしの館(P116)
熊山英国庭園(P109)
山陽ふれあい公園(P109)
和気
農マル園芸 吉備路農園(P19)
カバヤライブラリー(P114)
瀬戸PA
和気IC
備前IC
福石PA
赤穂IC
岡山桃茂實苑(P17)
山陽IC
中山いちご園(P19)
サントピア岡山総社WAPS(P29)
伯備線
吉備SAスマートIC
池田動物園(P103)
岡山シティミュージアム(P108)
備前おさふね刀剣の里 備前長船刀剣博物館(P108)
ルーラルカプリ農場(P104)
中世夢が原(P111)
美星天文台(P105)
総社PA
岡山総社IC
吉備線
岡山市半田山植物園(P29)
東岡山
田渕いちご園(P19)
「道の駅」黒井山グリーンパーク"ちびっ子プール"(P29)
岡山いこいの村(P112)
フルーツパークびぜん(P17)
水車の里 フルーツトピア(P111)
総社
岡山JCT
岡山IC
RSKバラ園(P29)
岡山
石原果樹園(P17)
赤穂線
寒風陶芸会館(P110)
倉敷JCT
天然温泉ゆずき(P39)
旭川さくら道(P20)
岡山市立オリエント美術館(P104)
岡山後楽園(P116)
倉敷IC
倉敷スポーツ公園(P109)
倉敷みらい公園(P109)
桃太郎のからくり博物館(P108)
倉敷市立自然史博物館(P106)
くらしき川舟流し(P115)
倉敷
早島IC
早島
大原美術館(P106)
宝伝海水浴場(P27)
玉島IC
倉敷アイビースクエア愛美工房(P113)
道口PA
ヘルスピア倉敷屋外プール(P29)
いがらしゆみこ美術館(P107)
橘香堂 美観地区店(P112)
新倉敷
鴨方IC
粒江PA
宇野線
星野仙一記念館(P104)
ライフパーク倉敷科学センター(P105)
鶴形山公園(P23)
小豆島夕陽ヶ丘みかん園(P17)
小豆島オリーブ園(P46)
小豆島オリーブ公園(P45)
岡山天文博物館(P105)
水島IC
如竹堂(P110)
高見山公園 冒険の森(P44)
寒霞渓(P159)
小豆島食品株式会社(P159)
沙美海水浴場(P27)
みやま公園(P110)
駅東創庫 GalleryMinato(P112)
瀬戸大橋線
渋川動物公園(P104)
「おもちゃ」のテーマパーク おもちゃ王国(P102)
マルキン醤油記念館(P47)
佃煮販売処 京宝亭(P159)
瀬ノ池SA
児島IC
市立玉野海洋博物館(渋川マリン水族館)(P102)
二十四の瞳映画村(P48)
ブラジリアンパーク 鷲羽山ハイランド(P100)
高松平家物語歴史館(P154)
小豆島ふるさと村ふれあいいちご農園(P19)
ベティスミス ジーンズミュージアム2号館(P116)
四国村(四国村ギャラリー)(P153)
新屋島水族館(P152)
鬼ヶ島大洞窟(P159)
瀬戸中央自動車道
与島PA
讃岐五色台オートキャンプ場(P11)
瀬戸大橋記念公園(P157)
高松シンボルタワー(P160)
大串自然公園(P157)
さぬきワイナリー(P160)
プレイパーク ゴールドタワー(P160)
高松
琴電志度線
中讃広域行政事務組合 クリントピア丸亀(P158)
坂出北IC
特別名勝 栗林公園(P159)
高徳線
うちわの港ミュージアム(P154)
予讃線
丸亀
坂出
高松東道路(P150)
日本ドルフィンセンター(P153)
クアタラソさぬき津田(P29)
津田寒川IC
津田東IC
高松中央IC
さぬき三木IC
坂出IC
県立桃陵公園(P156)
坂出JCT
津田の松原SA
高琴電鉄長尾線
紫雲出山(P21)
みろく自然公園(P154)
とらまるパペットランド(P152)
フラワーパーク浦島(P23)
善通寺IC
高琴電鉄琴平線
香川県園芸総合センター(P160)
観光農園 森のいちご(P19)
しろとり動物園(P152)
紫雲出山遺跡館(P23)
中野うどん学校 琴平校(P158)
香川県公渕森林公園(P156)
太古の森(P155)
讃州井筒屋敷(P154)
白鳥大内IC
引田IC
鳴門北IC
道の駅 ふれあいパークみの(P155)
三豊鳥坂IC
レオマリゾート(P151)
門入の郷(P157)
父母ヶ浜海水浴場(P27)
高山航空公園(P155)
さぬきこどもの国(P156)
さぬき空港公園(P155)
金陵の郷(P153)
高瀬PA
しおのえふじかわ牧場(P157)
鳴門IC
鳴門線
松茂PA
琴弾公園(P21)
国営讃岐まんのう公園(P154)
柏原渓谷(P33)
有明浜海水浴場(P27)
土讃線
チャレンジセンター いきいき館(P158)
藍住IC
さぬき豊中IC
香川用水記念公園(P157)
上坂SA
土成IC
徳島IC
徳島JCT
大野原IC
高松自動車道
脇町IC
徳島自動車道
豊浜SA
萩の丘公園(P155)
スノーパーク雲辺寺(P35)
美馬IC
徳島線
徳島
吉野川SA
佃
阿波室戸シーサイドライン
川之江JCT
井川池田IC
旧金毘羅大芝居(P157)
金刀比羅宮(P21)
琴平海洋博物館(海の科学館)(P154)
川之江東JCT
上分PA
高知自動車道
新宮IC
馬立PA

新幹線　JR線　他社線　高速道路・有料道路（無料区間を含む）

E
F
G
H
1
2
3
4
皆生温泉海水浴場(P27)
日吉津村
お菓子の壽城(P147)
大山トム・ソーヤ牧場(P135)
伯耆古代の丘公園(P141)
森の国(P145)
コグステーションDAISEN(P145)
大山乳業農業協同組合(P147)
ハーブロードいどべ(P143)
あきたブルーベリー農園(P17)
大山
大山まきば みるくの里(P145)
鳥取県立 とっとり花回廊(P144)
大山 オートキャンプ場(P11)
鏡ヶ成キャンプ場(P11)
大山鏡ヶ成スキー場(P35)
奥大山スキー場(P35)
休暇村 蒜山高原(P116)
清流遊YOU村(P142)
湖山池ナチュラルガーデン"とっとり晴れやか庭園"(P145)
青山剛昌ふるさと館(P138)
浜根農園(P17)
かちべ伝承館(P143)
鳥取二十世紀梨記念館 なしっこ館(P139)
倉吉市営温泉プール(P29)
打吹公園(P140)
ふるさと健康むら(P141)
三朝館(P39)
燕趙園(P134)
せきがね湯命館(P39)
スウィートランド TAKARA(P147)
あおや和紙工房(P142)
温泉館ホットピア鹿野(P39)
鹿野城跡公園(P21)
鳥取市安蔵森林公園(P140)
小鹿渓(P33)
鳥取市さじアストロパーク(P135)
和紙工房 かみんぐさじ(P142)
五しの里さじ(P141)
恩原高原オートキャンプ場(P11)
恩原高原スキー場(P35)
妖精の森ガラス美術館(P107)
津黒高原キャンプ場(P11)
蒜山ハーブガーデン・ハービル(P109)
湯の蔵つるや(P39)
奥津渓(P33)
尾所の桜(P21)
森のめぐみ工房(P141)
智頭町の森林セラピー
芦津渓谷(P33)
鳥取県立 鳥取 砂丘こどもの国(P134)
鳥取砂丘(P146)
鳥取砂丘 ゼロパラグライダースクール(P142)
TRAIL ON(P143)
わらべ館(P137)
鳥取砂丘 砂の美術館(P139)
浦富海岸島めぐり遊覧船(P148)
浦富海水浴場(P27)
山陰海岸ジオパーク 海と大地の自然館(P140)
鳥取県立とっとり賀露かにっこ館(P135)
森林公園 とっとり出合いの森(P141)
らくだ屋(P135)
鳥取県立博物館(P139)
観水庭 こぜにや(P39)
ループ麒麟獅子(P147)
唐川のカキツバタ群落(P23)
鳥取市 因幡万葉歴史館(P136)
鳥取市歴史博物館 やまびこ館(P136)
氷ノ山自然ふれあい館 響の森(P140)
美作市愛の村パーク(P111)
山田養蜂場 みつばち農園(P19)
グリーンヒルズ津山 グラスハウス(P29)
なぎビカリアミュージアム(P106)
人力車まつもと(P115)
津山城(鶴山公園)(P21)
おかやまファーマーズ・マーケット ノースヴィレッジ(P112)
醍醐桜(P20)
現代玩具博物館・オルゴール夢館(P105)
山陰本線
因美線
若桜鉄道
智頭急行智頭線
伯備線
姫新線
津山線
米子自動車道
中国自動車道
鳥取自動車道
米子IC
大山高原スマートIC
大山PA
溝口IC
江府IC
蒜山IC
蒜山高原SA
湯原IC
上野PA
久世IC
落合IC
落合JCT
美作落合
美作追分PA
院庄IC
二宮PA
津山IC
津山
勝央SA
美作IC
楢原PA
作東IC
上月PA
佐用IC
佐用JCT
佐用
佐用平福IC
揖保川PA
播磨新宮IC
大原IC
西粟倉IC
智頭南IC
智頭
智頭IC
用瀬IC
河原IC
鳥取南IC
鳥取IC
鳥取西IC
鳥取
福部IC
大谷IC
岩美
岩見IC
倉吉
大佐SA スマートIC
新見IC
新見
神郷PA
北房IC
北房JCT
真庭PA
有漢IC
高梁SA

新幹線　JR線　他社線　高速道路・有料道路（無料区間を含む）

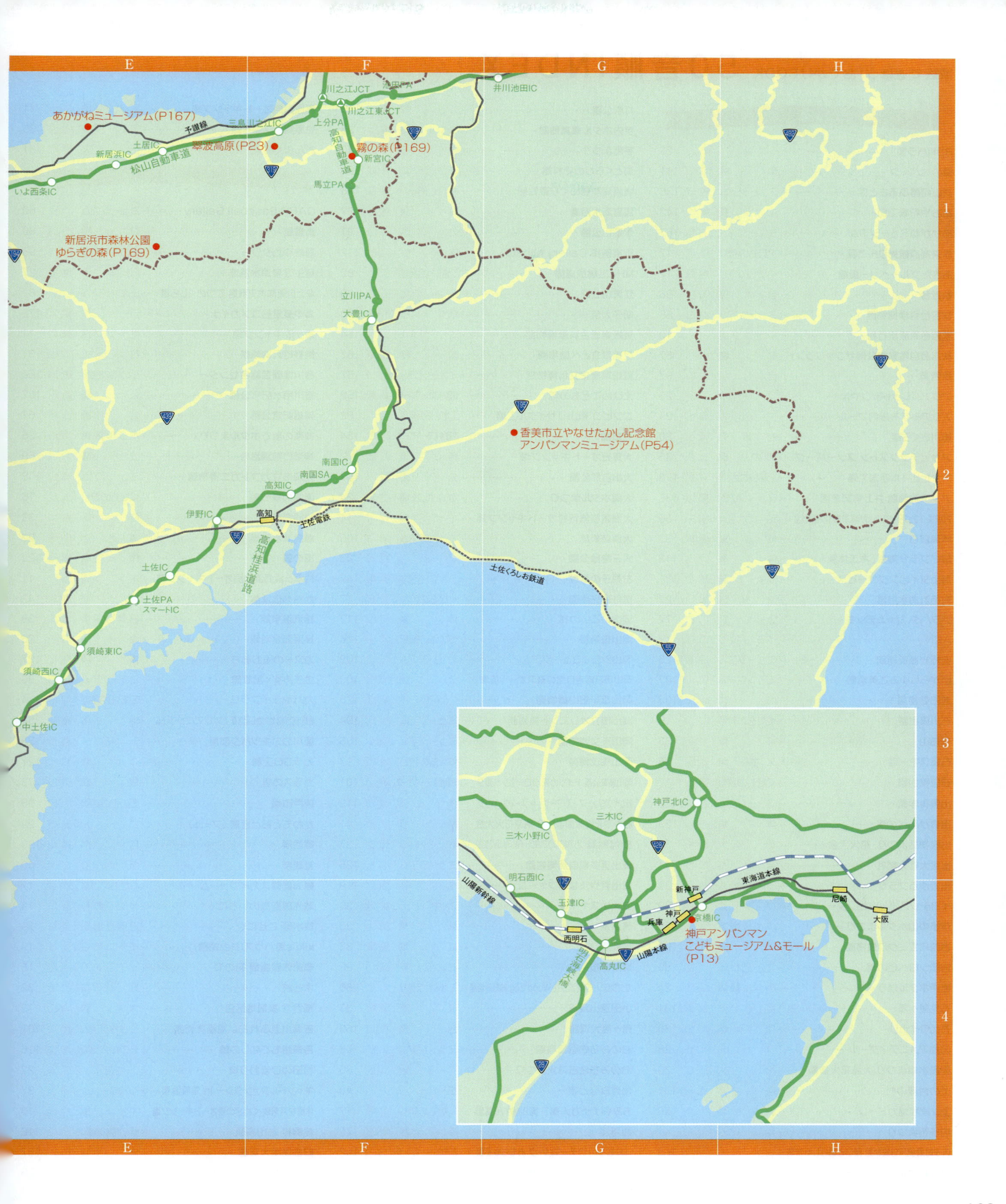
E
F
G
H
1
2
3
4
川之江JCT
池田PA
井川池田IC
川之江東JCT
あかがねミュージアム(P167)
予讃線
三島川之江IC
上分PA
高知自動車道
土居IC
翠波高原(P23)
霧の森(P169)
新居浜IC
新宮IC
松山自動車道
いよ西条IC
馬立PA
新居浜市森林公園
ゆらぎの森(P169)
立川PA
大豊IC
香美市立やなせたかし記念館
アンパンマンミュージアム(P54)
南国IC
南国SA
高知IC
伊野IC
高知
土佐電鉄
高知桂浜道路
土佐くろしお鉄道
土佐IC
土佐PA
スマートIC
須崎東IC
須崎西IC
中土佐IC
神戸北IC
三木IC
三木小野IC
明石西IC
新神戸
東海道本線
山陽新幹線
玉津IC
神戸
尼崎
兵庫
京橋IC
大阪
西明石
神戸アンパンマン
こどもミュージアム&モール
(P13)
明石海峡大橋
山陽本線
高丸IC

家族で遊ぼう！おでかけBOOK
50音順INDEX

あ

か

さ

た

家族で遊ぼう！おでかけBOOK **50音順INDEX**

な

は

特典クーポンの使い方

入場料の割引やプレゼントなど、うれしい特典満載!!
クーポンを上手に使って、お得におでかけを楽しんじゃおう♪

広島市

クーポンあり

[ぼーねるんどあそびのせかい ひろしまぱせーらてん きどきど]

ボーネルンドあそびのせかい
広島パセーラ店 KID-O-KID

全身が動かせる
大充実の室内遊び場

所要時間 60分

全身を使いおもいっきりはしゃごう

おもいっきり遊ぶことを通し、「こころ・頭・からだ」のバランスのとれた成長を促すことがコンセプト。回転遊びなど、なかなかできない体遊びが楽しめたり、世界の遊び道具を使ったごっこ遊びや組み立て遊びが楽しめるゾーンなどさまざま。プレイリーダーが常駐し、楽しい遊びを教えてくれる。

パパ・ママの声
赤ちゃん向けのベビーガーデンから小学生も満足できる大型遊具まで、大人も一緒に夢中になって遊べる施設です。あっという間に時間が経つので平日はフリーパスがお得に遊べておすすめです。

☎ 082-502-3434
おでかけMAP P177-G3

住広島県広島市中区基町6-78 基町クレド・パセーラ6F 営10:00～19:00(最終受付は18:30) 休パセーラに準ずる 料大人500円、子ども600円(最初の30分以降10分ごとに100円)、幼児600円(最初の30分以降10分ごとに100円) P基町クレドP536台(30分220円) 交広島電鉄紙屋町西電停から徒歩3分

公式HP

誌面にクーポンマークがある施設が、クーポン協力施設。
次のページ以降のクーポンで内容を確認したら、
点線に沿って切り取り、施設に持っていきます。

クーポンの利用条件

- クーポンを必ず持参して、入園・入館・注文時に提示。
- 他のサービスまたはクーポンとの併用は不可。
- 特典は掲載施設のみ有効で、系列施設での利用は不可。
- コピーでの利用は不可。
- 有効期間内であっても、各スポットの事情によりサービスを中止もしくは変更することがあります。

※そのほか、利用条件がある場合、クーポン裏面に記載しています

施設名	特典	掲載ページ	有効期限
小豆島オリーブ園	売店商品10%OFF(除外品あり)	▶P46	●2019年7月末まで
しいちゃんの森	しいたけ茶サービス	▶P78	●2019年7月末まで
森の駅	木工作品・コースターなど 1人1個プレゼント	▶P95	●2019年7月末まで
吉備川上ふれあい漫画美術館	入館料20%OFF	▶P107	●2019年7月末まで
吉備路もてなしの館	ソフトクリーム30円引き	▶P116	●2019年7月末まで
二十四の瞳映画村	入村料 大人750円→680円、子ども350円→320円	▶P48	●2019年7月末まで
はい!からっと横丁	大観覧車700円→500円に	▶P85	●2019年7月末まで
工房アリィ	萩焼体験をされた人に 湯田温泉タオルプレゼント	▶P95	●2019年7月末まで
桃太郎のからくり博物館	入館料 大人600円→500円、小中高生400円→300円 (幼児は対象外)	▶P108	●2019年7月末まで
松江フォーゲルパーク	入園料 大人1540円→1380円、小中学生770円→690円	▶P120	●2019年7月末まで
ボーネルンドあそびのせかい 広島パセーラ店 KID-O-KID	子ども料金最初の 30分600円→400円	▶P57	●2019年7月末まで
下関市立考古博物館	考古博物館オリジナルしおり 1人1枚プレゼント	▶P90	●2019年7月末まで
KDDIパラボラ館	粗品プレゼント	▶P96	●2019年7月末まで
寒風陶芸会館	陶芸体験料1割引き	▶P110	●2019年7月末まで
三瓶自然館サヒメル	入館料20%OFF	▶P121	●2019年7月末まで
福山自動車時計博物館	入館料大人900円→700円 65歳～・中高生600円→500円 3歳～小学生300円→250円	▶P63	●2019年7月末まで
土井ヶ浜遺跡・人類学ミュージアム	当館で育てた赤米プレゼント	▶P90	●2019年7月末まで
海峡ゆめタワー	入場料1割引き 大人600円→540円、子ども300円→270円	▶P98	●2019年7月末まで
愛の村パーク	ソフトクリーム50円引き	▶P111	●2019年7月末まで
仁摩サンドミュージアム	入館料10%OFF	▶P123	●2019年7月末まで
神石高原ティアガルテン	入園料200円引き	▶P69	●2019年7月末まで
金子みすゞ記念館	入場料50円引き	▶P90	●2019年7月末まで
ブラジリアンパーク 鷲羽山ハイランド	入国+フリーパス料500円引き	▶P100	●2019年7月末まで
足守プラザ陶芸、木工体験	体験料20%OFF	▶P112	●2019年7月末まで
古代出雲歴史博物館	常設展:大人610円→490円、大学生410円→320円、子ども200円→160円 企画展:10%OFF	▶P124	●2019年7月末まで
江の川カヌー公園さくぎ	入浴施設「くまみ湯」 入浴料100円引き	▶P72	●2019年7月末まで
グリーンステイながうら	レストランでお食事をされた方 ソフトドリンク1杯サービス	▶P91	●2019年7月末まで
岡山農業公園 ドイツの森 クローネンベルク	入場料 大人200円引き、子ども・65歳以上100円引き	▶P101	●2019年7月末まで
和気美しい森	宿泊料金(ビジター・バンガロー) 1グループ500円引き	▶P112	●2019年7月末まで
松江歴史館	観覧料 510円→410円、子ども250円→200円 ※一部の企画展料も含む	▶P124	●2019年7月末まで
ハイヅカ湖畔の森	レストラン湖畔の森で コーヒー1杯サービス	▶P74	●2019年7月末まで
やまぐちフラワーランド	入園料20%OFF	▶P93	●2019年7月末まで
池田動物園	動物にあげる 鹿せんべい1つプレゼント	▶P103	●2019年7月末まで
橘香堂 美観地区店	むらすゞめ手焼き体験料 普通サイズ(むらすゞめ3個)600円→540円 ジャンボサイズ1個1200円→1080円	▶P112	●2019年7月末まで
安来節演芸館	観賞料10%OFF	▶P124	●2019年7月末まで
筆の里工房	入館料 大人600円→500円、子ども250円→200円 ※展示内容により変更あり	▶P75	●2019年7月末まで
萩焼会館	店内商品5%OFF	▶P93	●2019年7月末まで
渋川動物公園	そのままエサチケット100円分	▶P104	●2019年7月末まで
倉敷アイビースクエア 愛美工房	絵付け体験5%OFF	▶P113	●2019年7月末まで
安野光雅美術館	入館料 大人800円→650円、中・高校生400円→250円、小学生250円→120円	▶P125	●2019年7月末まで
七瀬川渓流釣場	釣具代200円無料 ※バーベキューセットプランを除く	▶P75	●2019年7月末まで
岩国市立ミクロ生物館	ミクロ生物館オリジナルキャラクターみくろんシールプレゼント	▶P94	●2019年7月末まで
現代玩具博物館・オルゴール夢館	入館料10%OFF	▶P105	●2019年7月末まで
人力車まつもと	乗車走行料金200円引き 車夫無料体験(要予約)	▶P115	●2019年7月末まで
日原天文台	入館料30%OFF	▶P125	●2019年7月末まで
クライムセンター CERO	初回登録料500円引き	▶P76	●2019年7月末まで
萩ガラス工房	ガラス体験教室10%OFF	▶P94	●2019年7月末まで
いがらしゆみこ美術館	入館料 大人600円→450円 中高生400円→300円 子ども300円→200円	▶P107	●2019年7月末まで
休暇村 蒜山高原	日帰り温泉入浴料 大人(中学生以上)500円→300円、子ども(4歳～小学生)150円	▶P116	●2019年7月末まで
奥出雲多根自然博物館	入館料1割引き	▶P125	●2019年7月末まで

吉備路もてなしの館 ●1家族全員 おでかけBOOK2019	吉備川上ふれあい漫画美術館 ●1グループ全員 おでかけBOOK2019	森の駅 ●1グループ全員 おでかけBOOK2019	しいちゃんの森 ●4名まで ●クーポン提示 おでかけBOOK2019	小豆島オリーブ園 ●1グループ全員 ●現金支払いのみ ●会計前に提示 おでかけBOOK2019
松江フォーゲルパーク ●1枚につき5名まで おでかけBOOK2019	桃太郎のからくり博物館 ●1グループ全員 おでかけBOOK2019	工房アリィ ●体験した人全員 おでかけBOOK2019	はい!からっと横丁 ●1グループ6名まで おでかけBOOK2019	二十四の瞳映画村 ●1グループ全員 おでかけBOOK2019
三瓶自然館サヒメル ●1枚につき5名まで おでかけBOOK2019	寒風陶芸会館 ●1グループ全員 おでかけBOOK2019	KDDIパラボラ館 ●子どものみ おでかけBOOK2019	下関市立考古博物館 ●1グループ全員 おでかけBOOK2019	ボーネルンドあそびのせかい 広島パセーラ店 KID-O-KID ●大人1名につき子ども3名まで おでかけBOOK2019
仁摩サンドミュージアム ●1枚につき4名まで おでかけBOOK2019	愛の村パーク ●小学生以下のみ おでかけBOOK2019	海峡ゆめタワー ●1グループ全員 おでかけBOOK2019	土井ヶ浜遺跡・人類学ミュージアム ●1グループ1つ おでかけBOOK2019	福山自動車時計博物館 ●1グループ全員 おでかけBOOK2019
古代出雲歴史博物館 ●1グループ全員 おでかけBOOK2019	足守プラザ陶芸、木工体験 ●1グループ全員 おでかけBOOK2019	ブラジリアンパーク 鷲羽山ハイランド ●1枚につき5名まで おでかけBOOK2019	金子みすゞ記念館 ●1人のみ おでかけBOOK2019	神石高原ティアガルテン ●1グループ4名まで おでかけBOOK2019
松江歴史館 ●1グループ5名まで おでかけBOOK2019	和気美しい森 ●1枚1グループまで おでかけBOOK2019	岡山農業公園 ドイツの森 クローネンベルク ●1枚につき5名まで おでかけBOOK2019	グリーンステイながうら ●1グループ4名まで おでかけBOOK2019	江の川カヌー公園さくぎ ●1グループ全員 おでかけBOOK2019
安来節演芸館 ●1グループ5名まで おでかけBOOK2019	橘香堂 美観地区店 ●1グループ全員 おでかけBOOK2019	池田動物園 ●1枚につき1つ おでかけBOOK2019	やまぐちフラワーランド ●1グループ全員 ●他割引併用不可 おでかけBOOK2019	ハイヅカ湖畔の森 ●1グループ4名まで おでかけBOOK2019
安野光雅美術館 ●1グループ全員 おでかけBOOK2019	倉敷アイビースクエア 愛美工房 ●1枚につき2名まで おでかけBOOK2019	渋川動物公園 ●1人のみ おでかけBOOK2019	萩焼会館 ●1グループ全員 おでかけBOOK2019	筆の里工房 ●1グループ2名まで おでかけBOOK2019
日原天文台 ●1グループ全員 おでかけBOOK2019	人力車まつもと ●1グループ4名まで おでかけBOOK2019	現代玩具博物館・オルゴール夢館 ●1グループ全員 おでかけBOOK2019	岩国市立ミクロ生物館 ●1グループ子ども全員(高校生まで) ●1人1枚 おでかけBOOK2019	七瀬川渓流釣場 ●1グループ全員 おでかけBOOK2019
奥出雲多根自然博物館 ●1グループ5名まで おでかけBOOK2019	休暇村 蒜山高原 ●1グループ全員 おでかけBOOK2019	いがらしゆみこ美術館 ●1グループ全員 おでかけBOOK2019	萩ガラス工房 ●1グループ全員 おでかけBOOK2019	クライムセンター CERO ●1枚につき3名まで おでかけBOOK2019

モニュメント・ミュージアム 来待ストーン 入館料 大人390円→320円、中学生以下190円→150円 ▶P125 ●2019年7月末まで	島根ワイナリー オリジナルグッズプレゼント ▶P132 ●2019年7月末まで	わらべ館 入館料20%OFF ▶P137 ●2019年7月末まで	お菓子の壽城 1階インフォメーションにて二十世紀梨洋風煎餅1人1枚プレゼント ▶P147 ●2019年7月末まで	タオル美術館 有料ギャラリー入館料100円引き ▶P166 ●2019年7月末まで
カヌーの里おおち 入場料無料 ▶P127 ●2019年7月末まで	潜戸観光遊覧船 遊覧船乗船料金10%OFF ▶P132 ●2019年7月末まで	青山剛昌ふるさと館 入館料100円引き ▶P138 ●2019年7月末まで	夢みなとタワー 入館料10%割引 ▶P148 ●2019年7月末まで	虹の森公園 おさかな館入館料10%OFF ▶P168 ●2019年7月末まで
三瓶こもれびの広場 木工館 木のストラッププレゼント ▶P128 ●2019年7月末まで	ぐるっと松江 堀川めぐり(松江堀川遊覧船) 乗船料金 大人1230円→1020円、子ども610円→510円 ▶P132 ●2019年7月末まで	第二章はじまる 鬼太郎妖怪倉庫 入館料100円引き ▶P138 ●2019年7月末まで	浦富海岸島めぐり遊覧船 粗品プレゼント ▶P148 ●2019年7月末まで	なかやまフラワーハウス 購入金額10%OFF ▶P168 ●2019年7月末まで
伝承館 1階店内商品10%OFF(一部対象外商品あり) ▶P128 ●2019年7月末まで	燕趙園 入園料20%OFF ▶P134 ●2019年7月末まで	海とくらしの史料館 入館料10%OFF ▶P138 ●2019年7月末まで	とらまるパペットランド 人形劇ミュージアムの入館料100円引き ▶P152 ●2019年7月末まで	久万農業公園アグリピア イチゴ狩体験料100円引き ▶P171 ●2019年7月末まで
出雲かんべの里 民話館入館料 大人260円→200円、子ども130円→100円 ▶P129 ●2019年7月末まで	らくだ屋 らくだ料金100円引き(並んでの撮影は除く) ▶P135 ●2019年7月末まで	アジア博物館 井上靖記念館 入館料 大人500円→400円、高・大学生300円→200円、小中学生200円→150円 ▶P138 ●2019年7月末まで	日本ドルフィンセンター 入場料50円引き ▶P153 ●2019年7月末まで	城川自然牧場 店内全商品10%OFF ▶P171 ●2019年7月末まで
風の国 入浴料 大人100円引き、子ども50円引き ▶P129 ●2019年7月末まで	大山トム・ソーヤ牧場 動物のエサ1個プレゼント ▶P135 ●2019年7月末まで	打吹公園 倉吉白壁土蔵群観光案内所にてレンタサイクルまたは音声ガイド利用料 500円→300円 ▶P140 ●2019年7月末まで	さぬきこどもの国 オリジナルグッズプレゼント ▶P156 ●2019年7月末まで	ハタダお菓子館 体験料100円引き ▶P172 ●2019年7月末まで
石見ワイナリー 試食用ナッツプレゼント ▶P130 ●2019年7月末まで	さじアストロパーク ①入館料、プラネタリウム観覧料、天体観察会観望料2割引き ②オリジナル缶バッジプレゼント ▶P135 ●2019年7月末まで	森のめぐみ工房 季節の花か野菜1つプレゼント ▶P141 ●2019年7月末まで	しおのえふじかわ牧場 牛乳試飲無料 ▶P157 ●2019年7月末まで	
上の台緑の村 宿泊の方に「めーめーせんべい」プレゼント ▶P131 ●2019年7月末まで	水木しげる記念館 入館料100円引き ▶P136 ●2019年7月末まで	伯耆古代の丘公園 体験料50円引き ▶P141 ●2019年7月末まで	中野うどん学校 琴平校 うどん打ち体験 1620円→1500円 ▶P158 ●2019年7月末まで	
海士ダイビングサービス 体験料1000円引き ▶P131 ●2019年7月末まで	鳥取市因幡万葉歴史館 入館料20%OFF ▶P136 ●2019年7月末まで	大山まきばみるくの里 バーベキューキャビン使用料100円引き ▶P145 ●2019年7月末まで	えひめこどもの城 遊具1回無料券プレゼント ▶P162 ●2019年7月末まで	
山田竹風軒 源氏巻製造工場 粗品プレゼント ▶P131 ●2019年7月末まで	鳥取市歴史博物館 やまびこ館 入館料20%OFF ▶P136 ●2019年7月末まで	森の国 入場料・1DAYフリーパス50円引き ▶P145 ●2019年7月末まで	四国鉄道文化館 入館料20%引き ▶P165 ●2019年7月末まで	

タオル美術館
- 1グループ5人まで

おでかけBOOK2019

お菓子の壽城
- 1グループ5人まで

おでかけBOOK2019

わらべ館
- 1グループ5名まで

おでかけBOOK2019

島根ワイナリー
- 2000円以上お買い上げの方
- 1グループ5人まで

おでかけBOOK2019

モニュメント・ミュージアム 来待ストーン
- 1グループ14名まで

おでかけBOOK2019

虹の森公園
- 1グループ6名まで

おでかけBOOK2019

夢みなとタワー
- 1グループ6名まで

おでかけBOOK2019

青山剛昌ふるさと館
- 1グループ全員

おでかけBOOK2019

潜戸観光遊覧船
- 1グループ5名まで

おでかけBOOK2019

カヌーの里おおち
- 1グループ全員

おでかけBOOK2019

なかやまフラワーハウス
- 500円以上買い物をした人
- 1グループ全員

おでかけBOOK2019

浦富海岸島めぐり遊覧船
- 1グループ全員

おでかけBOOK2019

第二章はじまる 鬼太郎妖怪倉庫
- グループ全員

おでかけBOOK2019

ぐるっと松江 堀川めぐり（松江堀川遊覧船）
- 1枚につき1名まで

おでかけBOOK2019

三瓶こもれびの広場 木工館
- 木工体験をした人
- 1作品に1個

おでかけBOOK2019

久万農業公園アグリピア
- 1グループ全員

おでかけBOOK2019

とらまるパペットランド
- 1グループ5名まで

おでかけBOOK2019

海とくらしの史料館
- 1グループ全員

おでかけBOOK2019

燕趙園
- 1グループ5名まで

おでかけBOOK2019

伝承館
- 1グループ全員

おでかけBOOK2019

城川自然牧場
- 1グループ全員

おでかけBOOK2019

日本ドルフィンセンター
- 1グループ5人まで

おでかけBOOK2019

アジア博物館 井上靖記念館
- 1グループ全員

おでかけBOOK2019

らくだ屋
- 1グループ全員

おでかけBOOK2019

出雲かんべの里
- 1グループ全員

おでかけBOOK2019

ハタダお菓子館
- 1グループ全員

おでかけBOOK2019

さぬきこどもの国
- 子どものみ（18歳以下）
- 1グループ5名まで

おでかけBOOK2019

打吹公園
- 1グループ5台まで

※貸し出し中の場合は利用できない場合あり

おでかけBOOK2019

大山トム・ソーヤ牧場
- 1枚につき1個

おでかけBOOK2019

風の国
- 1グループ全員

おでかけBOOK2019

しおのえふじかわ牧場
- 1グループ5名まで

おでかけBOOK2019

森のめぐみ工房
- 1グループ5名まで

おでかけBOOK2019

さじアストロパーク
- ①グループ全員
  ②子どものみ

おでかけBOOK2019

石見ワイナリー
- 1グループ
- クーポン提示

おでかけBOOK2019

中野うどん学校 琴平校
- 1グループ5名まで

おでかけBOOK2019

伯耆古代の丘公園
- 1グループ5名まで

おでかけBOOK2019

水木しげる記念館
- 1グループ5名まで

おでかけBOOK2019

上の台緑の村
- 1グループに1つ

おでかけBOOK2019

えひめこどもの城
- 1グループ全員
- 総合案内所スタッフへ提示

おでかけBOOK2019

大山まきばみるくの里
- 1グループ5名まで

おでかけBOOK2019

鳥取市因幡万葉歴史館
- 1グループ5名まで
- 他の割引券と併用不可

おでかけBOOK2019

海士ダイビングサービス
- 1グループ全員

おでかけBOOK2019

四国鉄道文化館
- 1グループ全員

おでかけBOOK2019

森の国
- 1グループ5名まで

おでかけBOOK2019

鳥取市歴史博物館 やまびこ館
- 1グループ5名まで
- 鳥取市歴史博物館主催事業に限る

おでかけBOOK2019

山田竹風軒 源氏巻製造工場
- 1枚につき1個

おでかけBOOK2019